“十二五”国家重点图书出版规划项目

交通运输建设科技丛书·公路基础设施建设与养护

MLS足尺沥青路面加速加载试验

田泽峰　聂　鹏
张怀志　范兴华　著

人民交通出版社股份有限公司
China Communications Press Co.,Ltd.

内 容 提 要

本书系统地介绍了利用足尺路面加速加载试验设备 MLS66 开展试验的基本试验设计方法和数据采集方法，以及近年来开展的代表性足尺路面加速加载试验项目主要成果。全书共分为 6 章，第 1～3 章主要介绍路面加速加载试验的背景、方法，包括沥青路面与加速加载试验、MLS66 的加速加载试验设计与实现、加速加载试验数据的采集；第 4～6 章为利用 MLS66 开展足尺沥青路面加速加载试验的实例，包括钢桥面铺装加速加载试验、高速公路沥青路面加速加载试验和微表处加速加载试验。本书是对国内首次采用第三代直线式足尺路面加速加载设备的总结，可为未来拟选用此类设备开展相关研究的科研机构在试验设计、设备使用、路面性能检测与评价以及试验数据分析方面提供借鉴。

本书可供道路工程技术人员以及路面试验设备研制人员参考。

图书在版编目(CIP)数据

MLS 足尺沥青路面加速加载试验/田泽峰等著. —北京：人民交通出版社股份有限公司，2015. 1
(交通运输建设科技丛书 · 公路基础设施建设与养护)
ISBN 978-7-114-12029-9

Ⅰ. ①M… Ⅱ. ①田… Ⅲ. ①沥青路面—路面试验 Ⅳ. ①U416. 217. 06

中国版本图书馆 CIP 数据核字(2015)第 020864 号

"十二五"国家重点图书出版规划项目
交通运输建设科技丛书 · 公路基础设施建设与养护

书　　名：**MLS 足尺沥青路面加速加载试验**
著 作 者：田泽峰　聂　鹏　张怀志　范兴华
责任编辑：曲　乐　郑蕉林
出版发行：人民交通出版社股份有限公司
地　　址：(100011)北京市朝阳区安定门外外馆斜街 3 号
网　　址：http://www. ccpress. com. cn
销售电话：(010)59757973
总 经 销：人民交通出版社股份有限公司发行部
经　　销：各地新华书店
印　　刷：北京市密东印刷有限公司
开　　本：787×1092　1/16
印　　张：9
彩　　插：2
字　　数：205 千
版　　次：2015 年 4 月　第 1 版
印　　次：2015 年 4 月　第 1 次印刷
书　　号：ISBN 978-7-114-12029-9
定　　价：38. 00 元
(有印刷、装订质量问题的图书由本公司负责调换)

交通运输建设科技丛书编审委员会

总　序

近年来，交通运输行业认真贯彻落实党中央、国务院“稳增长、促改革、调结构、惠民生”的决策部署，重点改革力度加大，结构调整积极推进，交通运输科技攻关不断取得突破，促进了交通运输持续快速健康发展。目前，我国公路总里程、港口吞吐能力、全社会完成的公路客货运量、水路货运量和周转量等多项指标均居世界第一。交通运输事业的快速发展不仅在应对国际金融危机、保持经济平稳较快发展等方面发挥了重要作用，而且为改善民生、促进社会和谐做出了积极贡献。

长期以来，部党组始终把科技创新作为推进交通运输发展的重要动力，坚持科技工作面向需求，面向世界，面向未来，加大科技投入，强化科技管理，推进产学研相结合，开展重大科技研发和创新能力建设，取得了显著成效。通过广大科技工作者的不懈努力，在多年冻土、沙漠等特殊地质地区公路建设技术，特大跨径桥梁建设技术，特长隧道建设技术，深水航道整治技术和离岸深水筑港技术等方面取得重大突破和创新，获得了一系列具有国际领先水平的重大科技成果，显著提升了行业自主创新能力，有力支撑了重大工程建设，培养和造就了一批高素质的科技人才，为交通运输科学发展奠定了坚实基础。同时，部积极探索科技成果推广的新途径，通过实施科技示范工程，开展材料节约与循环利用专项行动计划，发布科技成果推广目录等多种方式，推动了科技成果更多更快地向现实生产力转化，营造了交通运输发展主动依靠科技创新，科技创新服务交通发展的良好氛围。

组织出版《交通运输建设科技丛书》，是深入实施创新驱动战略和科技强交战略，推进科技成果公开，加强科技成果推广应用的又一重要举措。该丛书分为公路基础设施建设与养护、水运基础设施建设与养护、安全与应急保障、运输服务和绿色交通等领域，将汇集交通运输建设科技项目研究形成的具有较高学术和应用价值的优秀专著。丛书的逐年出版和不断丰富，有助于集中展示和推广交通运输建设重大科技成果，传承科技创新文化，并促进高层次的技术交流、学术传播和专业人才培养。

今后一段时期是加快推进“四个交通”发展的关键时期，深入实施科技强交战略和创新驱动战略，是一项关系全局的基础性、引领性工程。希望广大交通运输科技工作者进一步解放思想、开拓创新，求真务实、奋发进取，以科技创新的新成效推动交通运输科学发展，为加快实现交通运输现代化而努力奋斗！

王昌顺

2014 年 7 月 28 日

前　言

现行的沥青路面设计通常将车辆荷载视为静荷载或近似等效静荷载，这使得现行的沥青路面设计参数不能全面反映实际交通荷载下的路面结构行为，经常出现沥青路面的实际使用寿命低于其设计寿命的现象。特别是在我国经济快速发展的今天，重、超载现象较为普遍，现行沥青路面设计的这种局限性尤显突出。通过长期观测路面性能，总结导致路面发生损坏的原因，分析路面结构的损伤机理，进而修正沥青路面材料和结构设计参数，这是改善沥青路面设计可靠性的有效手段。然而，值得注意的是，开展路面长期性能（Long-Term Pavement Performance，LTPP）研究受到资金投入、研究周期和实施条件的限制，并不易被普遍接受。在这种情况下，路面加速加载试验（Acceleration Pavement Test，APT）成为一种切实可行的路面性能检验和研究手段。

20 世纪初，英国建造的“道路机器”首次让世界认识了针对路面结构的“加速加载”试验思想，在此之后，美国铺筑的阿林顿试验车道使路面加速加载试验受到了普遍关注。经过近百年的发展，路面加速加载试验手段和方法得到不断完善。截至目前，利用大型可移动直线式路面加速加载设备开展试验成为该领域的主流趋势。

我国于 20 世纪 80 年代引进足尺路面加速加载试验设备，到目前已有多家研究机构拥有路面加速加载试验系统。这些设备或设施为我国的路面设计和路面性能评价提供了大量颇具参考价值的学术成果和经验数据。2009 年，笔者所在的高速公路养护技术交通行业重点实验室（沈阳）引进了第三代大型可移动式足尺路面加速加载设备 MLS66。时至今日，此台设备已经累计完成加载 2000 余万次，完成了 11 项针对不同沥青路面结构的试验项目。

本书的目的是总结利用 MLS66 开展足尺沥青路面加速加载试验的实践经验，以求为业内同行提供借鉴和参考。

全书共分 6 章，在总结已开展的足尺沥青路面加速加载试验取得成果的基础上，参考国内外足尺路面加速加载试验的研究发展现状，阐述了开展路面加速加载试验的基本设计方法与实现以及试验过程中的数据采集内容及流程。

第 1 章从沥青路面的设计方法入手，阐述了足尺路面加速加载试验的概念与在沥青路面性能检验及深入研究中的作用，总结了国内外具有代表性的足尺路面加速加载试验设备（设施）。

第 2 章从 MLS66 的组成、原理、核心部件、环境控制装置等方面阐述了 MLS66 的设备特点，总结了利用 MLS66 进行路面加速加载试验的设计流程、试验参数和环境模拟方法。

第 3 章围绕开展路面加速加载试验时需要采集的主要路面性能指标，说明针对路面加速加载试验的数据采集系统的构成和功能，并说明主要的数据采集方法；同时介绍“足尺路面加速加载试验综合信息系统（FAPTIS）”。

第 4～6 章主要介绍了辽宁省利用足尺路面加速加载设备 MLS66 开展试验的情况。

第 4 章钢桥面铺装加速加载试验，是 MLS66 运抵中国后开展的第一个足尺路面加速加载试验，本次试验以 MLS66 模拟行车荷载，对两种铺装结构的钢桥模型加载，考察了铺装层与钢桥面板的协同变形能力，铺装层抗车辙、抗水损害、抗疲劳特性，为确定滨海路辽河特大桥钢桥面铺装方案提供了决策依据。

第 5 章高速公路沥青路面加速加载试验，该试验以在路面结构内部埋设大量力学传感器为突出特点，利用埋设于路面结构内部的力学传感器采集重复荷载作用下，路面结构的应力应变数据，以分析不同加载阶段沥青路面的力学响应特性。

第 6 章微表处加速加载试验，该试验是将 MLS66 应用于预防性养护技术方案性能评价的尝试，考察重复荷载作用下微表处填补车辙的耐久性。试验监测了微表处填补车辙后，重载、高温条件下的微表处层车辙变化规律；同时，利用预先在原路面（即高速公路半刚性基层沥青路面）结构内部埋设的力学传感器监测到了微表处层发生较大程度推拥变形的时机。

本书的出版得到了辽宁省交通运输厅以及辽宁省高速公路建设局、高速公路管理局、交通规划设计院、交通运输厅公路管理局的领导、专家和同事们的大力支持，在此对上述单位同仁表示衷心感谢。

限于作者水平有限，书中错误之处在所难免，敬请广大读者批评指正。

作　者

2014 年 5 月

目　　录

第 1 章　沥青路面与加速加载试验

1.1　引　　言

改革开放 30 多年来，尤其是 20 世纪 90 年代以来，国家将加快交通运输发展作为优先发展的战略目标，实现了交通基础设施规模总量的快速增长。截至 2013 年，全国公路总里程达到 435.62 万公里，是新中国成立初期的 54 倍；高速公路通车总里程达到 10.44 万公里，形成了“五纵七横”的骨架格局，建成了沟通东中西三大地带、纵贯区域南北、通江达海、连接周边国家的公路交通大通道，由此创造了世界高速公路发展的奇迹。根据我国《交通运输“十二五”发展规划》，“十二五”期间，交通运输基础设施建设将进入一个新的发展时期，公路路网规模进一步扩大，技术质量明显提升，公路总里程预计达到 450 万公里，国家高速公路网基本建成，高速公路总里程将达到 10.8 万公里，覆盖 90%以上的 20 万以上城镇人口城市[1]。

我国公路交通建设所取得的巨大成就，离不开公路交通领域的技术进步和科技创新，也正是因为改革开放 30 多年时间里，大量的技术难题不断被攻克，才使得我国公路建设由最初的对国外先进技术全盘引进，逐渐过渡到消化、吸收，最终达到自主创新并形成了符合我国国情的公路工程技术和质量体系，由此保障我国公路建设水平和能力的不断提高。

在我国已大量应用的道路结构形式中，沥青路面由于无接缝、整体强度高、行车平稳性好、噪声低、振动小、维修方便等特点，成为目前我国公路交通的主要路面形式。纵观我国沥青路面的发展历史，由于受交通政策、施工技术、施工能力以及路面材料等因素的制约，沥青路面，特别是高等级公路沥青路面的发展与国外相比，起步较晚。20 世纪 60 年代以前，我国公路主要是砂石路面，晴天扬尘、雨天泥泞，不能全天候通车；60 年代，随着大庆原油的开发，道路渣油这种不合格的沥青材料登上了历史舞台，这段时期，渣油表处石灰土稳定基层成为最主要的道路结构形式；直到 80 年代中期，以沈大、京津塘高速公路建设为契机，石化和交通科研部门通过引进、消化和吸收国外技术研制出了国产重交通道路石油沥青，才使得我国大规模铺筑各级沥青路面成为可能。今天，在建成通车的各级公路中，沥青路面正发挥着其特有的性能优势，为保障我国国民经济持续快速地发展提供强有力的支撑[2]。

值得注意的是，随着我国公路通车里程的不断增加，早期建成通车的沥青路面也即将达到设计使用寿命，出现了大量沥青路面道路病害，由此在接下来的一段时期，对现有沥青路面的养护、维修、改造和扩容也成了亟待解决的问题。要较好地平衡沥青路面通车里程增长速度与现役路面大量维护任务之间的矛盾，更为深入地研究沥青路面性能，特别是沥青路面长期使用性能，是十分重要的前提和基础。只有更好地把握沥青路面长期使用性能的衰减变化规律，才能有针对性地改善现有的路面设计，提出适宜的维修改造方案，提高路面施工水平，获得性能更为优良、更为耐久的沥青路面。

1.2 沥青路面设计及其性能

相对于其他形式的路面结构，沥青路面设计较为复杂。其原因，一方面是由沥青材料的黏弹性特征所决定的其力学本构关系的不确定性；另一方面是由于沥青路面使用环境以及路面性能检测评价手段的多尺度和多角度的复杂性。由此，在沥青路面的设计上提出了基于不同理论的设计方法。但是，这些设计方法都很难从最初就确切地估测沥青路面实际的使用效果及其耐久性，由此也使得沥青路面设计与沥青路面性能成为长久研究的课题。

1.2.1 沥青路面设计方法简述

近百年历史的沥青路面设计方法大致经历了"古典法"、"经验法"和"力学—经验法"三段历程。早期的经验法建立在对现役路面或试验路试验观测的基础上，建立路面结构、荷载和路面性能三者间的经验关系，根据所建立的经验关系获得更为完善的路面设计，具有代表性的如CBR设计法、AASHTO方法和英国Road Note No. 29等。

随着现代计算科学的发展，特别是计算机在路面设计中的应用，"力学—经验法"成为近年来沥青路面设计的主流方法，大量运用多层弹性体理论解的计算软件层出不穷，如BISAR、CHEV、ELSYM、PDMAP、VESYS等。同一时期，利用充分考虑材料特性的有限元方法进行路面结构计算分析也是在"力学—经验法"中受到普遍关注的方面。在"力学—经验法"中，最为著名的是壳牌公司的Shell设计法和美国沥青协会AI设计法[3]。

1.2.1.1 经验法

(1)CBR设计法

CBR设计法是20世纪20年代美国加利福尼亚州首先推荐使用的一种路面设计方法。根据多年实测结果得到一条土基(或路面材料)承载值与路面总厚度的关系曲线，而土基或路面材料的承载值用标准碎石承载能力的百分比表示，即CBR，因此也称之为CBR设计法。根据美国加利福尼亚州交通部1928—1929年的调查，发现路面破坏的主要类型包括如下三种：

①路面吸水导致土基发生侧向位移；

②路面下层不均匀沉陷；

③路面在多次重复荷载作用下产生过大的弯沉。

一般认为，前两种破坏是由于土基压实不够，而第3种破坏则是由于面层厚度不足或是基层抗剪强度不够所致[4-5]。

CBR设计法以CBR值作为路基和路面材料的性能指标，通过对已破损或使用良好的路面的调查和CBR值测定，建立路基土"CBR—轴载—路面结构层厚度"三者间的经验关系，利用此关系曲线，可以按设计轴载和路基土CBR值确定所需的路面总厚度[3]。

(2)AASHTO方法

AASHTO方法采用现时服务能力指数(Present Serviceability Index，PSI)作为设计指标，其值可通过对路面的使用性能进行客观观测或主观评价确定。主观评价是指组成评分小组，由评分小组成员对路面分别进行评分(0～5)，所得到的评分值即服务能力指数 PSI 值；客观观测指量测路面的坡度变化、车辙深度、裂缝面积等状况[6]。

$$\mathrm{PSI} = 0.03 - 1.91\lg(1 + \overline{\mathrm{SV}}) - 1.38\,\overline{\mathrm{RD}}^2 - 0.01\sqrt{C + P} \tag{1-1}$$

式中：PSI——路面现时服务指数，是一个无量纲量，反映道路使用者对路面服务质量的平均评价，其数值在 1～5 之间；

$\overline{\mathrm{SV}}$——平均坡度变化；

$\overline{\mathrm{RD}}$——车辙深度平均值(cm)；

C——已发展成网状的裂缝面积($\mathrm{m^2/1000m^2}$)；

P——修补的面积($\mathrm{m^2/1000m^2}$)。

该设计方法最初的基本设计方程是：

$$\lg W_{18} = 9.36\lg(\mathrm{SN} + 1) - 0.2 + \frac{\lg \dfrac{\Delta\mathrm{PSI}}{4.2 - 1.5}}{0.40 + \dfrac{1094}{(\mathrm{SN} + 1)^{5.19}}} \tag{1-2}$$

式中：W_{18}——累计标准单轴荷载(ESAL)作用次数；

ΔPSI——PSI 从路面新建至使用年限末的差值($4.2 - P_i$)，依道路等级确定；

SN——路面结构数，表征路面结构的等效厚度(in，1in=0.0254m)。

$$\mathrm{SN} = \sum a_i D_i \tag{1-3}$$

式中：a_i——第 i 层的材料系数；

D_i——第 i 层的厚度(in)。

路面结构数是 AASHTO 方法中特别定义的，用以反映路面各层(除路基外)的等效厚度。式(1-3)中的 a_i 与材料的类型和强度有关，可根据材料的弹性模量、马歇尔稳定度、CBR 值、三轴试验结果或无侧限压缩试验结果换算得到。根据预测设计年限内的累计等效单轴荷载作用次数，利用式(1-2)可以计算出需要的最小路面结构数 SN，再根据所采用的路面各结构层材料，利用式(1-3)确定路面各层的厚度。式(1-2)中的 ΔPSI 是路面初始 PSI 与使用年限末 PSI 的差值。在 AASHTO 设计方法中，假定新路面的 PSI=4.2，使用期末的 PSI=1.5。AASHTO 的设计方法表明，不同的路面结构，不管其结构组合如何，只要其结构数相同，则其使用寿命和使用性能是相同的[3]。

(3)英国 Road Note No. 29

英国 Road Note No. 29 是英国运输部运输与道路研究所(TRRL)和公路工程处共同制定的方法，其全称是新建道路路面结构设计指南。1960 年，通过调查世界各国设计方法和以往经验提出了该方法，用于中等和重交通量的道路结构设计，1965 年、1970 年进行过两次修订。该方法 1970 版的特点是，将沥青混凝土面层和基层的厚度仅作为累计和交通量的函数来考虑，而底基层的厚度则由路基承载力、设计交通量、冰冻情况等因素确定，路基承载力采取 CBR 试验确定。试验是在很高的天然含水率条件下进行的，因此所得 CBR 值较低。其设计程序是：先把卡车辆数换算成 80kN 标准轴荷载的累计通过次数，再从累计次数和路基 CBR 值求出底基层厚度(此时尚应考虑冰冻情况)，最后根据已定的基层类型求出基层厚度和面层厚度[5]。

1.2.1.2 力学—经验法

(1)Shell 设计法

Shell 设计法将路面视为多层线弹性体,各层材料以动态模量/劲度表征,以厚度 h_i、模量 E_i 和泊松比 ν_i 表示路面特征。混合料的线弹性性质以其劲度模量体现,其值取决于沥青含量、沥青劲度和沥青混合料空隙率。路基模量受应力影响,路基动态模量在现场可用动态弯沉仪测定,测定模量时,所施加荷载及土基含水率须能代表实际土基工作状态。无结合料基层模量依赖于其受力状态,其值取决于路基模量和基层厚度[3,7]。

在自然环境方面,仅考虑温度对沥青混合料材料特性的影响,采用如图 1-1 所示关系,把月平均气温转化为加权平均气温,依据沥青层厚和加权月平均气温可求得路面沥青层温度 T_{mix}[3]。

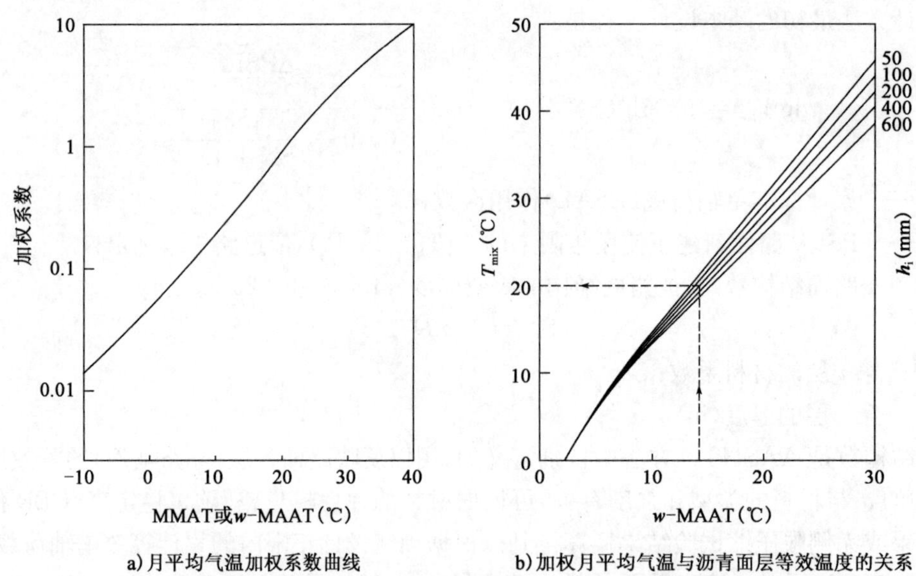

图 1-1 Shell 设计法中的温度加权与沥青面层等效温度关系[3]

Shell 设计法中考虑了两项主要设计指标和两项次要设计指标,主要设计指标为沥青层底面的容许水平拉应变 ε_r 和路基顶面的容许竖向压应变 ε_z,控制标准如式(1-4)和式(1-5)所示[3]。

$$\varepsilon_r = C \cdot N^{-0.25} \tag{1-4}$$

$$\varepsilon_z = \alpha \cdot N^{-0.25} \tag{1-5}$$

式中:N——累计标准荷载作用次数;

C——与沥青层模量有关的系数;

α——保证率为 95%时取 0.018,保证率为 85%时取 0.021。

Shell 设计法中的两项次要指标是水泥稳定类材料底面的弯拉应力和路表面的永久变形。水泥稳定类材料底面的弯拉应力采用式(1-6)控制[3]。

$$\sigma_{r2} = \sigma_{r1}(1 - 0.075\lg N) \tag{1-6}$$

式中:σ_{r2}——容许弯拉应力;

σ_{r1}——材料的极限弯拉强度。

(2)AI 设计法

与 Shell 设计法相类似，AI 设计法也把路面视为多层弹性体系，各层材料以弹性模量和泊松比表征（沥青混合料以动态模量表征，粒料以回弹模量表征）。沥青混合料的动态模量及粒料的模量依据回归方程式确定，土基回弹模量 M_r 可由室内重复三轴抗压试验确定，或根据 M_r 与 CBR 的关系式估算而得。交通荷载以两个双轮组表示，与路面的接触面假定为圆形，接触压力、半径和间距一定；设计时的临界应变位置位于双轮荷载的对称轴上。环境的影响通过面层温度对混合料劲度值的影响得以体现，以沥青面层厚 1/3 深处的温度作为沥青层的设计温度，由月平均气温和月平均路面温度的关系式计算得到[3]。

AI 设计法采用沥青层底的水平拉应变 ε_r 控制沥青层的裂缝，路基表面的竖向压应变 ε_c 控制路面的永久变形，沥青处治层的变形大小则通过材料的性质来控制。路面寿命与 ε_r 和 ε_c 的关系为[3]：

$$N = a\left(\frac{1}{\varepsilon_r}\right)^b \tag{1-7}$$

$$N = a\left(\frac{1}{\varepsilon_c}\right)^b \tag{1-8}$$

式中：N——路面开裂时荷载的作用次数；

ε_r——沥青面层底水平拉应变；

ε_c——路基顶面的竖向压应变；

a，b——回归系数。

1.2.2　路面性能及其检验

尽管“力学—经验法”的广泛应用使得沥青路面设计更为完善，但是就其思想核心来说，也都是对现实情况的理想化“推理”和“演绎”，由此对路面设计后的验证和评价始终伴随着沥青路面工程实践过程，成为周而复始的循环，而最终的目的是追求更为耐久的路面和超高品质的性能表现。

提及“路面性能”，1962 年，Caray 和 Irick 将其定义为“路面服务能力的演变过程”。1987 年美国 SHRP 研究计划“基于性能”这一思想将路面性能概念的覆盖面不断扩大，包含了路面行驶质量、损坏状况、结构力学行为、行驶安全性以及路面材料的疲劳、变形、开裂、老化等方面。由此，路面性能成为了内容和含义十分宽泛的概念，几乎所有表征路面服务能力的术语或指标都可归结于这一概念。也正是因为“路面性能”这一概念在含义上的宽泛性，使得沥青路面设计后的验证和评价在尺度和指标上呈现出多样而复杂的特点，跨越了从微观（微米级）到细观（毫米级），直至宏观（米）的各个层面[3]。

按照目的和研究尺度范围不同，对路面性能检验和评价大致可归纳为以下 4 个层面：

（1）沥青路面组成材料试验。从组成沥青路面结合料和集料的材料性质或性能出发，在强度和界面特性方面判定沥青路面组成材料满足沥青路面设计要求的能力，揭示沥青路面的损伤机理。此类试验常深入至微观层面的研究。

（2）考虑温、湿度条件的沥青路面结构层材料试验。以评价沥青路面组成材料的组合体力学特性为目标，从强度、变形和疲劳特性方面分析沥青路面材料满足沥青路面设计目标的能力。此类试验一般在细观层面上进行研究和分析。

(3)模拟自然环境和行车荷载作用的路面结构试验。以控制影响路面性能的行车荷载和环境因素为前提,从路面结构组合的承载能力、变形特性和疲劳特性角度分析路面结构组合体满足设计要求的能力。这类试验的研究结论一般将涵盖路面性能从微观到细观层面上的变化。

(4)现实情况下路面长期性能的观测。从宏观的层面上,通过对海量路面性能监测数据的统计和分析,获取路面性能的变化规律。

显然,现实情况下对路面长期性能观测所得到的研究结论是较为客观和真实的,由此也引发了研究者对沥青路面性能检验和评价不同层面所获得结论之间联系的关注。

Fred Hugo 按照路面性能研究方法的投入和研究收益,描述了上述 4 个层面路面性能检验和评价之间的差别与联系,如图 1-2 所示[8]。

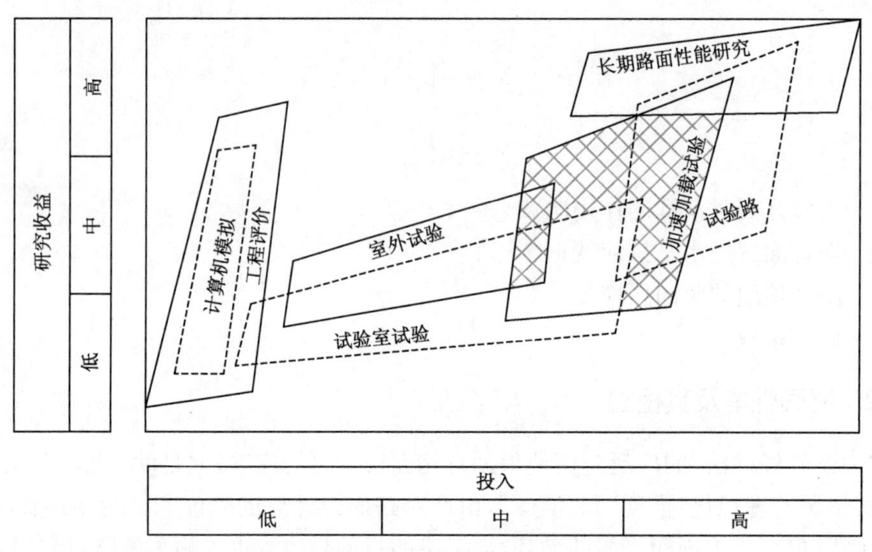

图 1-2 不同层面路面性能检验和评价之间的差别和联系[8]

1.2.2.1 路面长期使用性能研究

继 AASHTO 道路试验之后,路面长期性能(Long-Term Pavement Performance,LTPP)研究计划对路面性能研究产生了意义深远的影响,获得了显著的研究收益。LTPP 是 SHRP 研究计划的一个子项目,其目的是对目前的道路技术进行全面客观的了解和评价,研究提出能够解释路面使用性能变化过程的模型,确定不同的设计特点、交通状况、气候环境、材料特性、施工质量和养护水平对路面性能的影响。这一计划的研究目标涉及各种路面结构的大量数据积累,其研究周期长达 20 年(1987—2007 年),其具体研究目标是:

(1)评价现有的设计方法;

(2)研究和改进路面设计方法和旧路面的维修策略;

(3)研究提出新建和重建道路路面的设计方程;

(4)确定荷载、环境、材料特性和变异性、施工质量和养护水平对路面性能的影响;

(5)确定具体的设计特点对路面性能的影响;

(6)建立全美国路面长期性能数据库以支持 SHRP 的研究目标和将来的需求。

LTPP 试验路段包含的路面类型十分广泛,除了新建的沥青路面、水泥路面外,还包括旧沥青路面上加罩沥青路面、旧沥青路面上加罩水泥路面、旧水泥路面上加罩不同的水泥路面等复杂的路面结构。LTPP 计划已经积累了海量的路面性能数据，由于数据量多、采集人员多和持续时间长，致使数据的可比性并不理想，数据分析困难。迄今为止，LTPP 尚未发表过一份较为系统完整的分析报告和模型报告[3]。

1.2.2.2　路面加速加载试验

从理论上讲，LTPP 计划能够获得全面而可靠的路面性能经验数据，以此为基础完善路面设计，基于 LTPP 研究结论的路面设计的可靠性是毋庸置疑的。但是，LTPP 计划的局限性也是不容回避的。

(1)即便其研究成果对路面设计、施工和管理具有突出的指导作用，长达 15～20 年的研究周期也很难使其研究成果在当前的工程设计中发挥作用，特别是在经济飞速发展的今天，人们更希望尽快地改善路面设计。

(2)在研究的过程中，由于问题的复杂性，选择的技术路线、检测手段显著地影响最终的研究结论，一旦通过长期的观测所取得的试验或研究结论与理论分析结果大相径庭，很难尽快找到问题的原因而再次开展相同的观测，进而极大地增大了路面性能研究的风险性；同时，在通车的道路上进行路面性能观测需要考虑试验人员、检测设备、过往车辆及人员的安全，而大多数时候，这些是不可能兼顾的。

(3)道路使用者更希望其旅程安全而高效，不希望存在各种原因的道路封闭而延长驾驶时间，因此很难为路面研究封闭交通数个小时用于路面性能的检测。

为了平衡路面性能研究投入和收益之间的矛盾，避免更大的研究风险，路面加速加载试验(Accelerated Pavement Testing，APT)逐渐受到广大道路研究者的普遍关注。

(1)足尺路面加速加载试验的概念

足尺路面加速加载试验是指在很短的时间内和可控条件下，采用原型轮载重复施加于按与实际路面 1∶1 比例专门修筑的试验车道或现役路面，以研究路面结构的行为。

由 APT 的概念可知，开展 APT 研究的 4 个基本条件是加载设备或设施、环境控制、试验对象和路面性能检测方法。

①与 LTPP 最大的差别是，APT 在研究周期上强调“短期”。为了实现这一目标，APT 所采用的加载手段常常是固定载质量的货车或轴载可调节的加载悬架装置，以较高的频率反复对固定长度的路面施载。

②在环境控制方面，APT 为了实现对自然环境影响的可控性，将自然环境的作用抽象为几项影响要素，如温度、降水、日照、冻融等，试验中通过对加载段控温、洒水、紫外线老化、人工冻融等方式模拟这些作用。

③在试验对象上，LTPP 针对的是设计、工况、材料等存在较大差异的现役路面，APT 则针对专门铺筑的原型路面，由此，APT 在试验对象的抽样空间上要小于 LTPP。

④在路面性能检测方法上，LTPP 和 APT 并不存在本质上的差别，只是为了不影响交通，LTPP 在路面性能检测方法的选择上需要强调操作的简便和高效。

根据上述 LTPP 和 APT 的比较，可理解图 1-2 所示的不同研究方法在研究收益上的差异。LTPP 无疑是最能反映现实路用性能的最佳研究方法，而 APT 则是“快速”和“简化”了的 LTPP 研究方法。

(2)足尺路面加速加载试验的历史与现状

严格意义上说，早期的路面加速加载试验研究属于试验路研究，在加载手段上采用一般的载重货车或直接允许通车对路面加载。美国在1919—1930年开展的Arilington环道试验对混凝土路面设计做出了突出的贡献。1920年的伊利诺斯试验道路长4km，共有68个试验段，首次在试验中控制了交通荷载，并给出了碎石、沥青混凝土和水泥混凝土等不同材料的基本试验数据。之后，1920—1923年在加利福尼亚州的Pittsburg、1949年在马里兰州以及1944—1954年的Hybla Valley Non刚性路面试验都产生了较大的影响。这些早期试验的主要目的在于研究路面(柔性和刚性)的结构设计。1944年，一个为期5年的研究计划提出了沥青混合料的Marshell试验方法；20世纪50年代，则开展了第一个采用CBR法表征路面材料特性的研究。这些试验推动了路面厚度和混合料设计方法的改变。在刚性路面设计方面，渐渐趋向于使用产生于1942年的Westergaard理论[3,10]。

1951年，WASHO(Western Association of State Highway Officials，WASHO)道路试验产生了很大的影响。试验发现：当路面的总厚度相同时，面层厚度为100mm的沥青路面，其性能远远优于面层厚度为50mm的路面；外轮迹带路面的损坏比内轮迹带严重，较强的路肩支撑有利于改善路面性能；轮载越重，路面损坏越厉害；路面层的车辙源于横向位移，而不是来源于压缩；大部分路面损坏产生于路基最潮湿的春季；与单轴车辆相比，双轴车辆可以增加50%的载质量而不增加路面的损坏[3]。

1958—1960年进行的AASHTO道路试验是第一个现代意义上的足尺路面试验，该试验建立了路面设计参数、荷载和累计轴载作用次数之间的统计关系，全面提高了路面研究和实践的水平，在世界范围内产生了深远的影响：建立了影响广泛的设计方法，提出了路面服务能力的概念和PSI指标，给出了荷载换算的概念和方法，积累了大量一手数据。同时期，英国也在一些主要道路上修筑了400个道路试验段，虽然没有控制交通荷载，但对英国日后采用的路面基层类型产生了很大的影响[3,10]。最早的车道试验可追溯至1909年的底特律试验，之后各国相继研究建立了不同类型的车道试验系统，如表1-1所示[3]。

国外路面加速加载试验设备/设施[3] 表1-1

名 称	所 在 地	投入使用/年份	车道长度(直径)(m)	横向移动(m)	速度(km/h)	轴载(kN)	温度控制
车道试验							
PTI	美国宾夕法尼亚	1971	1600		36		无
PWRI	日本	1979	628		40	140	无
NARDO	意大利	1979					无
MnRoad	美国明尼苏达	1993			10～100	365～465	无
WesTrack	美国内华达	1995	2800		65	676	无
环道试验							
Road Machine	英国	1963	105/34		32	67	高温
WSU	美国华盛顿	1963	81	1.2		50	

续上表

名　称	所　在　地	投入使用/年份	车道长度(直径)(m)	横向移动(m)	速度(km/h)	轴载(kN)	温度控制
环 道 试 验							
IUT	美国伊利诺斯	1963	15	1	3～15	0～30	
Shell	荷兰	1967					
UNAM	墨西哥	1970	27		0～30	40～65	高温
C－TIC	加拿大萨斯喀彻温	1978	38(12)	1.3	36	55	有
LCPC	法国	1978	100/30	1	30～105	40～75	无
ISETH	瑞士	1979	100(30)	1.3	80	50～80	有
JHPC	日本	1979	20/8	0.4	10～60	0～30	全控
RRT	罗马尼亚	1982	48/15		5～40	100～160	无
CAPTIF	新西兰	1987	58(18.4)		0～50	21～60	无
UCF	美国佛罗里达	1988	49/15.6		24̇58	45～133	
S－KSD	斯洛伐克	1994	50/16	0.95	10～70	83～130	无
直线式加速加载试验							
HVS	南非	1971	8	1.5	14	20～200	有
DRTM	丹麦	1973	9	1	20～30	＜65	全控
EPFL	瑞士	1977	5	0.8	10	120	全控
ALF	澳大利亚	1984	12	1.4	1～20	40～100	可用
PTF	英国	1984	7	1	1～20	＜100	高温
FHWA－PTF	美国华盛顿	1986	12	1.4	1～20	40～100	可用
LINTRACK	荷兰	1991	16	2	10～20	15～100	高温
Minne－ALF	美国明尼苏达	1990					
PURDUE	美国印第安纳	1992	6	0.3	8	13～182	全控
CAL－APT	美国加利福尼亚	1994	8	1.5	0～10	20～100	有
CEDEX	西班牙	1987	2×67	0.8	8～58	44～100	无
PRF－LA	美国路易斯安那	1995	12	1.4	1～20	40～100	可用
TxMLS	美国得克萨斯	1995	12	0.6	12～25	22.5～47.5	无
其　他							
BASt	德国	1963	1.5			20～100	高温/冰冻
PHRI	日本	1969					
MSU	美国密歇根	1990	3.0		88	＜450	

纵观 APT 的发展历史，大体上可归纳为三个发展阶段。

(1)试验路阶段(20 世纪初～60 年代)：尽管试验路研究与 APT 存在较大的差别，但是从 APT 的本质而言，试验路研究阶段属于广义的 APT 研究，与现代 APT 的最大差别是其荷载和环境因素的不可控性。

(2)车道试验阶段(从20世纪60年代开始):基本具备实现APT研究的4个基本条件(参见APT的概念),仅区别在加载设备上,车道试验一般采用载质量可调节的标准卡车对路面施载。

(3)现代APT阶段(从20世纪70年代开始):环道试验和直线式APT均属于这一阶段,在此阶段,随着专用的加载设备相继出现并趋于成熟,APT过程中环境控制技术也得到了较大程度的发展,使得APT过程的环境和荷载可控化程度进一步加大。

我国于20世纪80年代开始引进加速加载试验设备,到目前,已有交通运输部公路研究所、重庆交通科研设计院、同济大学、东南大学、长安大学、辽宁省交通科学研究院等多家研究机构购置了足尺APT设备,搭建了相应的试验系统。这些APT设备与设施的运用为我国的路面设计、路面性能检验以及路面材料研发等方面提供了大量颇具参考价值的学术成果和经验数据。

1.3 代表性的APT设备/设施

Larson等提出的加速加载试验和方法的理想标准是[9,11]:

①试验路面必须能够施加可控荷载;

②加载必须是实际的而且能够加速进行的;

③加载速度应有代表性;

④在分析时必须考虑环境因素。

根据Larson等提出的标准,足尺APT大体上可以分为三类。

(1)可控车道试验。区别于试验路和试验车道,可控车道试验侧重于专门修建的路面结构,并采用载重可以任意调节的标准卡车,由此大大避免了试验路研究中实际行车荷载的随机性,固定了荷载的作用方式和作用类型,进而极大提高了路面性能研究的效率。但是,其试验费用仍然很高,并且为了缩短研究周期,采用薄层路面来降低结构承载力存在着较大的局限性。

(2)固定线型APT。环道试验和直线式APT均属于固定线型APT。对于环道试验,其优点是可获得更高的加载速度,并且可同时对多个试验结构加载,但是一旦一个试验结构遭到破坏,其他试验路的性能也会受到影响进而导致最终研究结论容易失真。此外,环道试验的施工也较为麻烦,直线式APT其加载速度存在一定的限制,并且若采用双向加载方式,路面响应会受到较大影响,同时路面耐久性不易真实地被反映。

(3)其他类型。采用静载或脉冲加载设备加载,如德国BASt的设备。脉冲荷载或静载的应用正在逐渐减少,但BASt的设备是一个例外,该设备的优点是操作简单,可以控制观测速率,观察实际荷载以实际速度运行对路面的影响,比在现有道路上的观测速度更快。

1.3.1 可控车道试验

美国AASHTO试验车道,其研究目的是确定荷载与车轮分布不同的轴载,其重复作用次数与不同厚度的沥青路面、水泥混凝土路面工作状况之间的关系。试验车道位于芝加哥西南约128km的伊利诺伊州附近的80号公路上。试验路包括4个大环道(3～6号)和两个小环道(1、2号)。每个环道都按四车道分向行驶公路设计,横断面建成平行路段或直线路段,两端由回车道连接。3～6 号环路的直线段长度为 2070m，2 号环路的直线长度为 1340m，1 号环路的直线长度为 610m[11]。

美国明尼苏达车道试验计划开始于 1993 年，该车道位于 MnRoad 的中间部分(图 1-3)，包括两条车道，一条是用于研究大交通量的双车道的情况，长 4.8km；另一条用于研究低交通量的双车道情况，闭合环道，长 4km。试验车道包括 40 个 152.4m 的试验段，并在其中埋设了大量的综合检测设备，共有 17 个种类 4572 个传感器，可以测试路基路面内的水平和垂直方向的应变量、含水率以及温度情况。大交通量道路通过转移州际－94 号公路上的西行交通量来进行加载。低交通量环道的 17 个路段采用标准试验卡车来加载，以使其成为可控的足尺加速路面试验[11]。

图 1-3 美国 MnRoad 试验车道[11]

日本市政工程研究中心(Public Works Research Institute，PWRI)的试验车道(图 1-4)由一条椭圆形车道和一条圆形车道构成，椭圆形车道周长 870m，圆形车道周长 628m。PWRI 试验车道 1973 年建成，2003 年翻建，采用配重可调节的三联轴卡车加载，轴载调节范围为 48～157kN，横向轮迹分布范围为±250mm。PWRI 车道的配重卡车行驶速度最大为 40km/h，加载速率最大可达到 255 次/小时/试验段。试验车道最多可铺筑 31 种路面结构，车道宽度为 7m[13]。

图 1-4 日本 PWRI 环形试验车道及其配重卡车[13]

除了环形试验车道外，2001 年日本 PWRI 还建设了直线式试验车道(图 1-5)，其车道长度 160m，有效加载带长度 60m。对车道的加载有一台载重可调节的遥控卡车实现，调节范围为 45～125kN，最大加载速度为 30km/h，每月每车道可完成 18 万次的加载。PWRI 直线车道的最大特点是车道设置了上坡和下坡，以模拟实际行车中车辆加速、减速和制动对路面的作用，此车道最多可供铺筑 6 种路面结构，车道宽度为 4m。与 PWRI 环形试验车道相比，PWRI 直线车道增加了紫外线辐射控制设施，以实现对路面的人工老化[13]。

1.3.2 固定线型 APT

采用专用加载装置的环形车道试验和固定在一个位置加载的直线式车道试验可归结为固

定线型 APT。

图 1-5　日本 PWRI 直线式试验车道及其使用的遥控卡车[13]

1.3.2.1　环道试验系统

环道试验最具代表性的是法国南特的 LCPC 环道，它是世界上最大的环道试验设备，如图 1-6所示。这个设备内环道直径 30m，外环道直径 40m，用一个四臂加载装置加载。这套加载装置可以从一条试验环道移到另外两条试验环道上，以便在一条环道试验的同时，对其他两条进行建设和测试工作。试验速度为 0～105km/h，荷载为单轴双轮，可施加单轴载 80～150kN；同时它还能够模拟以低速运行的 280kN 的双后轴加载。该设备 1978 年开始投入应用研究[11-12]。

荷兰阿姆斯特丹的壳牌试验室有一条建于 1967 年的环道，环道建于混凝土试槽中，直径 3m，宽 0.9m。在其上可以 20km/h 的速度施加双轮荷载，单轴重 40kN，尽管它不是足尺加速路面试验，但研究人员还是根据这项研究制订了壳牌路面设计手册[12]。

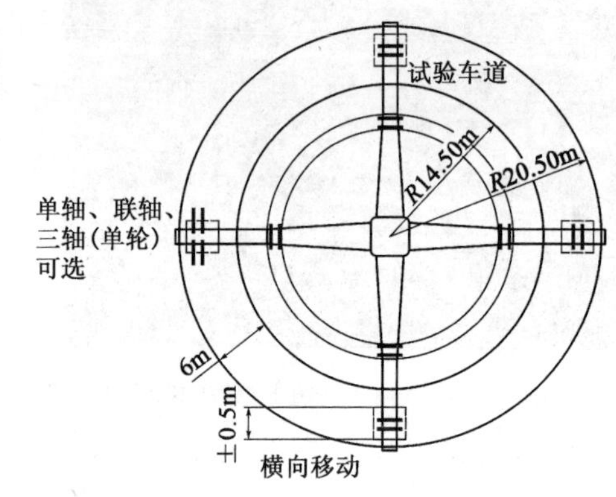

图 1-6　法国 LCPC 环道试验设施[13]

上述环道试验设施在国际道路研究领域引起了普遍关注，相继有罗马尼亚 Gh. Asachi 科技大学、日本高速公路综合研究所有限公司(Nippon Expressway Research Institute Company Limited)，我国重庆交通科研设计院、东南大学等研究机构研发了环道试验设施，如图 1-7～图 1-10 所示。

1.3.2.2　直线式 APT 设备

直线式 APT 加载轮的运行轨迹为直线。相对于直线式试验车道试验，直线式 APT 采用专

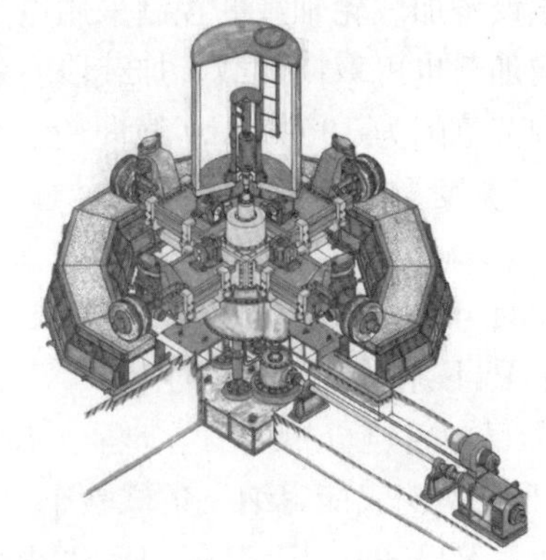

图 1-7 日本高速公路综合研究所的环道试验设施

图 1-8 重庆交通科研设计院的环道试验设施

图 1-9 东南大学环道试验设施

用的设备加载且加载段受到设备规格限制，最大仅有十余米。按直线式 APT 设备的形式不同可分为固定式直线 APT 设备和可移动式 APT 设备。由于直线式 APT 设备加载速率高、易于控制，是现代 APT 的主流。

图 1-10 罗马尼亚 Gh. Asachi 科技大学环道试验设施

(1)固定直线式 APT 设备

早期具有代表性的固定直线式 APT 设备，如 1975 年英国诺丁汉大学建造的 PTF(Pavement Test Facility)系统(图 1-11)。此套系统装配有一个加载轮悬架，承载一支直径为 560mm 的卡车轮胎[11]。

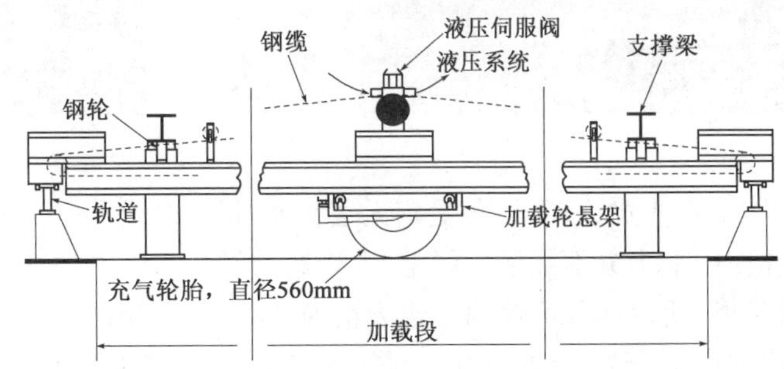

图 1-11 英国诺丁汉大学的 PTF 系统[13]

该设备加载轮轴载的控制采用电液伺服方式，由横梁两端的电机拖动加载轮悬架运动，既可单向加载也可双向加载。加载段有效长度为4m，最大加载速率为800次/（小时×试验段）。轴载调节范围为10～30kN，横向轮迹分布范围为±300mm。此套系统可供铺筑两个试验车道，车道宽度为2.4m、结构厚度为1.4m，试验时，装置可沿垂直于加载方向的轨道移动已变换车道。

1984年英国交通研究试验室（United Kindom Transport Research Laboratry，UKTRL）改进了PTF系统，改进后的PTF系统加载带长度延长至9m，轴载调节范围增加至46～200kN，横向轮迹分布范围增加至±450mm，加载速率提高至1000次/（小时×试验段）。改进后的PTF系统仅能容纳一条试验车道的铺筑，但是结构厚度可达到3m。

随着PTF的应用，其他国家也相继研发了类似的固定直线式APT设备，如瑞士建造的Halle-fosse系统（图1-12）、荷兰建造的Lintrack系统（图1-13）、韩国的HAPT（Hanyang Accelerated Pavement Test，HAPT）系统（图1-14）和丹麦的RTM（Road Testing Machine，RTM）系统（图1-15）。这些APT设备在形式上与PTF系统无太大差异。

图1-12　瑞士Halle-fosse系统[13]

图1-13　荷兰Lintrack系统[13]

固定直线式APT设备受到无法移动、搭建环境控制系统复杂、加载频率较低等因素的限制，在使用上十分不灵活。但是，由于这类设备一般在室内环境中开展加载试验，并且都带有试验试槽，所以在环境控制上较为精确，同时在对路面结构力学响应的监测方面受到的干扰较小，因此也不失为一种理想的APT设备，有着较为广泛的应用。

（2）可移动直线式APT设备

与固定直线式 APT 设备相比，可移动直线式 APT 设备既可运用于室内环境，也可应用于室外环境，可对专门铺筑的试验车道加载，也可对现役的路面加载，具有较强的环境适应性。因为便于移动，所以修筑试验车道不受场地规格的限制，因此较大程度地提高了加载效率。

图 1-14　韩国 HAPT 系统[13]

早期最具代表性的可移动直线式 APT 设备是 1968 年南非开发的，重在交通模拟器 HVS 系统（Heavy Vehicle Simulator，HVS），如图 1-16所示。1968—1972 年最初研制的 4 台 HVS，自 1982 年以来一直用于试验研究，已在 500 多条试验路上模拟了 14 亿标准轴载作用次数。HVS 加载轮悬架装置可承载单支轮胎，也可承载双轮胎组，最大加载频率达到 1000 次/(小时×试验段)，相当于 12km/h 的行车速度，双向加载，荷载的调节范围为 20～100kN，对机场跑道试验，轮载可增加至 200kN[11,13]。

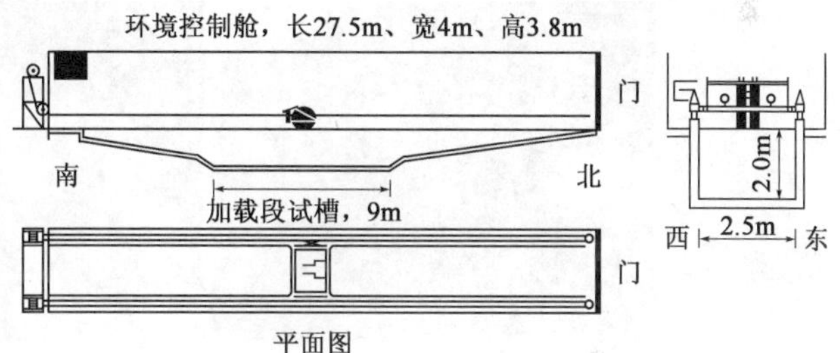

图 1-15　丹麦的 RTM 系统

图 1-16　南非 HVS 直线式 APT 设备[8]

在 HVS 系统的引领下，澳大利亚道路研究中心 ARRB 于 1984 年开发了 ALF 系统(Accelerated Load Facility，ALF)，如图 1-17 所示。

1984 年 ARRB 研制的 ALF 系统，其加载轮悬架装置可承载单轮或双轮组，轴载调节范围可达 80～200kN，横向轮迹分布范围达±375mm，单向加载，最大加载频率达到 370 次/(小时×试验段)，相当于 20km/h 的行车速度。

采用 ALF 系统开展 APT 研究，试验车道的修筑虽不受场地的限制，但每次仅能对一条试验车道加载，其原因在于尽管可以拖动，但是由于其本身不具有自移动功能，所以小尺度(1～2m)的移动和定位非常困难。ALF系统的有效加载段长度可达到8～12m，为了克服小尺度移动的困难，一般可在有效加载段内铺筑多种路面结构[8,13]。

图1-17　澳大利亚ALF系统

2008年，ARRB对ALF系统进行了改进，除了ALF系统原有的配置外，其加载轮悬架装置可承载二联轴、三联轴的加载轮，以此更为贴切地模拟现实重载车辆的轮轴配置。

对于可移动直线式APT设备，ALF系统是应用最为广泛的一种专用APT设备，美国联邦公路管理局(Federal Highway Administration，FHWA)于1986年购买了第一套ALF系统，安装在位于弗吉尼亚Mclean的Tuner Fairbank公路研究中心，1995年安装了第二套系统。1990年交通部公路科研所也购买了一台ALF设备。1994年，路易斯安那交通研究中心道路试验设备(PRF-LA)开始使用[11]。

在总结已经得到广泛应用的HVS、ALF可移动直线式APT设备的特点，TxMLS在加载效率和环境控制方面得到了进一步改进。美国得克萨斯州的TxMLS试验系统，如图1-18、图1-19所示，其特点是：采用6个双轴单轮或双轴双轮加载，荷载最大为190kN，运行速度20km/h。试验段长11m，可选择的横向加载宽度超过0.6m；同时此套系统以全轴取代了通常的半轴，采用常规的卡车悬挂装置来模拟短波长动载，加载频率高达8800次/h，并且设备空间全封闭，易于按要求控制环境条件。

1.3.3　其他类型

德国BASt脉冲加载设备有3个液压承载板加载装置，如图1-20所示。

图 1-18　美国 TxMLS 加速加载试验设备

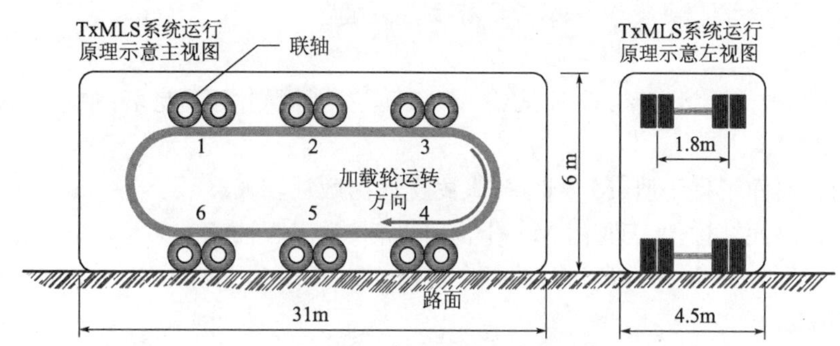

图 1-19　TxMLS 运行原理示意

注：1～6 为 TxMLS 的加载单元。

图 1-20　德国 BASt 试验系统

脉冲加载板可沿试验段移动，以大约 20km/h 的速度模拟交通，标准轴载是 100kN，也可增加至 200kN。试验中使用了液压压力计、H 形应变计和表面变形测量装置采集试验数据，温度控制在 20℃左右，地下水位也可得到控制，曾用来测试由各种不同的废料或回收材料组成的基层的路用性能[11]。

1.4 结 语

本章阐述了APT的概念及发展历史。实质上,APT是与路面设计紧密联系的一种路面性能检验手段。APT与LTPP计划并无本质上的差别,只是为了节约研究成本、提高研究效率而考虑缩短路面损伤直至失稳破坏的过程。在研究收益上,APT显然不如LTPP计划和试验路研究,但是,APT仍不失为一种贴近现实的路面性能验证手段,是从试验室材料特性试验到实际道路工程应用进程中较为重要的一个环节。经过近一个世纪的发展,APT成为越来越多道路研究机构首选的路面性能验证方法,显示了APT独有的生命力,在注重效率与经济性的今天,APT研究将在今后很长一段时期成为道路研究领域的热点课题。

本章参考文献

[1] 中华人民共和国交通运输部.交通运输"十二五"发展规划[R].北京:中华人民共和国交通运输部,2011.

[2] 张登良.沥青路面工程手册[M].北京:人民交通出版社,2003.

[3] 孙立军.沥青路面结构行为理论[M].上海:同济大学出版社,2003.

[4] Yoder E J, Witczak M W. Principles of Pavement Design [M]. New York: John Wiley & Sons,1975.

[5] 朱照宏,许志鸿.柔性路面设计理论与方法[M].上海:同济大学出版社,1985.

[6] AASHTO. AASHTO Guide for Design of Pavement Structures [M]. Washington: AASHTO,1993.

[7] Valkering C P,Stapel F D R , Lijzenga J. The SHELL Pavement Design Method on a PersonalComputer [C]. 7th International Conference on Asphalt Pavement. Nottinghan: ISAP,1992.

[8] Transportation Research Board. Significant Findings from Full-Scale Accelerated PavementTesting [R]. Washington D. C. Nathinal Academy Press,2004.

[9] R B Powell. A History of Modern Accelerated Performance Testing of Pavement Structures [R]. NCAT Document, 2006.

[10] Carey W N. Pavement Performance Studies in the United States Final Report FHWA/RD86/078[C]. Pavement Testing Conference,Washington D. C. Federal Highway Administration,1985.

[11] 潘友强,杨军.国内外足尺加速加载路面试验研究概况[J].中外公路,2005(12).

[12] 黄晓明,等.沥青路面车辙形成规律环道试验研究[J].东南大学学报(自然科学版),2000(5).

[13] Angel Mateos Transport Research Center of CEDEX. APT Update of 3th International APT Conference. Madrid Spain. http://www. cedex. es/apt2008/html/english/apt_update. htm,2008.

第 2 章 MLS66 的 APT 设计与实现

MLS66 由南非 MLS 试验系统有限责任公司(MLS Test Systems (Pty) Ltd,MLS)研制,与 ALF、HVS 系统相比,MLS66 具有自行移动功能,依靠直线电机(Linear Induction Motor,LIM)可实现较高的加载频率,当其达到设备的最大转速(6000 次/h)时,相当于 22km/h 的行车速度。MLS66 具有较高的自动化程度,其零部件的种类和数量也相对繁多,并且数万个零部件组装在一起使得整台设备的装配密度非常大,因此进行路面加速加载试验设计需考虑 MLS66 的设备特点。经过不断的实践,笔者总结了针对 MLS66 的 APT 设计与实现方法,本章将介绍其要点。

2.1 MLS66 的组成与原理

MLS66 设备长 15m、宽 2.87m、高 3.8m(自行移动时的高度,运行或运输的高度为 3.5m),总质量为 49.5t。设备整体轮廓及前后部件如图 2-1～图 2-3 所示)。

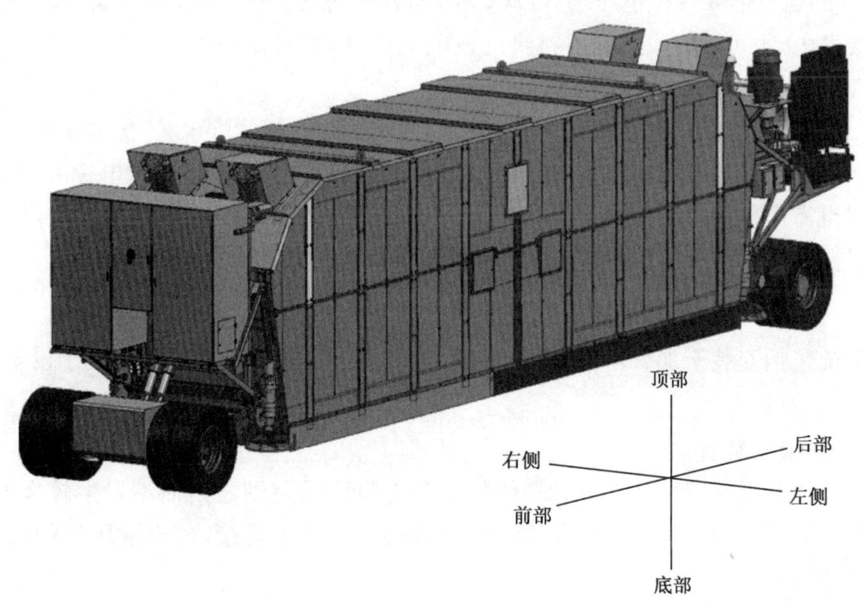

图 2-1 MLS66 设备整体轮廓[1]

2.1.1 MLS66 设备的组成

MLS66 由供电系统、液压系统、冷却系统、电气控制系统、加载系统和路面加热系统组成[1]。

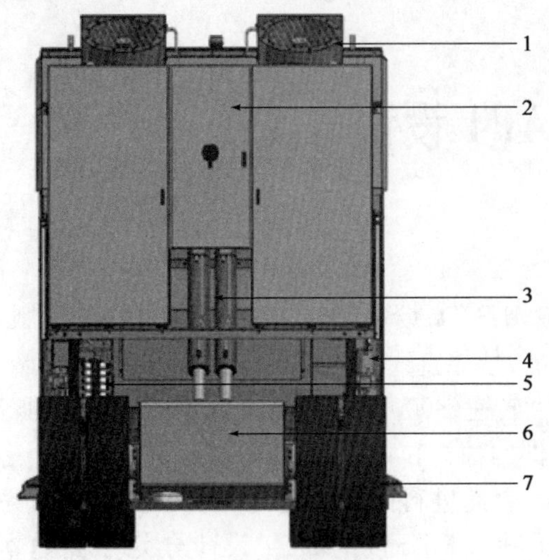

图 2-2 MLS66 前部部件[1]

1-前部引风机；2-主电控箱；3-前部设备升降液压缸；4-前部角千斤顶；5-前部组合液压阀；6-转向装置；7-设备移动导向轮

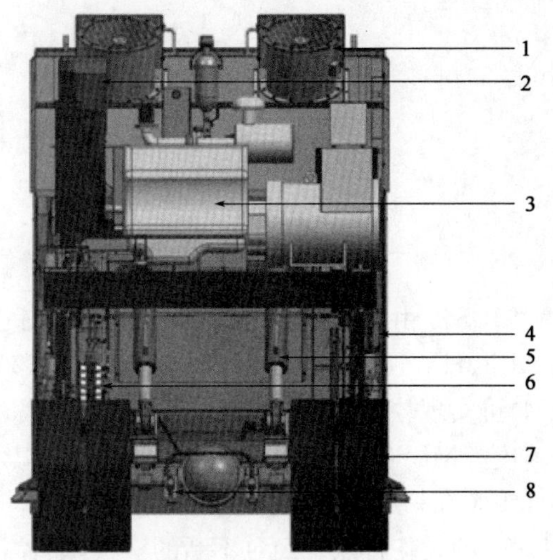

图 2-3 MLS66 后部部件[1]

1-后部引风机；2-液压站；3-柴油发电机；4-液压充油压力调节阀；5-前部设备升降液压缸；6-后部组合液压阀；7-设备移动驱动轮；8-驱动轮制动阀

2.1.1.1 供电系统

MLS66 的运行需要提供电压为 380V、频率 50Hz 的三相动力电供应，既可以通过电缆与电网电连接供电，也可通过设备自身携带的发电机供电，如图 2-3 中 3 所示。其标准输出功率为 204kVA(含加热系统)。

当采用电网供电时，需要在设备附近或场地周围设置专门的配电箱，配电箱中需装配伏安表和紧急断电开关以监控设备运行时供电输出的稳定性，当超过上述的供电标准时，即便是设备正在加载也需停机检查以查明供电负载超标的原因。当采用柴油发电机发电供电时，柴油发电机需根据上述供电标准选择相应的型号。

2.1.1.2 液压系统

液压系统包括安装于加载单元上用于控制轴载的"贮能"液压装置和安装于设备后端的液压站，如图 2-3 中 2 所示[1]。

(1)"贮能"液压装置

用以保证加载轮向路面施加的轴载维持在预先设定的范围之内而不发生较大的变化，其油压的调节需要通过图 2-3 中 4 所示的油压调节阀与液压站连接，依靠液压站的动力泵对其油压进行调节。

(2)液压站

设备动力部件之一，其作用有两方面：一方面驱动移动轮转向装置左右转动、驱动轮驱动装置运转和制动(图 2-3 中 8)；另一方面驱动用于调节设备高度的支撑液压缸的伸缩(图 2-3 中 5)和设备加载时支撑设备的角千斤顶(图 2-2 中 4)的伸缩。

2.1.1.3　冷却系统

冷却系统有散热器、循环管路、冷却液储罐、直线感应电机(Linear Induction Motor,LIM)散热片、引风机(图2-3中1)4部分组成。

当设备加载时,LIM将产生大量的热,当LIM内部温度超过150℃时,电机将会自动断电,即LIM的温度过载保护。

冷却系统的主要作用就是为LIM降温:一方面保证设备内部的环境温度不超过60℃,而此时LIM的内部温度将达到120℃;另一方面使设备框架体内部温度维持在一个相对较低的水平(夏季不超过35℃、冬季不超过10℃),以免影响对路面环境温度的控制。

2.1.1.4　电气控制系统

设备电气控制系统以中央主控单元为核心,各功能模块直接与主控单元连接,如图2-4所示,即各功能模块与主控单元之间不存在逻辑组合控制。

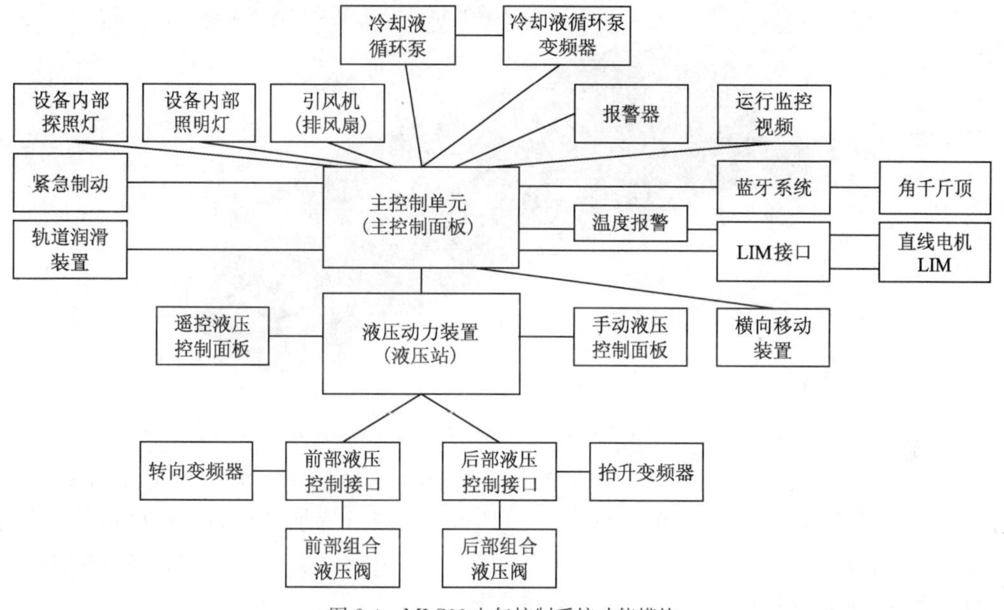

图2-4　MLS66电气控制系统功能模块

设备电气控制系统各功能模块及其功能为:

(1)冷却循环模块:控制冷却液循环装置和安装于设备顶部引风机的启停,设备启动后,冷却液循环系统和引风机自动开启,当发生冷却循环系统停止循环、冷却液不足和引风机停止时,设备将自动停机。

(2)LIM模块:LIM的启动、变频和停止,设备主控单元只提供了LIM启停和变频的指令信号,具体的变频控制由可编程控制器(PLC)实现,当直线电机的工作温度、工作电流负载超过其控制上限时,设备将报警停机。

(3)液压控制模块:液压系统由液压动力泵、电磁阀、液压缸和输油管路组成。当进行设备移动和定位操作时,可通过设备主控单元启动液压动力泵,液压动力泵启动后,液压系统的液压压力将达到20MPa,而后操作者可通过固定在设备上的液压控制面板或遥控器完成设备的移动、转向、升降、角千斤顶的高度调整等动作;加载运行时,可关闭液压动力泵。此外,设备的横向移动(模拟轮迹横向分布)亦是依靠液压动力泵驱动的。

(4)蓝牙控制模块:蓝牙系统用于监测轴载的大小、角千斤顶的高度以及各“贮能”液压装置上贮能单元的温度和压力;同时,蓝牙系统与设备主控单元通信,以实现当路面车辙深度超过预定车辙深度时自动停机。

(5)其他:除了上述4个功能模块,主控单元还对设备内部的照明(探照灯、照明灯)、运行监控视频头进行控制。

2.1.2 MLS66加载单元

MLS66的核心部件,亦即MLS66对路面施加荷载的部件,称为加载单元,如图2-5所示。MLS66共配有6个加载单元,通过链轴彼此相连,连接成为环形机构,依靠链轴和加载单元上的钢导轮沿着固定于设备构架内部的椭圆形轨道单向运动。

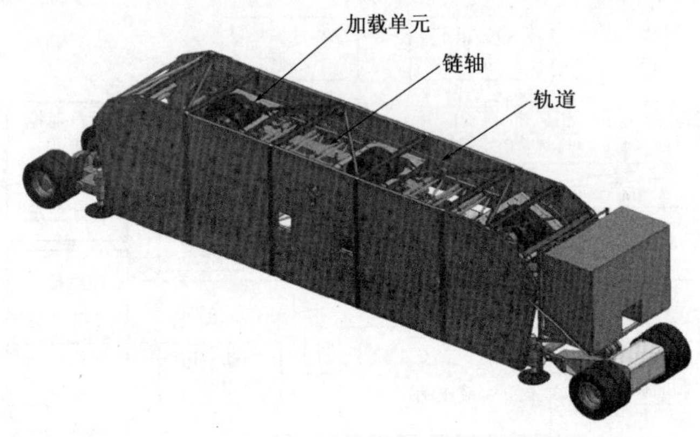

图2-5 MLS66加载单元和链轴与设备主体的装配关系[1]

在相关文献中称加载单元为“悬架装置”(Suspension Device),类似于实际的车辆底盘。根据相关文献报道,MLS66加载单元与ALF、HVS、TxMLS等加速加载试验设备的加载单元相似,均是采用液压贮能装置以维持加载轮对路面荷载的恒定,并缓冲加载轮受到的路面产生反向冲击力,以保证设备在加载运行时保持稳定状态。

2.1.2.1 加载单元构造

设备的制造商将1套链轴和1套加载单元连接在一起所形成的机构上的钢轮编号为A、B、C、D、E、F,如图2-6所示,由此,连接D、E两个导轮的部件称之为D-E连接器[图2-7b)],连接A、F导轮的部件称之为A—F连接器[图2-7a)]。A-F连接器和D-E连接器是加载单元与链轴构成的机构中最为关键的部件,一旦A-F连接器和D-E连接器发生断裂,设备将发生难以修复的损坏。

加载单元支撑加载轮的部件称为“加载轮支撑曲梁”,因其形如香蕉,设备的制造商也称之为“香蕉梁”(Banana Beam)。“香蕉梁”一端与加载单元框架通过销轴连接,另一端连接“贮能”液压装置上的液压缸,其中部的轴孔供连接加载轮主轴,如图2-8所示。加载单元上另一个至关重要的部件是LIM感应铝板(图2-8),LIM感应铝板与加载单元框体连接,铝板在直线电机的驱动下,带动加载单元运动。

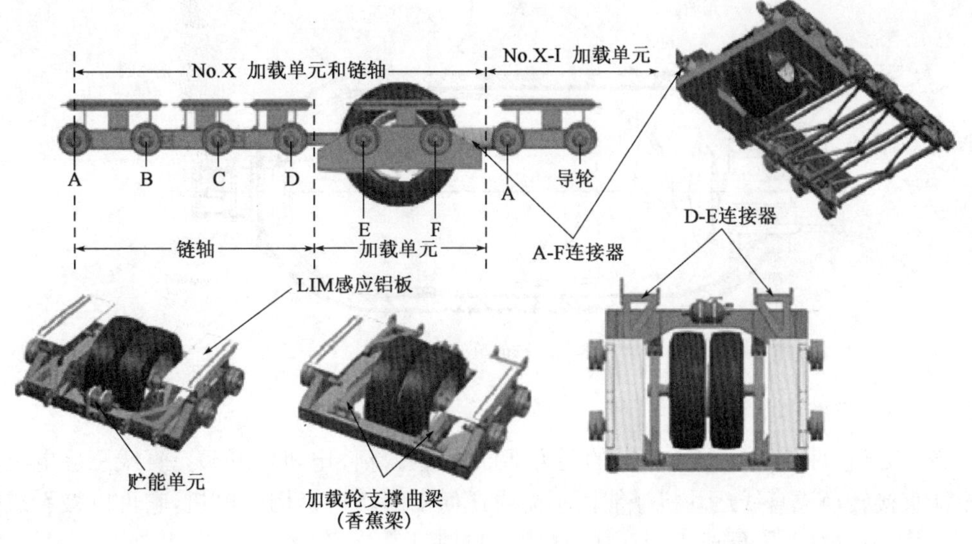

图 2-6　MLS66 加载单元及其链轴[1]

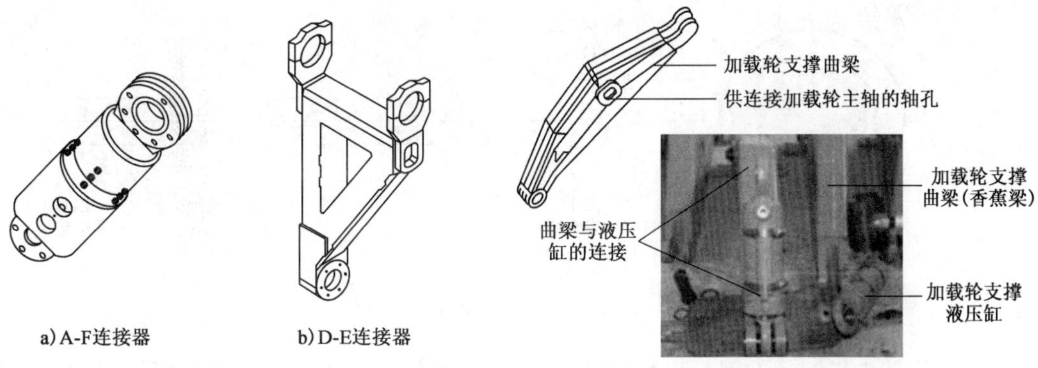

图 2-7　A-F 连接器和 D-E 连接器[1]

图 2-8　加载轮支撑曲梁与加载轮支撑液压缸[1]

2.1.2.2　贮能液压装置

MLS66 控制加载轮轴载的装置为图 2-9 所示的“贮能”液压装置。之所以称之为“贮能”液压装置，是因为装置中的贮能单元，贮能单元是常见的液压部件，其结构为“囊壳”结构，内部的气囊充填惰性气体，而油腔充注液压油。油腔通过导油管、单向阀与加载轮支撑液压缸（图 2-10）连接。当加载轮对路面加载时，液压缸受到压缩，其中液压油被压入贮能单元中的油腔中，而液压油为不可压缩介质，因此气囊受到液压油油压的作用而被压缩变形，此过程吸收了加载轮接地时冲击荷载产生的能量，同时保证加载轮对路面加载时荷载的恒定。当加载轮离开路面时，气囊恢复变形，推顶液压油进而使得加载轮支撑液压缸活塞恢复初始伸缩量。

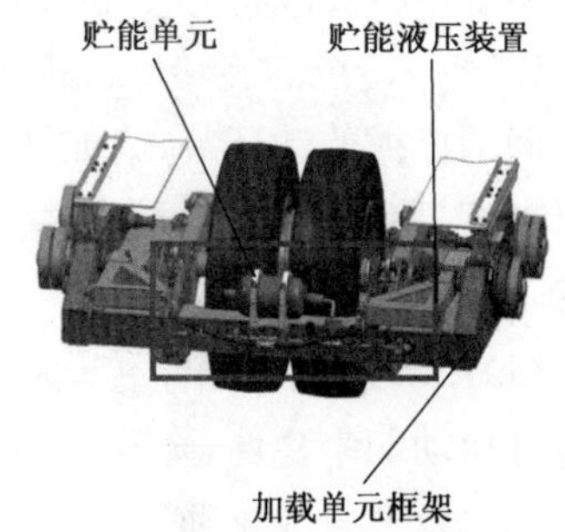

图 2-9　MLS66 加载单元“贮能”液压装置

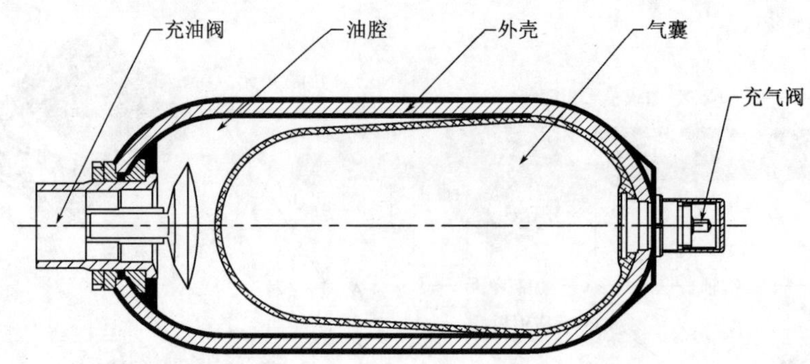

图 2-10　贮能单元内部结构

2.1.2.3　直线电机系统

设备 MLS66 驱动加载单元运转的动力部件为直线感性电机(LIM)。直线感应电机是一种将电能直接转换成直线运动机械能而不需要任何中间转换机构的电机,它可以被看成是一台旋转电机按径向剖开,展成平面而成,如图 2-11 所示[2]。

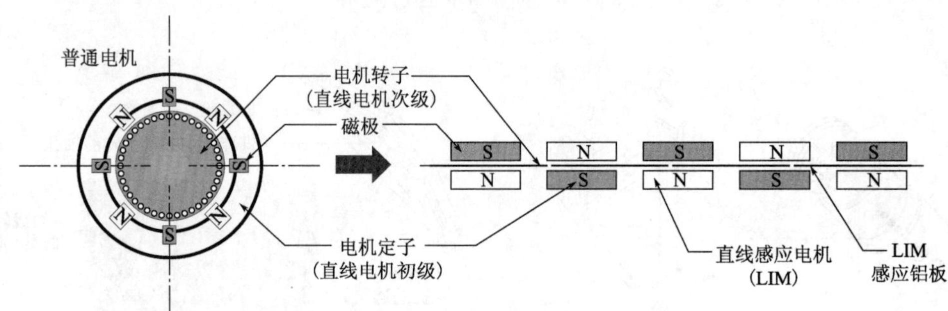

图 2-11　直线感应电机工作原理

对应旋转电机定子的部分称为初级,对应转子的部分称为次级。在初级绕组中通多相交流电,便产生一个平移交变磁场,称为行波磁场。在行波磁场与次级永磁体的作用下产生驱动力,从而实现运动部件的直线运动[2]。

MLS66 的 LIM 系统与设备体的装配关系如图 2-12 所示,设备共配有 4 个电机架,每个电机架上安装 8 块直线电机,每块 LIM 上部配置一片散热片。散热片吸收电机散发热量后通过循环系统中冷却液将热量带入装配于设备前端顶部的散热器以排放热量。

LIM 与传统的旋转电机最大的差别,就是当使用直线电机时,可以取消从电机到运动部件之间的机械传动环节,诸如链条、连杆、齿轮等,把传动距离缩短为零,因而这种方式称之为“零传动”。正是由于这种“零传动”方式,带来了传统旋转电机驱动方式无法达到的性能指标和优点[2]:

(1)LIM 取消了由于传动机构(如连杆、齿轮、链条等)产生的传动间隙和误差,大大提高了部件运动的平稳性,降低了因传动部件接触导致的部件的磨损;

(2)由于“直线驱动”,避免了启动和变速时因中间传动环节的弹性变形、摩擦耗损和反向间隙造成的运动滞后现象,同时也提高了传动刚度;

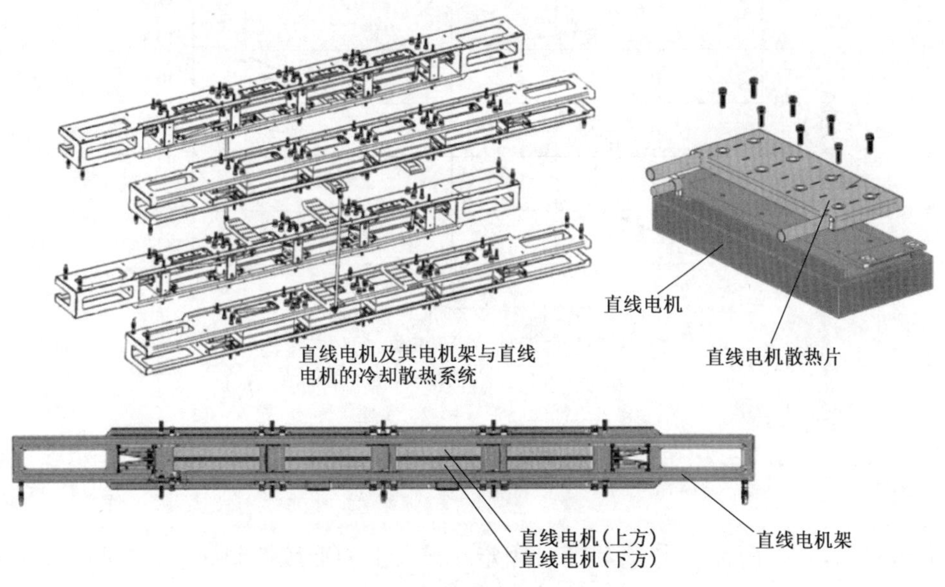

图 2-12　MLS66 的 LIM 系统与设备体的装配关系

(3)由于 LIM 最早主要用于磁悬浮列车(时速可达 500km/h),当驱动 MLS66 加载单元运动时,可实现启动时瞬间达到高速,高速运行时又能达到瞬时停止,由此获得较高的加速度,一般可到达 2～10g(g=9.8m/s^2),而传统电机及其传动机构的最大加速度一般只有 0.1～0.5g;

(4)直线电机可无限制的延长其行程长度,这才使得设计 MLS66 的环形机构与轨道成为可能。

基于上述 LIM 的工作原理和优点,选用 LIM 使得 MLS66 的加载效率和运动控制精度较传统的加速加载设备有较大程度的提高。

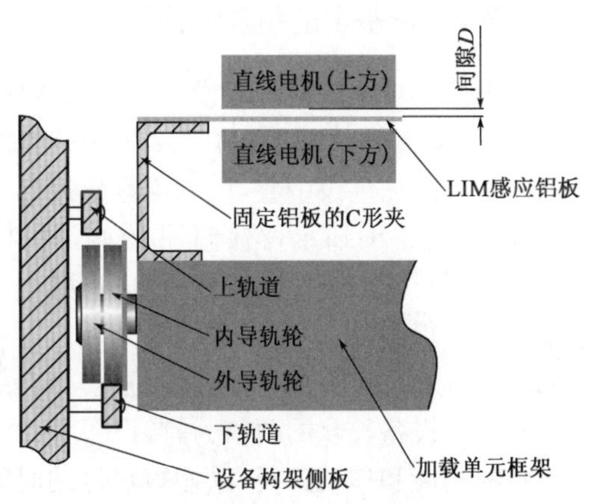

图 2-13　LIM 与加载单元的配合关系

图 2-13 描述了 LIM 与加载单元的配合关系,LIM 的次级,亦即 LIM 感应铝板通过 C 形夹固定在加载单元的框架上,LIM 上方和下方各一块 LIM 电机,在上、下方 LIM 电机形成的行波磁场的作用下,沿直线单向运动,进而带动加载单元运动。上方电机下平面至铝板上平面之间的间隙 D 影响直线电机的工作电流和额定功率,间隙 D 越大,驱动铝板和加载单元所需的推力越大。推力越大,则电机的工作电流越高,电机的功率也越大,图 2-14 为直线电机间隙 D 与推力和 LIM 工作电流之间的关系。由图可见,间隙 D 与推力和 LIM 工作电流之间存在着线性关系,随着 D 的增加推力减小、工作电流增大。因此,在设备 MLS66 的使用过程中,需要确认 D 是否在合适的范围,一般情况下,D 应在 3～4mm 之间。

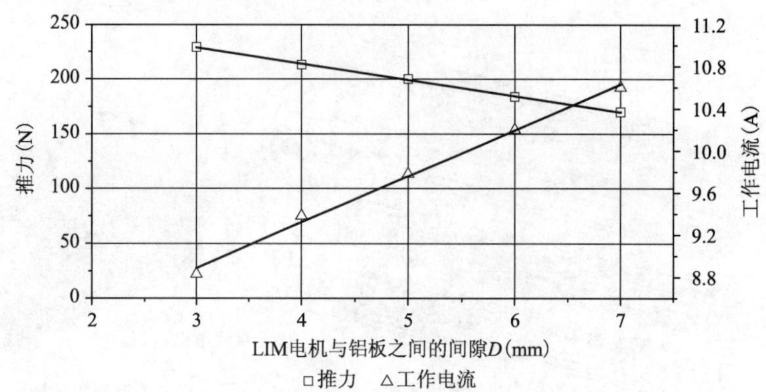

图 2-14 运动速度为 7.2m/s 时推力和电流和间隙的关系

2.2 MLS66 的操作

MLS66 的操作有两种方式:一是通过固定在设备上的液压控制面板,二是通过遥控器进行控制。其与 APT 有关的操作主要包括:设备的高度的升降与设备移动、定位;加载前角千斤顶高度的调整;胎压和轴载的监测;设备运行值守。

2.2.1 设备的升降和移动

当 MLS66 移动调整加载位置时,操作者可通过遥控器升降设备高度和移动设备,设备的遥控器和液压控制面板如图 2-15 所示。

2.2.2 设备定位和高度调整

考虑到加载位置需与埋设于路面结构内部的传感器埋设位置相对应,因此要求设备在每个加载阶段(加载 10 万次、20 万次……)的加载位置不变;同时,要求设备定位后加载轮两轮间隙中心对准加载段中心,误差不宜超过±0.5cm。试验开始前,需预先在加载段上标识定位参考线,如图 2-16 所示,路面上带有圆圈的标线为"设备定位参考线"。

在路面上确定定位参考线时,以传感器埋设施工时由 GPS 获取的基准点为基准,连接两个基准点即得到"加载带中轴线",而后再经过移动设备进行预定位确定设备角千斤顶压盘边缘的位置(图 2-16 中角千斤顶定位线),即获得设备定位参考线。在标划定位参考线时,直线需延长超过设备长度的两倍为宜,设备移动、转向时,操作人员需以设备定位参考线为基准调整设备的角度和移动路径,以缩短定位的时间、提高定位精度。

如图 2-17 所示,设备定位后,需要调整角千斤顶的高度,以此将液压缸末端间隙 D 调整到合理的范围。随着加载次数的增加,路面车辙深度将随之加大,需及时调整角千斤顶的高度,因此在运行过程中一方面可通过计算机蓝牙系统人机界面监视车辙深度的变化,另一方面需经常估测车辙深度,并进行调整。

2.2.3 轴载和胎压监测

APT 过程中,最重要的是对轴载和胎压的监控,胎压和轴载直接影响到加载效果,同时此两项参数亦是进行路面性能分析的基础参数。

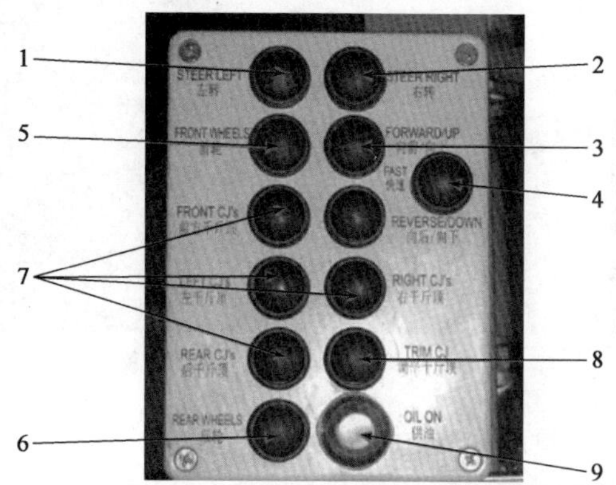

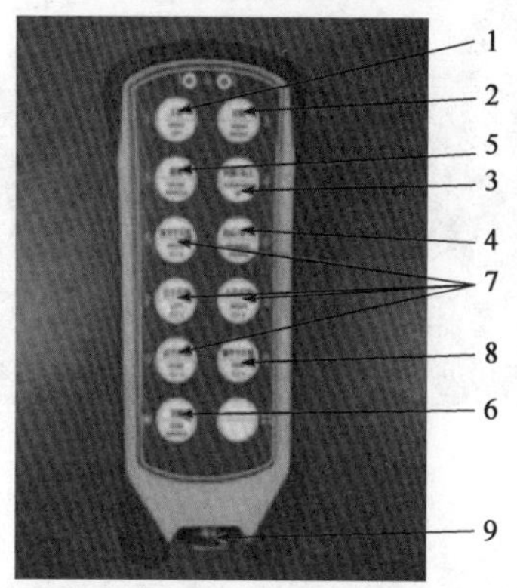

图 2-15　液压控制面板和遥控器

1-左转——设备左转；2-右转——设备右转；3-向前/向上——设备向前移动和抬升设备，当抬升设备时需同时按住 5 号和 6 号键；4-向后/向下——设备向后移动和降低设备高度，当降低设备高度时需同时按住 5 号键和 6 号键；5-前轮——与 3 号键和 4 号键共同控制设备前端的抬升或降低；6-后轮——与 3 号键和 4 号键共同控制设备后端的抬升或降低；7-前方千斤顶/左千斤顶/右千斤顶/后千斤顶（所指按钮顺序由上至下、由左至右）——控制角千斤顶高度；8-调平角千斤顶——调平角千斤顶以保证 4 个角千斤顶达到适宜的高度；9-供油开关——开启后液压站将对其各部件供油

图 2-16　设备定位参考线

设备加载过程中，对胎压的监测采用称为 Tyredog（轮胎狗）的轮胎压力/温度无线监测器，如图 2-18 所示。Tyredog 分为两部分：一部分是安装在轮胎充气嘴上的温度/压力探测头（图 2-18 左），可感受轮胎的胎内压力，将测量信号发射到接收端，另一部分是接收器（图 2-18 右），可实时显示加载轮轮胎内的压力和温度。当胎内压力和温度不满足预设值时，需停机调整轮胎胎压或检查导致加载轮胎内温度升高的原因。

a)车辙深度的估测

b)角千斤顶高度的调整

图 2-17　设备角千斤顶支撑高度的调整

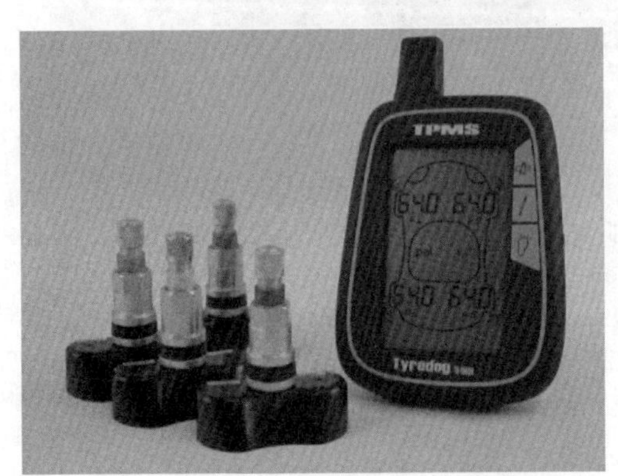

图 2-18　Tyredog 轮胎压力/温度无线监测器

对轴载的监测，依靠设备附带的蓝牙系统，安装于计算机中的蓝牙信号监测软件界面如图 2-19 所示，在软件界面上可实时反映加载轮轴载、液压缸间隙 D 等信息。

蓝牙系统包括两部分：一部分为信号接收和放大模块，其信号由位移传感器、热电耦等获得，用于测量轴载大小、加载单元贮能单元温度及其支撑液压缸伸长量；另一部分为数/模转换与信号发射模块，它将从信号接收和放大模块中输出的模拟信号转换成数字信号，通过蓝牙信号发射电路将信号发出，最后通过计算机蓝牙信号接收装置将信号传递到监控软件，处理后在界面上显示需要获知的信息。由于设备加载时无法通过外接电源的方式对蓝牙系统测量电路供电，因此在设计上采用自发电的方式对系统供电，如图 2-20 所示。

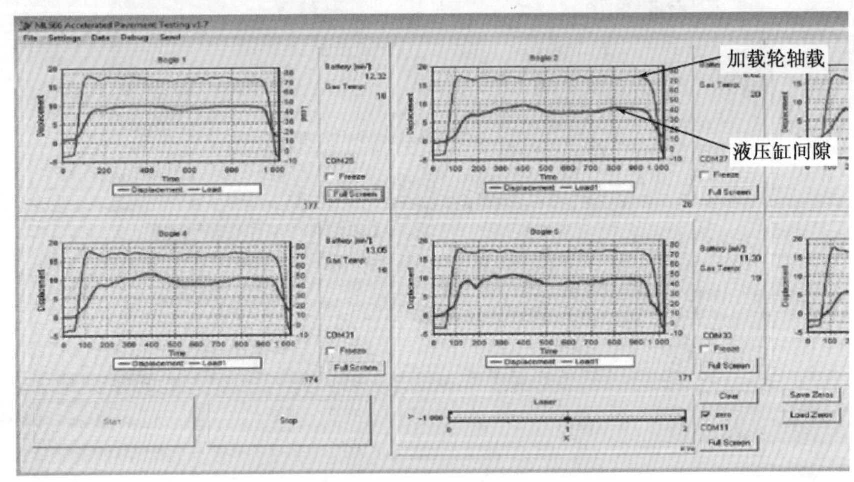

图 2-19　MLS66 轴载监测程序主界面

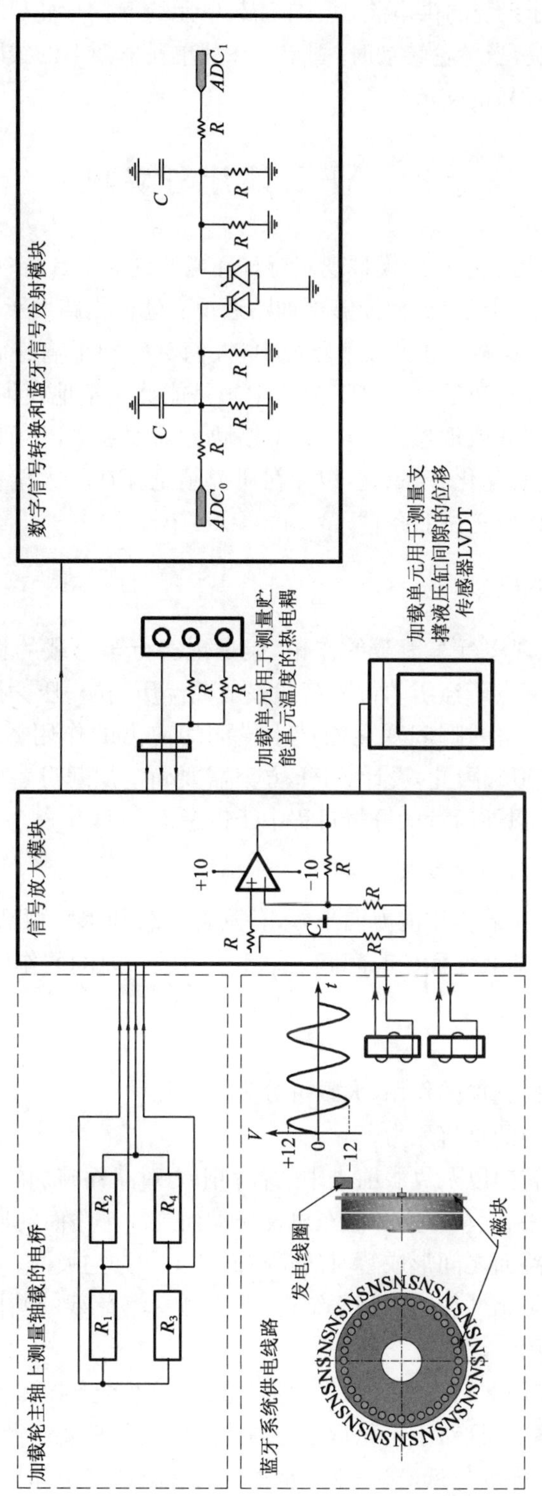

图2-20 MLS66轴载监测测量原理示意

由图 2-20 可见，蓝牙系统的供电装置是在加载单元的 F 内导轮（F 内导轮的概念，参见图 2-6）背面贴附永磁铁磁块，当导轮转动时，固定在加载单元框架上的线圈与磁块的相对运动将切割磁力线进而输出±12V 的交流电。

2.3 APT 设计与实现

APT 为道路研究者提供了一个模拟现实行车环境的试验平台，在可控的荷载和环境作用下，加速路面的破坏累积。但是，如何能够更加贴近现实地模拟路面承受的环境和荷载作用一直是困扰 APT 研究者的难题。现实行车环境中，人们对各种影响路面性能的因素的归纳和定量化表述都是基于统计规律的，而 APT 过程中越是能够定量地模拟这些影响因素，最终的研究结论就越可能过于保守或理想化。尽管如此，仍然需要在 APT 研究开始前，确定适宜的技术路线，以实现试验的程序化、定量化，以便在研究结论存在较大偏差时，可以追根溯源，尽快找到出现问题的原因以修正试验条件。

2.3.1 行车荷载的模拟

APT 的核心是模拟现实行车荷载的作用，但是现实行车荷载的作用方式却是十分复杂的。对于路面上固定的一点所经历的行车荷载一般要经历“拉—压—拉”的过程，而在这个过程中，还会因车辆行驶方向的瞬间变化而产生横向切应力的作用。对于这样复杂的过程，APT 难以完全一致地模拟。因此，设计 APT 方案需要确定加载设备的施载方式与现实行车荷载的作用之间的差异，以在后续的分析过程中予以考虑。

2.3.1.1 行车荷载与加载参数

实际的行车荷载，从荷载作用的方向来看，有垂直荷载和水平荷载；就荷载的动力性质而言，有静荷载和动荷载。荷载作用的时间和频率不仅有较长时间的作用，而且有瞬时间歇的多次反复作用。

(1)行车荷载

实际行车荷载对路面施加的作用，大致可分为下列几种[3]：

①通过车轮传给路面的垂直压力；

②由于制动、变速、转向以及克服前进中的各种阻力对路面施加的水平力；

③由于路面高低不平、汽车颠簸和汽车机件振动而施加于路面的冲击力和振动力；

④由于车轮后方与路面之间形成暂时的真空而产生的真空吸力。

对于沥青这种温度敏感性较强的路面结构，温度和行车荷载的共同作用是结构疲劳和路面永久变形的决定性原因[3]。

在高温季节，沥青路面在行车轮载的作用下，塑性变形逐步累积，导致产生永久变形或车辙，从而使路面平整度降低，这对于渠化行车的高速公路尤其重要。沥青路面在车轮垂直荷载的作用下，当基层的整体强度较低（这一季节常伴随着春融或多雨）时，将产生较大的弯拉应力与弯拉应变，在车轮荷载的反复作用下，当应力或应变超过沥青路面疲劳极限时产生裂缝。在低温季节，沥青路面质地脆硬，抵抗变形能力较差，降温收缩成为主要问题，温缩裂缝在许多地方发生[3]。

行车荷载的水平力作用对沥青路面的力学特性有着重要的意义。在垂直力与水平力的综合作用下，沥青面层中将产生较大的剪应力。在高温季节，路面的强度较低，当所发生的剪应力超过其本身的抗剪强度时，路面常发生推移、拥包等。这些现象多发生在急弯、陡坡以及停车站、十字路口等水平力作用较大之处[3]。

(2)轮迹分布

一般来说，路面单位宽度上受到的行车荷载作用次数与车道宽度范围内行车荷载总作用次数的比值，称为行车荷载的轮迹横向分布频率，而轮迹宽度范围内的频率，则称为轮迹横向分布系数，如图 2-21 所示。

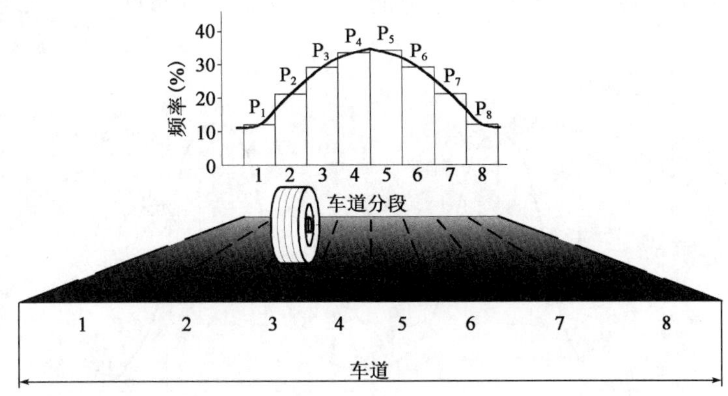

图 2-21 横向轮迹分布

横向轮迹分布对路面永久变形的影响，在于车道内不同位置所承受的行车荷载作用频率的差异导致各位置的变形量大小不同，并且当车辆改变行驶位置的瞬间会在路面存在切向作用，当路面温度较高时，这种切向作用逐渐将沥青面层的混合料向轮迹两侧推拥，进而形成两边高、中间低的车辙断面，当薄层路面层间黏结不良时也会形成大面积的拥包，进而严重的影响行车安全。

横向轮迹分布对路面疲劳特性的影响在于行车荷载在不同位置对沥青面层底部某一固定位置产生的应变是不一样的，该位置所产生的疲劳损伤也是不一样的。有关文献报道实测得到的分车道单向行驶时宽为 3.75m 的车道上轮迹横向分布频率曲线(轮迹宽度以 25cm 计)，如图 2-22 所示。从图中可以看到，距路面外侧边缘 0.9m 和 3m 附近的轮迹分布频率分别达到峰值，为该车道总轴载作用次数的 30%左右，而车道边缘处路面受到的轴载作用次数很少。可以判断，距路面外侧边缘 0.9m 和 3m 位置的路面承受行车荷载次数最多，最容易产生疲劳现象[4]。

(3)轮胎参数

影响沥青路面性能的行车荷载因素还包括与轮胎和路面相互作用有关的性质，即胎面纹理和充气压力，胎面纹理和充气压力显著地影响着轮胎的接触压力。

随着轮胎工业的发展，子午线轮胎以其优越的性能逐渐取代斜交帘布层轮胎，并出现了以宽基子午线轮胎以代替传统的双胎轮胎。子午线轮胎的大量使用，使得作用于路表的荷载特性发生变化。许多国家的道路研究部门开始关注轮胎与路面的相互作用，并开展了许多相关方面的调查研究。如美国全国公路合作研究计划353号研究报告(NCHRP Report 353)研究了重型车辆的特性对路面的响应及性能的影响，其中详细分析了轮胎因素对路面响应及性能的影响。另外，美国目前还在进行的车辆—路面相互作用研究项目(Truck Pavement Interaction，简称TPI)，旨在更好地掌握车辆与路面的相互作用，其中也进行了有关轮胎特性对路面破损及性能的研究。目前国内对轮胎路面接触压力问题的研究大部分在汽车研究部门，并且主要从轮胎设计角度考虑。而道路研究部门对路面结构进行计算和分析时，长期以来都是将车辆荷载简化成圆形均布荷载作用于路面表面，对轮胎与路面间接触压力分布及其对路面结构的影响的研究开展得较少。此外，目前国内高速公路出现的一些早期破坏与车辆的荷载特性有很大的关系；而传统的柔性路面结构分析模型大都是将车辆荷载简化成双圆均布垂直荷载和单向水平荷载，而忽略了轮胎与路面接触面积上压力的非均布性[5-8]。

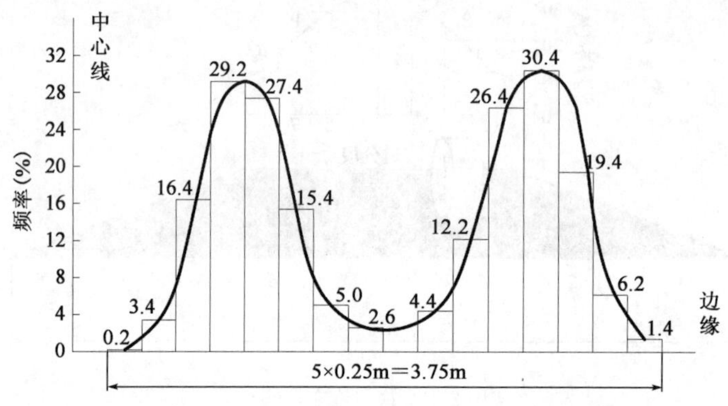

图2-22　分车道单向行驶时轮迹横向分布频率曲线

2.3.1.2　加载参数的确定

归纳上述行车荷载作用对路面性能的影响，将其用几项可以定量描述表征加载轮对路面作用的因素，即加速加载试验中的加载参数。在开展APT之前，应首先确定试验的加载参数，确定加载参数需要考虑试验目的和研究内容，同时还需考虑模拟加载方式与实际行车特点的差异。

(1)加载轮的作用

除环道加速加载试验外，对于一些直线式加速加载设备来说，其加载轮对路面只有水平纵向和竖向垂直作用，而没有如实际车辆转弯时产生的水平切向作用，更没有实际车辆制动、变速、转向以及克服前进中的各种阻力在路面上产生的水平力作用。对于MLS66设备，当其加载轮与路面接触的瞬间对接地点区域所产生的水平力较大，相当于实际行车荷载制动时的水平作用力，但是此作用的时间较短，仅有几毫秒，当加载轮的液压缓冲装置稳定后，加载轮对路面仅仅是竖向垂直和水平纵向两种作用力。当MLS66横向移动时，加载轮受到横向装置的牵拉作用，变换轮位时，其产生的水平切向作用力作用时间也很短，也在毫秒级范围。因此，对于MLS66加载轮对路面的作用方式上，仅考虑水平纵向和竖向垂直两种力的作用。

(2)试验轴载与累计轴次

导致路面破坏的决定性因素是行车荷载的大小，即轴载；其他行车荷载因素(作用方式、横向移动、轮胎参数等）和环境因素是加速路面破损发展程度的主要因素。特别是APT条件下，加载轮对路面的作用方式较为单一，确定合适的试验轴载以及累计加载次数是实现APT研究目的前提和基础。

AASHTO提出的轴载“四次方法则”认为，行车轴载的大小与其对公路的破坏效应关系呈“四次方”关系，即轴载质量增加一倍，公路受损将增至原来的16倍。1961年AASHTO“四次方法则”提出后，几乎成为所有沥青路面设计有关不同轴载间转换的基础[9]。

我国沥青路面设计规范，是以设计弯沉值和沥青层底拉应力为设计指标，将各级轴载转换成100kN的标准轴载，其转换公式便符合“四次方法则”，如式(2-1)所示[10-11]：

$$N = \sum_{i=1}^{K} C_1 C_2 n_i \left(\frac{P_i}{P}\right)^{4.35} \tag{2-1}$$

式中：N——以设计弯沉值和沥青层层底拉应力为指标时的标准轴载的当量轴次（次/d）；

n_i——被换算车型的各级轴载作用次数（次/d）；

P——标准轴载（kN）；

P_i——被换算车型的各级轴载（kN）；

C_1——被换算车型的轴载系数；

C_2——被换算车型的轮组系数，双轮组为1.0，单轮组为6.4，四轮组为0.38；

K——被换算车型的轴载级别。

当轴间距大于3m时，应按单独的一个轴载级计算；当轴间距小于3m时，双轴或多轴的轴数系数按式(2-2)计算：

$$C_1 = 1 + 1.2(m - 1) \tag{2-2}$$

式中：m——轴数。

值得注意的是，我国现行沥青路面设计规范中对轴载换算的研究主要还是20世纪80年代初的成果，当时考虑的单轴荷载不大于130kN，双轴荷载不大于320kN，这已不能适应当前重载交通实测到的轴载范围。因此，现有的轴载转换方法已经难以满足沥青路面设计的需要。大量文献都对基于重载和超载情况的轴载转换方法研究做了报道，根据相关文献的研究结论，认为当轴载超过130kN时，式(2-1)的指数应取5～5.5。

依据上述沥青路面设计基础，对MLS66试验轴载与标准轴BZZ-100之间的转换关系为：

MLS66设备具有6个加载单元，每个加载单元上既可承载单轮组也可承载双轮组。

按式(2-1)，以双轮组为例确定MLS66的加载参数。

①轴载系数C_1。由上述可知，当轴间距大于3m时，应按单独一个轴级计算，MLS66对路面加载时，有2组加载轮同时与加载带接触，相当于实际双轴车辆，而由图2-23可见，相邻2个加载单元加载轮之间的轴间距为3.4m，大于3m，因此C_1取1。

②轮组系数C_2。按假设轮组系数取1。

由上述①、②，不同试验轴载与BZZ-100之间的换算关系如表2-1所示。

不同试验轴载与BZZ-100之间的换算关系 表2-1

试验轴载(kN)	100	130	150
相当于标准轴载作用次数(次)	1	3.13	7.59

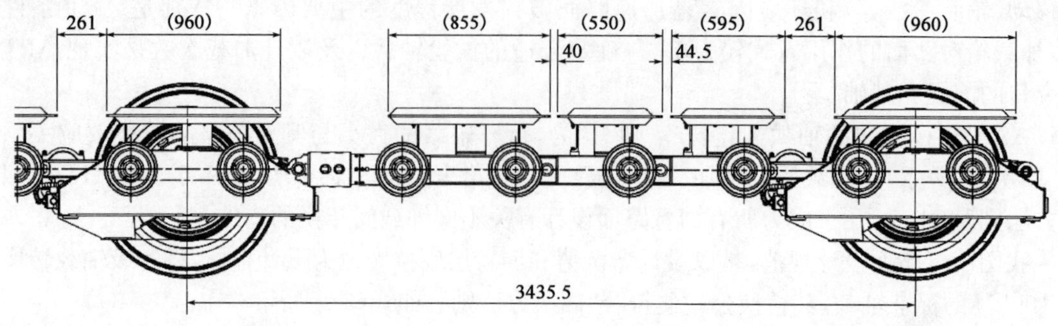

图 2-23　MLS66 加载单元轴间距(单位:mm)

表 2-1 中,当试验轴载为 150kN 时,式(2-1)的指数取 5。按表 2-1 的转换关系,考虑超载 150%的情况,则各等级交通设计累计标准轴载作用次数转换为试验轴载累计轴次的转换关系如表 2-2 所示。

试验累计轴次与设计累计标准轴次之间的转换(试验轴载为 150kN)　　表 2-2

交通等级	设计标准轴次 N_e(次/车道)	试验累计轴次(万次/试验结构)
特重交通	$<2.5\times10^7$	<329
重交通	$1.2\times10^7\sim2.5\times10^7$	158~329
中等交通	$3\times10^6\sim1.2\times10^7$	40~158
轻交通	$<3\times10^6$	<40

(3)轮迹分布规律

对横向轮迹分布的模拟由设备附带的横向移动装置实现。加载前,首先确定横向轮迹分布规律,由分布规律编制横向移动装置的控制指令。加载时,在横向移动装置的驱动下,设备沿垂直于加载方向按设定的横向轮迹分布规律往复移动以实现模拟。在曾经开展的 APT 项目中,笔者借鉴了国内外的研究成果以确定横向轮迹分布规律。

通过对沪宁高速公路不同行车轮迹分布的调查结果[12]可知,其横行分布系数如表 2-3所示,表中数值是将行车道(宽度 3.75m)进行 7 等分后的统计结果,统计规律如图 2-24 所示。

沪宁高速公路行车道轮迹横向分布系数　　表 2-3

车道分段	1	2	3	4	5	6	7	合计
分布系数	0.1167	0.2059	0.1777	0.0065	0.1160	0.2041	0.1742	1.0

注:表中沿行车方向由左至右对行车道进行分段。

对云南曲陆高速轮迹横向分布的调查情况如图 2-25 所示[13]。

总结以上研究结果可见:在现实行车中,单轮组轮迹横向分布规律为正态分布,而且靠近硬路肩一侧行车量较超车道一侧略大。

交通部公路科学研究所 ALF 系统的横向轮迹分布规律如图 2-26 所示。

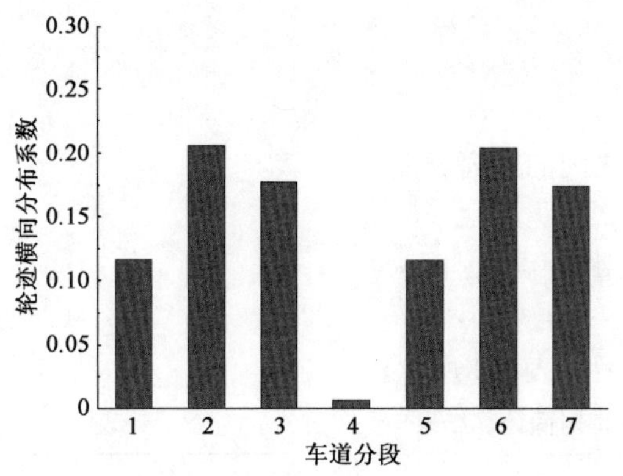

图 2-24 沪宁高速公路轮迹横向分布系数

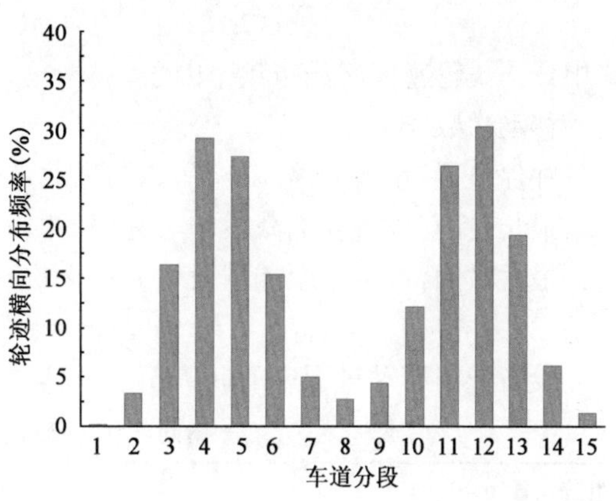

图 2-25 云南曲陆高速公路单车道轮迹横向分布频率

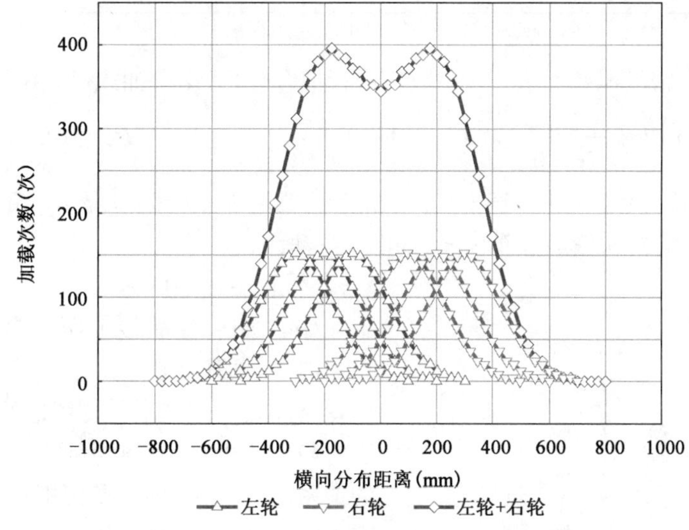

图 2-26 ALF 系统的横向轮迹分布规律

由图 2-26 可见，该系统对横向轮迹分布规律的模拟同样采取正态分布，且以窄分布为主。

综上所述，对于大多数 APT，横向轮迹分布规律宜选择正态分布，各次试验所不同的是横向移动距离和移动步长。MLS66 横向移动距离最大值范围为±500m。对于一次横向移动操作，最多可输入 30 条指令，每条指令控制一次设备的驻停位置和驻停时间，即编制 MLS66 横向移动指令时，对移动步长的限制需要考虑命令文件最多指令限制。以下举例说明编制 MLS66 横向移动控制指令的考虑因素及其过程。

［**例 2-1**］ MLS66 横向移动控制指令的编制

考虑设备横向移动对加热系统加热路面范围及热效的限制，拟确定：

①最大横向移动距离±208mm；

②移动步长 52mm。

以①和②为前提，编制横向移动装置的控制指令：

试算公式：用式(2-3)试算轮迹横向分布曲线：

$$p(r) = e^{-r} \tag{2-3}$$

式中：r——轮迹横向分布频率因子。

移动次数：8次。

驻停位置：设备的停滞位置，以与加载带中心之间的距离表征。

最长时间：设备在加载段中心驻停的时间为60s，即$T_{max} = 60s$。

最短时间：设备在距加载段中心±208mm位置驻停的时间为：

$$T_{min} = T_{max} \cdot p(r) = T_{max} \cdot e^{-r} = 60s \cdot e^{-1.0} = 22s \tag{2-4}$$

设备横向移动过程中的驻停位置及其驻停时间如表2-4所示。

横向移动驻停位置和驻停时间计算结果 表2-4

驻停位置(mm)	−208	−156	−104	−52	0	+52	+104	+156	+208
分布频率(%)	1.00	0.75	0.50	0.25	0	0.25	0.50	0.75	1.00
加载时间(s)	22	28	36	47	60	47	36	28	22

注：表中，驻留位置"0"为轮迹带中心；符号"+"、"−"代表设备移动方向。

采用正态分布密度函数对表2-4中数值进行拟合分析，结果如式(2-5)所示：

$$p(x) = \frac{1}{\sqrt{2\pi} \cdot \sigma} \cdot e^{-\frac{(x-\mu)^2}{\sigma^2}} = \frac{1}{74.4\sqrt{2\pi}} \cdot e^{-\frac{(x-0.03)^2}{(74.4)^2}} (R^2 = 0.964) \tag{2-5}$$

由式(2-5)中相关系数可见，表2-4中各驻停位置的加载时间呈显著的正态分布规律。由表2-4绘制所确定的横向轮迹分布曲线，如图2-27所示。

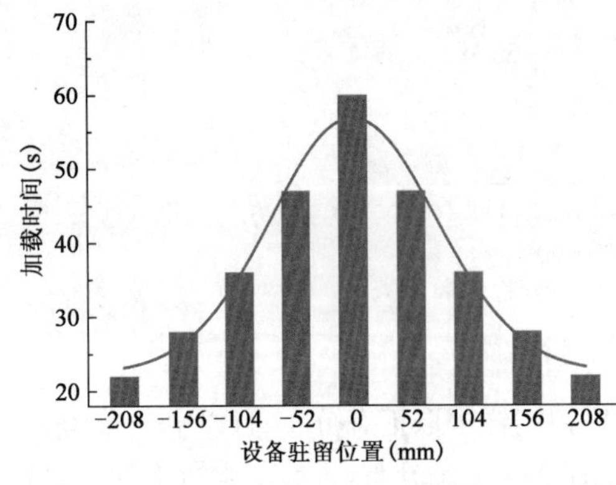

图2-27 MLS66横向移动分布曲线

(4)轮胎接触压力

如前所述，轮胎接触压力是影响路面性能的重要因素，尤其是在重载条件下，轮胎接触压力是沥青路面设计过程中需要考虑的参数。轮胎接触压力与轮胎类型、温度、胎压、行车速度有着密切的关系。对于MLS66要模拟轮胎接触压力，需要变换轮胎类型，调整轮胎充气压力。正常情况下，MLS66的6个加载单元配置相同卡车轮胎。根据试验目的，当需要考虑轮胎接触压力时，可考虑在6个加载单元上配置不同类型的轮胎。要获取轮胎的接触压力，最简单的方式就是利用坐标纸和复写纸印记不同轴载作用下的轮胎接地面积，再由轮胎的接地面积换算轮胎的接触压力；较为精确的测量是利用专门的轮胎压力分布测量系统，常见的为美国Tekscan压力分布测量系统。

2.3.2 环境因素的考虑

总结目前国内外APT研究成果，因模拟手段的有限性，绝大部分APT仅考虑温度和降水对路面两类环境因素对路面性能的影响。对于MLS66，由于设备部件装配密度较大，除了依靠设备附带的路面加热系统模拟路面高温外，尚无模拟低温环境的装置，当需要考虑低温环境时，只能选择在低温天气开展APT。对于自然降水的模拟，设备MLS66无附带的专用装置，需要自制降水模拟装置。

2.3.2.1　路面高温

对于路面高温的模拟，需要在试验开始前确定代表温度。所确定的路面高温代表温度需要具有一定的合理性，其原因为处于高温条件下的路面，温度略有升高，荷载对路面性能，特别是路面永久变形的影响效应呈倍数增加。对于高温代表温度的确定，可从开展 APT 地区或 APT 所针对地区的气候统计资料入手，下面以辽宁省的气候统计资料为例描述确定高温代表温度的过程。

[例 2-2]　APT 高温代表温度的确定

沥青路面温度的影响因素众多，各因素与路面温度的关系错综复杂，所以确定沥青路面代表温度时要做一定的假定，忽略次要因素。

高温代表温度应该为一定保证率的路面结构层内的高温温度。SHRP 规定以路表下深度 20mm 处的温度为路面温度，并建立了路面温度与路表温度、路表温度与气温的关系，其主要考虑了纬度、空气温度、太阳总辐射、热传导和表面辐射能等因素。辽宁省沥青路面温度的主要影响因素有风速与降雨。当风速较大时，路表热交换进程加快，路面温度降低；降雨使沥青路面温度下降。但确定沥青路面的高温代表温度时，应该考虑的是高温的最不利状态。

①SHRP 报告中指出[14]，在高温条件下，路表温度是由路表的热气流决定的，而路表热气流是由多方面的因素决定的，由此，热气流＝直接太阳辐射热＋热扩散±空气对流±热传导－路面体的辐射。

经过理论分析，路表温度与空气温度的换算可通过纬度建立如下关系：

$$T_{20\mathrm{mm}} = (T_{\mathrm{air}} - 0.00618\mathrm{Lat} + 42.2) \times 0.9545 - 17.78 \tag{2-6}$$

式中：$T_{20\mathrm{mm}}$——路表下深度 20mm 处路面温度(℃)；

T_{air}——空气温度(℃)；

Lat——纬度(°)。

②采用 LTPP 带有概率的高温模型计算[15]：

$$T_{\mathrm{pav}} = 54.32 + 0.78T_{\mathrm{air}} - 0.0025\mathrm{Lat}^2 - 15.14\lg(H+25) + z(9 + 0.61\sigma_{\mathrm{air}}^2)^{\frac{1}{2}} \tag{2-7}$$

式中：T_{pav}——路表最高温度(℃)；

T_{air}——最高空气温度(℃)；

Lat——纬度(°)；

H——路面下深度(mm)；

σ_{air}——7d 平均高温的标准差(℃)；

z——正态分布的概率，$z=0$ 时为 50%的置信度，$z=2.055$ 为 98%的置信度。

由式(2-6)、式(2-7)计算省内各地区的沥青路面代表高温如表 2-5 所示。

辽宁省各地区的路面设计温度值(℃)　　表 2-5

地　区	沈阳	辽中	新民	法库	康平	阜新	彰武
SHRP 高温计算温度	51.87	51.26	51.89	51.09	51.35	52.46	51.83
LTPP 高温计算温度	55.88	55.31	55.74	55.17	55.41	56.50	55.65
地　区	铁岭	西丰	开原	昌图	朝阳	建平县	凌源
SHRP 高温计算温度	51.74	51.70	51.74	51.10	53.47	53.14	52.99
LTPP 高温计算温度	55.86	55.76	55.88	55.17	57.24	57.29	57.14
地　区	大洼	鞍山	台安	海城	岫岩	本溪	本溪县
SHRP 高温计算温度	50.67	52.16	51.24	51.89	51.47	51.64	51.73
LTPP 高温计算温度	54.72	56.24	55.22	55.93	55.74	56.17	56.07
地　区	桓仁	草河口	辽阳	抚顺	新宾	清原	连山
SHRP 高温计算温度	51.28	50.60	52.21	51.90	51.35	52.17	51.43
LTPP 高温计算温度	55.43	54.92	56.30	56.20	55.94	56.42	55.70
地　区	建昌	绥中	兴城	营口	盖州	大石桥	熊岳
SHRP 高温计算温度	52.25	51.52	50.40	50.98	51.72	51.64	51.21
LTPP 高温计算温度	56.52	55.66	54.61	55.11	55.89	55.80	55.68
地　区	丹东	宽甸	凤城	东港	大连	瓦房店	金州
SHRP 高温计算温度	50.51	50.76	51.83	49.95	50.22	51.03	50.69
LTPP 高温计算温度	54.86	55.25	56.11	54.45	54.80	55.46	55.16

由表 2-5 中的计算结果可见，SHRP 公式确定的高温计算值比 LTPP 公式确定的高温计算值低，故若采用 LTPP 沥青路面高温计算温度可表现高温最不利因素。因此表中计算结果可见，辽宁省的路面高温温度变化范围为 45～57.3℃。由此，在辽宁省境内开展加速加载试验，模拟路面高温所采用的代表温度选用 45℃、55℃为宜。

2.3.2.2　自然降水

在 APT 的发展进程中，鲜有文献报道如何能够定量确定向加载带的洒水量以模拟全年降水对路面的作用。然而，大量关于 APT 条件下路表水对路面破坏作用的文献取得了一致的观点[9]。

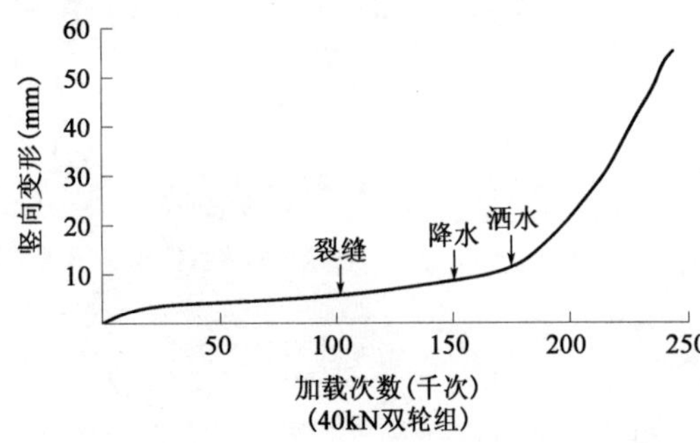

图 2-28　HVS 路面加速加载试验路面车辙的变化[9]

图 2-28 说明了 APT 条件下，当路面出现裂缝后，自然降水和人工洒水对路面车辙变形的影响。

当路面出现裂缝后，降水条件下路面车辙变形的增加远没有人工洒水时的速度快。但是后续的研究表明，降水对路面的破坏并不仅仅是因为出现了裂缝，在路面通车后的早期，路表水的作用恰恰是路面出现早期微小裂缝的一个重要原因，也就是人们所熟知的动水压力对路面的作用，即动水压力理论[16]。

自然降水通过路面的横坡来排除,所以雨天的路表常被一层水膜所覆盖。当车辆在水膜覆盖的路面高速行驶时,轮胎与路面之间的水不断地被高速运转的轮胎所挤压,因此产生了动水压力。流体的压力同时作用于轮胎和路面,对于路面与轮胎相接触的某一点而言,这种动水压力是瞬时的,而对于车辆行驶的整条轮迹而言,动水压力如同行车荷载一样是始终存在的。在普通公路上,由于行车速度不高,所以造成的动水压力不大。常规的沥青混合料技术要求已经足以抵抗动水压力的作用。但对于高等级公路,行车速度可以达到110km/h以上,所以造成的动水压力可达普通道路的2.5～3.0倍。实际上,强大的动水压力将压迫雨水进入路面,并直接作用在沥青与集料的界面上,极易造成沥青与集料的剥离,导致混合料的松散和路面结构的破坏[16]。

总结动水压力对路面的破坏作用,高速行车和降水形成路表水膜是这种破坏的主要原因,而目前的APT设备加载轮很难获得更高的速度,MLS66是目前加载速度最高的APT设备,其最大速度也不超过22km/h。因此,利用MLS66模拟自然降水对路面的作用,只能考虑如何形成路表上存在水膜的状态。因此,以加载过程中路面始终存在水膜为标准控制洒水量是合理的,而从MLS66的加载方式以及设备构造的角度,实现此项要求是可以实现的。

2.3.3　APT加载方案

对于沥青路面性能的检验,人们最为关注的是路面结构层的厚度和沥青材料的劲度,它直接影响着路面的承载能力。如图2-29所示,若将APT设备视为一个反馈控制系统的中央处理单元,则路面结构层厚度和材料劲度可视为系统的控制变量,而系统的输出则是路面的预期使用寿命。APT加载方案是设定系统控制参数的规则和流程,它的最终目的是合理、有序地组合加载试验过程中模拟行车荷载和自然环境的各项试验条件及确定其参数取值。

2.3.3.1　试验参数

试验参数是指加载试验过程中所设定的加载参数、环境条件,包括累计轴次、降水分布、加载循环、高温轴次和轮迹分布。对各试验参数定义的说明具体如下。

(1)累计轴次:预计对试验结构施加的试验轴载累计加载次数,与路面的设计寿命有关,转换关系参见2.3.1.2节。

(2)降水分布:模拟降水条件下的累计加载次数占累计轴次的比例。

(3)加载循环:加载期内循环单元以及各加载阶段的划分。

(4)高温轴次:高温区段累加载次数占累计轴次的比例。

(5)轮迹分布:模拟实际车辆在车道上的轮迹横向分布规律。

2.3.3.2　加载方案

在拟定APT加载方案之前应先考虑待验证的路面结构是否适合开展APT研究。通过使用MLS66开展APT研究的实践,笔者总结了适用MLS66的路面类型和可行的研究内容,如表2-6所示。

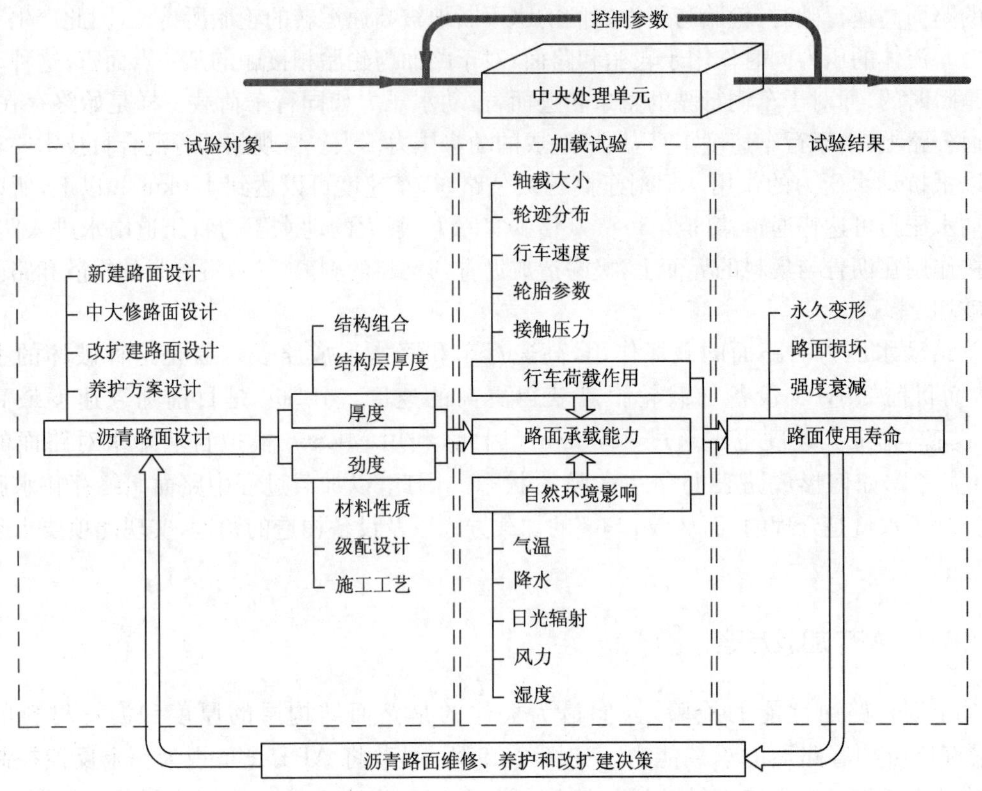

图 2-29　APT 系统

适用 MLS66 的路面类型与可行的试验内容　　　表 2-6

<table>
<tr><th colspan="3">路 面 类 型</th><th>可行的试验内容</th></tr>
<tr><td rowspan="7">沥青路面</td><td colspan="2">高速公路</td><td rowspan="2">抗疲劳、抗车辙、抗水损害能力测试</td></tr>
<tr><td colspan="2">普通公路</td></tr>
<tr><td rowspan="5">养护方案</td><td>微表处</td><td rowspan="2">抗车辙、抗磨耗、抗水损害能力测试</td></tr>
<tr><td>超薄磨耗层</td></tr>
<tr><td>稀浆封层</td><td>抗磨耗、抗水损害能力测试</td></tr>
<tr><td>碎石封层</td><td>抗车辙、抗磨耗、抗水损害能力测试</td></tr>
<tr><td>再生技术</td><td>抗车辙、抗疲劳、抗水损害能力测试</td></tr>
<tr><td colspan="3">水泥混凝土路面</td><td>抗疲劳能力测试</td></tr>
<tr><td colspan="3">桥面铺装</td><td>抗车辙、抗疲劳、抗水损害能力测试</td></tr>
</table>

对于不同的路面类型，设计 APT 加载方案的一般流程如图 2-30 所示。

为了更好地实现研究目的，对路面的抗疲劳和水损害能力测试宜在同一加载段上进行，抗车辙能力测试宜另选取加载段。

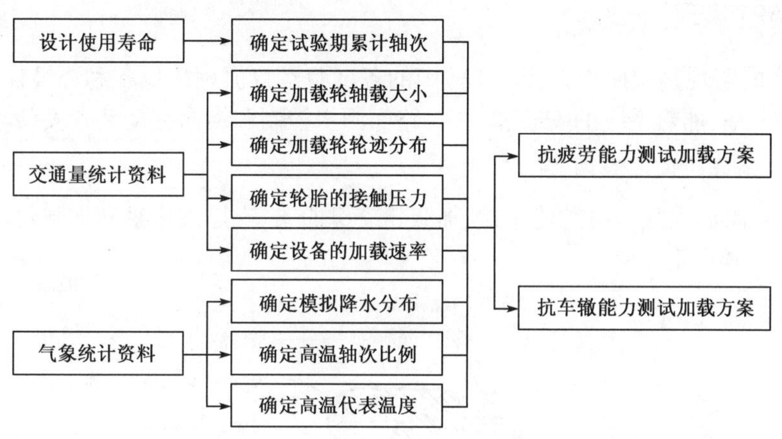

图 2-30 APT 加载方案设计流程

［例 2-3］ 普通公路水泥冷再生底基层沥青路面加载方案

按图 2-30 所示的 APT 加载方案设计流程，以普通公路水泥冷再生底基层为例说明 APT 加载方案的具体形式，如表 2-7 所示。

普通公路水泥冷再生底基层沥青路面加载方案 表 2-7

<table>
<tr><th>试验参数</th><th colspan="10">参数取值</th></tr>
<tr><td>轮载(kN)</td><td colspan="10">150</td></tr>
<tr><td>累计轴次(万次)</td><td colspan="10">100</td></tr>
<tr><td>降水比例(%)</td><td colspan="10">25</td></tr>
<tr><td rowspan="6">抗疲劳和水损害性能测试(加载循环)</td><td>单元数量(个)</td><td colspan="9">5</td></tr>
<tr><td>单元累计轴次(万次)</td><td colspan="9">40</td></tr>
<tr><td>加载阶段</td><td colspan="3">1</td><td colspan="3">2</td><td colspan="3">3</td></tr>
<tr><td>加载次数(万次)</td><td colspan="3">20</td><td colspan="3">10</td><td colspan="3">10</td></tr>
<tr><td>模拟降水</td><td colspan="3">无</td><td colspan="3">有</td><td colspan="3">无</td></tr>
<tr><td>轮迹分布</td><td colspan="9">无</td></tr>
<tr><td rowspan="5">抗车辙能力测试</td><td>高温轴次(万次)</td><td colspan="9">51</td></tr>
<tr><td>加载阶段</td><td>1</td><td>2</td><td>3</td><td>…</td><td>10</td><td>11</td><td>12</td><td>…</td><td>17</td></tr>
<tr><td>加载次数(万次)</td><td>3</td><td>3</td><td>3</td><td>…</td><td>3</td><td>3</td><td>3</td><td>…</td><td>3</td></tr>
<tr><td>代表温度(℃)</td><td colspan="5">45</td><td colspan="4">55</td></tr>
<tr><td>轮迹分布</td><td colspan="9">有</td></tr>
<tr><td rowspan="3">轮迹分布</td><td>分布规律</td><td colspan="9">正态分布</td></tr>
<tr><td>均值 μ</td><td colspan="9">5</td></tr>
<tr><td>方差 σ</td><td colspan="9">190.24</td></tr>
</table>

2.3.4 APT实现

APT方案的实现是按照类似于表2-7中的各试验参数值调整设备和环境控制装置，包括轴载的设定和调整、加热系统的安装和设定、路面洒水控制和横向移动装置安装与设定。

2.3.4.1 轴载的设定和调整

加载单元对路面加载是由贮能单元、加载轮支撑曲梁、支撑液压缸和加载轮构成的杠杆系统实现的，如图2-31所示[1]。

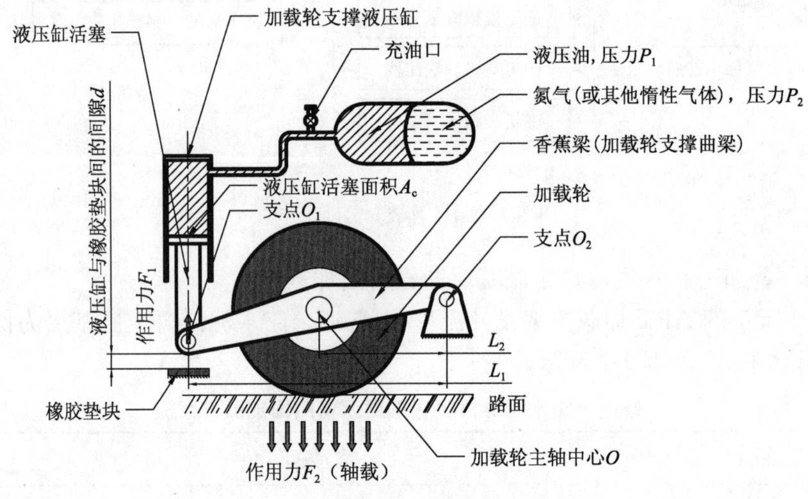

图2-31 加载单元对路面的作用原理

加载单元加载轮对路面的作用是由香蕉梁形成的杠杆实现的：

香蕉梁与液压缸活塞末端的连接处，定义为支点O_1；

香蕉梁与加载单元框架的连接处，定义为支点O_2；

加载轮主轴中心，定义为中心点O；

定义：O_2O为杠杆的阻力臂L_2、O_1O_2为杠杆的动力臂L_1、加载轮对路面的作用力为F_2、液压缸活塞杆对香蕉梁的反作用力为F_1。于是有：

$$F_1 \cdot L_1 = F_2 \cdot L_2 \tag{2-8}$$

令：贮能单元中液压油的压力为P_1、液压油体积为V_1；

氮气的压力为P_2，氮气体积为V_2；

液压缸活塞面积为A_c。

等温条件下，根据热力学第二定律等温条件下则有：

$$F_1 = P_1 \cdot A_c = \frac{P_2 \cdot V_2}{V_1} \cdot A_c \tag{2-9}$$

将式(2-9)代入式(2-8)，得：

$$F_2 = P_2 \cdot \frac{V_2}{V_1} \cdot A_c \cdot \frac{L_1}{L_2} \tag{2-10}$$

对于MLS66，A_c=45mm，L_1/L_2=1.64，每个加载轮由两支液压缸活塞支撑，由此等温条件下轴载与贮能单元氮气压力之间的关系为：

$$F_2 = 5.217 \cdot P_2 \cdot \frac{V_2}{V_1} \tag{2-11}$$

由于液压油为不可压缩气体，所以当液压缸充加一定体积的液压油后，图 2-31 中间隙 d 的变化即表征为 V_2 的变化，间隙 d 越大则轴载越大。而由式(2-9)可知，当贮能单元气体量固定时，轴载大小与液压油的量呈线性关系。

由上述贮能单元中油压、液压和液压缸间隙 d 之间的关系，在轴载的调节过程中，需要进行预先计算，固定间隙 d 和贮能单元气体量之后，仅需调节液压缸的油压。当若将轴载调整至 60kN 以下时，受贮能单元中冲油量调节范围的限制，需固定油压而调节气压以达到预定轴载。在轴载的调整过程中，不能保证每次调节过程的环境温度相同，温度的变化将会较大程度地影响贮能单元的气压，此时应根据热力学第二定律再次计算贮能单元油压和气压以实现预定轴载。轴载的调节和检验流程以及角千斤顶高度的概念如图 2-32 所示。

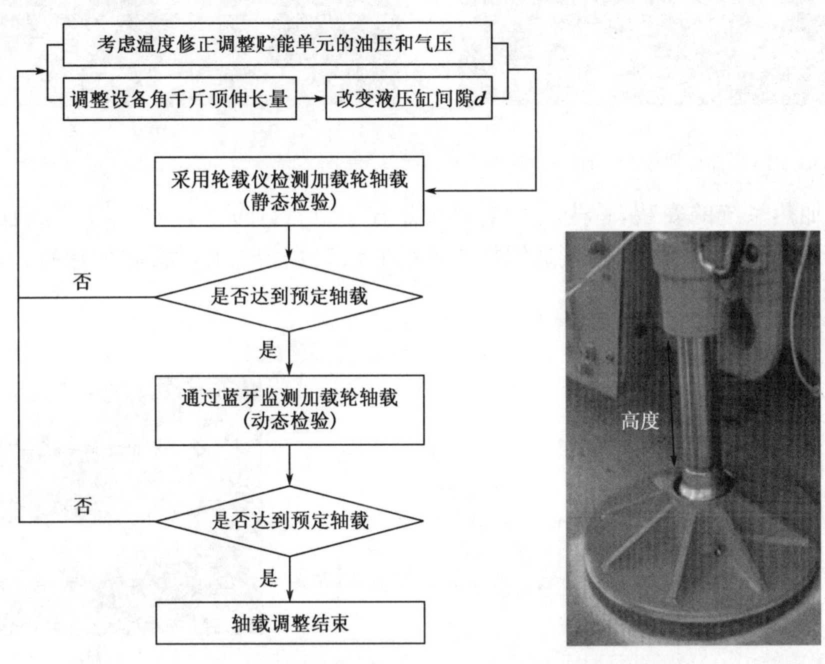

图 2-32　轴载调整和校验流程与角千斤顶高度的概念

如图 2-32 所示，对于调节后轴载的校验，应分别采取静态校验和动态校验两个步骤，这是因为若调整轴载至较大级别时，液压缸末端间隙 d 的大小将影响设备运行的稳定性，若 d 过大，香蕉梁液压缸伸缩就会过大，当加载轮触及路面后，一方面会引起设备较大的振动，另一方面长时间运行会导致香蕉梁液压缸发生渗漏。

2.3.4.2　路面温度控制

对路面温度的控制由 MLS66 的路面加热系统实现，系统由 4 部分组成，即温控单元、辐射衬板、加热衬板和温度传感器。

加热衬板(图 2-33)共计 6 块，其作用是为了缩短路面加热升温的时间，即对路面的预加热。加热衬板采用铜质绕阻加热管加热，每块衬板长 2576mm、宽 550mm、厚度 52mm，输出电压为 220V(直流单相)，工作电流为 6.8A，额定功率 1.5kW。

辐射衬板(图 2-34)共计 4 块，悬挂安装于设备构架内部，由于采用辐射加热的方式，并且与地面之间的距离较大，对路面温度提升速度较慢，因此在加载运行期间对路面保温而加热的作用并不明显，辐射衬板采用红外加热管实现对路面的加热，每块衬板长 1870mm、宽 750mm、最大厚度为 170mm，输出电压 220V(直流两相)，工作电流 27A/相，额定功率 12kW。

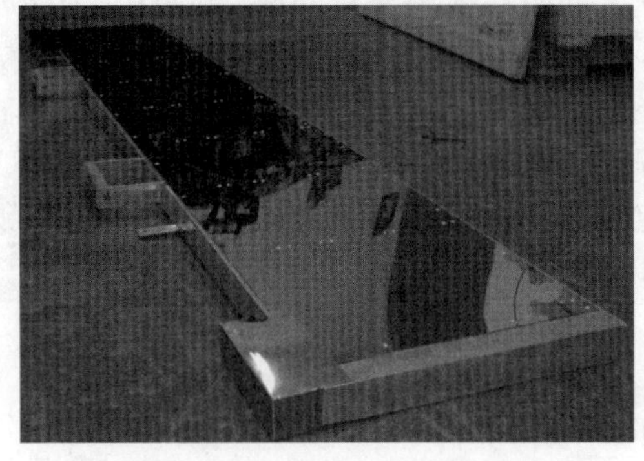

图 2-33　MLS66 路面加热系统加热衬板

图 2-34　MLS66 路面加热系统辐射衬板

MLS66 加热系统的安装，首先将辐射衬板悬挂于设备内部的注水(油)配重舱上，如[图 2-35a)]和[图 2-35b)]所示，然后接通温控单元[图 2-35c)]与辐射衬板和加热衬板，再将温控单元与设备总电源连接。

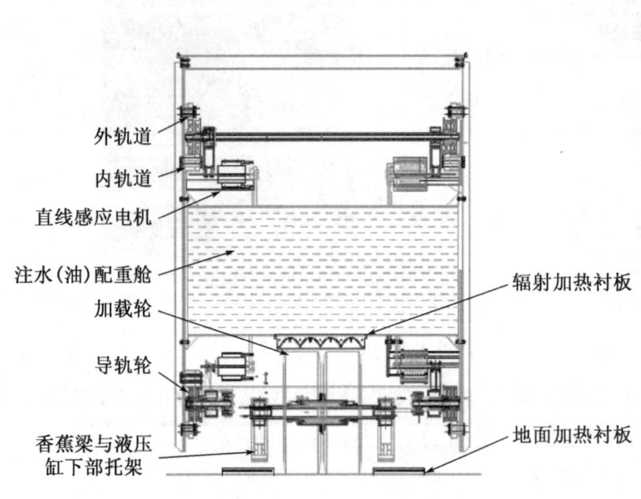

a)加热衬板和辐射衬板在设备中的安装位置

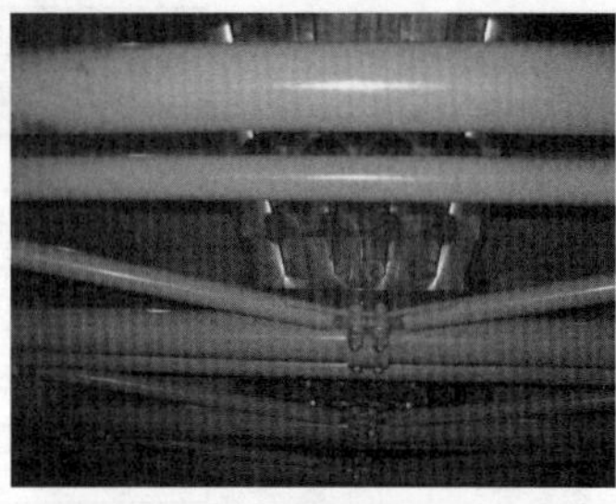

b)辐射衬板的悬挂

c)温控单元

图 2-35　MLS66 加热系统的安装

温控单元除了为各加热器提供电源外，还需连接温度传感器，以测量路面规定深度（一般为路表下 2cm）的温度。测量路面温度的传感器一般选择 J 形热电耦，它是一种两线制温度测量元件，无传感器感受端，仅需将两根导线的接头焊接在一起即可测量被测物体的温度，测量精度可达到 0.05℃。每块加热器（加热衬板、辐射衬板）对应一根热电耦，且对应一块温控单元上的温控表[图 2-35c)]。温控表选用基于 PID 控制的通用型温控表，需带有温度设定和报警功能，国内可满足使用要求的不同品牌温控表很多，通过对几种品牌的使用对比，推荐使用台达电子工业有限公司研制的 Delta 系列温控表。热电耦的埋设采用在预定点位置按照预定深度钻孔、在路面上刻槽的方式实现，如图 2-36 所示。

对路面控温操作，首先将加热衬板平铺于覆盖加载带，打开控温单元对应各衬板的开关，当温控表显示温度达到预定温度后，控制路面恒温 1～2h，以保证路面温度分布均匀，而后，将加热衬板摆放于加载带两侧，此时，仍保持加热衬板供电以恒温。调整设备位置和高度，启动设备，运转正常后，打开辐射加热衬板供电开关。若停止设备，必须先关闭辐射衬板供电，而后按动停机按钮，以防止辐射加热衬板烤焦加载轮轮胎。当开启设备的横向移动功能时，完成对路面的预加热后要移开加热衬板至设备外。

2.3.4.3 轮迹分布的实现

采用 MLS66 在 APT 过程中模拟轮迹横向分布依靠 MLS66 附带的横向移动装置实现，如图 2-37 所示。横向移动装置主要由角千斤顶滑板、液压缸、液压油管和框架组成。进行横向移动操作时，液压油缸通过液压油管与设备液压站连接以推动液压缸活塞往复运动，通过角千斤顶滑板带动角千斤顶实现设备的横向移动。设备前后各有一套横向移动装置，工作时运动同步，最大行程为±500mm。

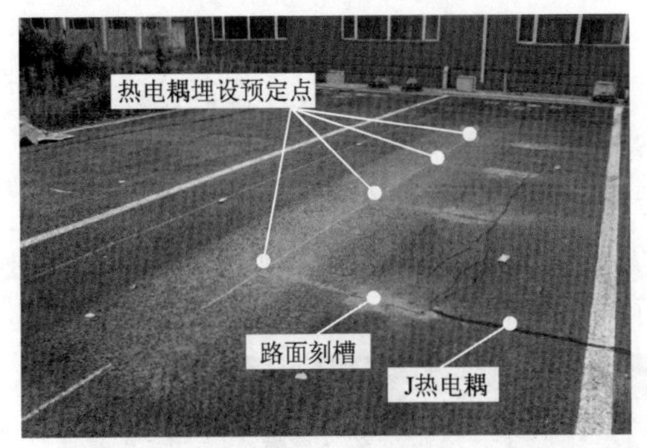

图 2-36 路面控温热电耦的埋设

图 2-37 横向移动装置和设备

对设备横向移动的设定，通过设备主控单元中的对应窗口，如图 2-38 所示。设定前，应根据加载方案，参考本书 2.3.1.2 节(3)中所述的轮迹横向分布规律，编制控制指令。控制指令仅包括两个参数，即“位置”和“时间”，具体形式如表 2-8 所示。

指令中的“位置”即指本书 2.3.1.2 节(3)[例 2-1]中所指的“驻停位置”，指令中的“时间”则指设备“驻停时间”。设备横向移动控制指令输入后，需在加载运行后启动横向移动装置。

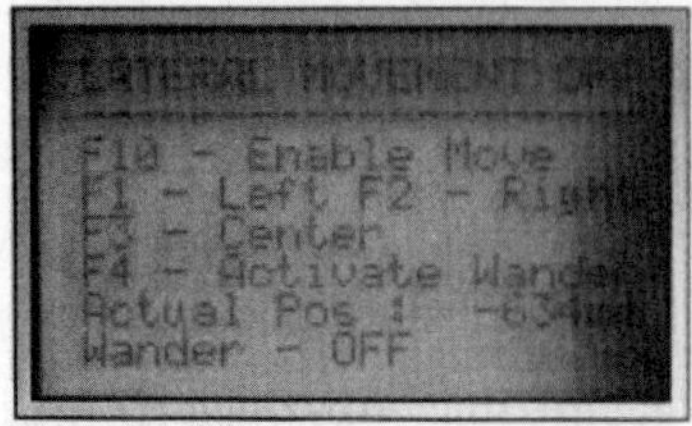

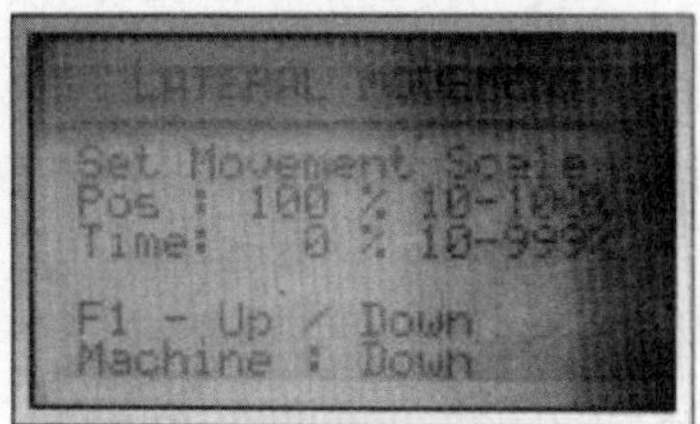

a)横向移动控制参数设定页面

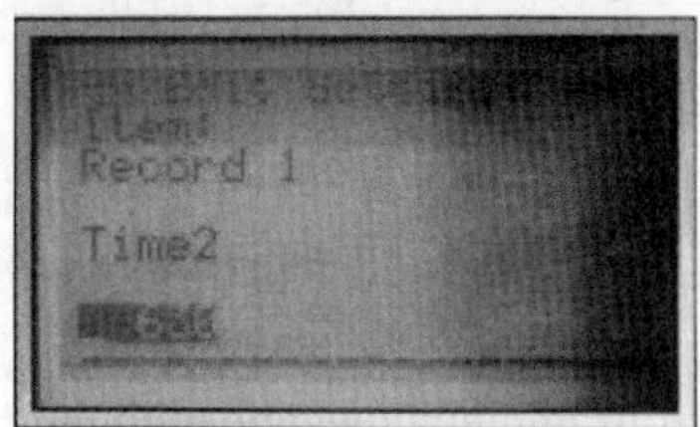

b)横向移动控制指令输入页面

图 2-38　MLS66 主控单元横向移动设定窗口

横向移动控制指令形式　　　表 2-8

Position(位置)		Time(时间)	
Position1	0	Time1	50
Position2	64	Time2	36
Position3	129	Time3	26
…	…	…	…
Position30	0	Time30	0

2.3.4.4　模拟降水的实现

设备 MLS66 没有附带的降水模拟装置。要实现对自然降水的模拟，可自行设计路面洒水装置。根据本书 2.3.2.2 节中，有关自然降水对路面性能的影响的论述，APT 过程中，单位时间洒水量应以能将加载带充分浸润并能在加载带内形成水膜为标准。

为了使加载带能够充分浸润，可在加载带中心安设洒水喷管，向左右轮迹带洒水，或分别在轮迹带左、右外侧安设洒水喷管，如图 2-39 左所示。如果仅在加载带一侧安设洒水喷管，容

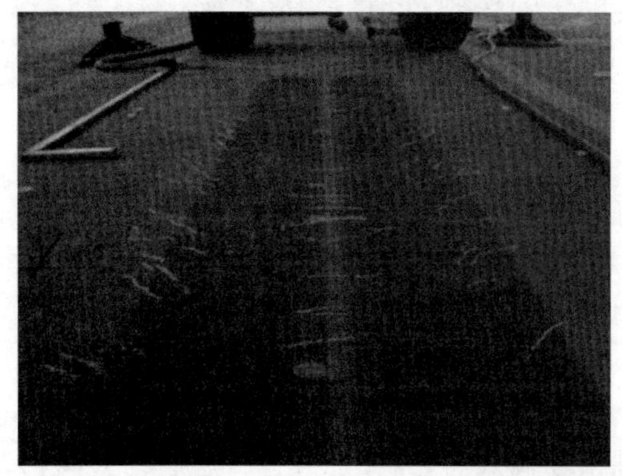

图 2-39　APT 过程中的路面洒水

易导致另一侧轮迹带难以浸润的问题，同时此时若以加大洒水强度的方式来保证另一侧轮迹带充分浸润，加载轮会将路表水带入容易导致设备体内的电气元件的短路。

路面洒水装置建议按图 2-40 所示控制流程设计，可由储水罐、球阀、屏蔽泵、流量调节阀、流量计和洒水喷管组成。

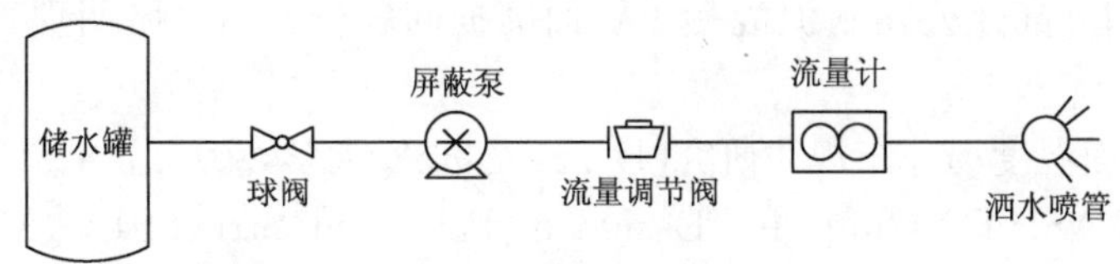

图 2-40 洒水装置控制流程

2.4 结 语

APT 与所采用的试验设备或设施有着密切的关系，需要充分了解所用设备的性能特性，进而才可针对不同的试验目的与需求设计试验方案。理想上，希望 APT 系统能够模拟所有的行车荷载作用因素和气候环境因素对路面的作用，但受到设备性能特性的限制，这一理想几乎是不能实现的。本章从详细描述 MLS66 的原理与组成开始，阐述了如何在充分考虑 MLS66 设备特性的基础上开展加速加载试验。在本章中，从系统的角度，总结了 APT 需要考虑的行车荷载作用和环境影响因素，这一总结并不仅仅是针对 MLS66 系统，更多的是希望能给利用其他 APT 设备的研究人员以借鉴和启发。

本章参考文献

[1] MLS Test Systems (Pty) Ltd, RSA. MLS66 Operation Manual [M]. Stellenbosch: MLS Test Systems (Pty) Ltd, 2010.

[2] 宋林. 现代数控机床[M]. 北京：机械工业出版社，2011.

[3] 张登良. 沥青路面工程手册[M]. 北京：人民交通出版社，2003.

[4] 吕彭民，董忠红. 车辆—沥青路面系统力学分析[M]. 北京：人民交通出版社，2010.

[5] Tielking J T, Abraham M A. Measurement of Truck Tire Footprint Pressure [J]. Transportation Research Record 1435, 1994.

[6] Roque R et al. Evaluating Measured of Tire Contact Stresses Predict Pavement Responseand Performance [J]. Transportation Research Record 1716, 2000.

[7] Beer D et al. Towards Improved Meehanistle Design of Thin Asphalt Layer Surfacing Base on Actual Tire/Pavement Contact Stress-In-Motion (SIM) Data in South Africa [C]. 7th Conference on asphalt pavements for Southern Africa, South Africa, 1999.

[8] 谢水友. 轮胎接触压力对沥青路面结构的影响研究[D]. 西安：长安大学，2003.

[9] Transportation Research Board. Significant Findings from Full-Scale Accelerated Pavement Testing[R]. Washington D. C. Nathinal Academy Press, 2004.

[10] 中华人民共和国行业标准. 公路沥青路面设计规范[S]. 北京：人民交通出版社，2006.

[11]《公路沥青路面设计规范》编写组.《公路沥青路面设计规范》释义手册[M]. 北京:人民交通出版社,2008.

[12] 刘黎萍,孙立军.高速公路沥青路面轮迹横向分布研究[J].同济大学学报:自然科学版,2005(11).

[13] 吴培关,罗杏春.高速公路水泥混凝土路面磨损问题分析[J].昆明理工大学学报:理工版,2006(1).

[14] 刘凯.沥青路面温度场分布规律研究[D].西安:长安大学,2010.

[15] AASHTO. AASHTO Guide for Design of Pavement Structures [M]. Washington: AASHTO,1993.

[16] 孙立军,等.沥青路面结构行为理论[M].上海:同济大学出版社,2003.

第3章　APT数据采集及其信息系统构建

利用APT评价路面性能较为重要的方面是定量描述路面在重复荷载作用下的性能衰减变化规律。如本书第1章的论述中，路面性能是一个宽泛的技术概念，概念的实质是对路面满足车辆行驶的各方面特性的概括和描述，由此使得表征路面性能的技术指标体系较为庞杂。受到APT自身特点的限制，在一次APT过程中，不可能检测所有表征路面性能的技术指标，因此大多数情况下是根据APT的研究目的合理地选择评价指标，以从路面设计的角度说明问题。由此来说，APT过程中需要采集的路面性能数据一般包括两类：一类是表征路面状态变化的技术指标，即路面服务功能的技术指标，如车辙变形、路面破损、防水抗滑能力等；另一类是表征结构承载能力变化的技术指标，如各类动力响应的力学指标。尽管如此，在完成一项APT项目后，仍将产生海量的结构、材料属性信息、各类试验检测数据，收集这些信息，快速地进行检索以满足深入分析需要使得搭建相应的信息系统、设计数据库成为一项与APT相伴随的重要工作。

3.1　APT数据采集系统

相对于试验室试验和室外路面结构试验而言，APT仍然是一种成本高昂的试验手段，所以能在一次APT过程中尽可能地获得所需的路面性能检测数据，对提高APT的研究收益有着重要的作用。因此，搭建适合于实际情况而又相对完备的APT数据采集系统是十分必要的。所谓APT数据采集系统，是指APT过程中进行路面性能评价的技术指标和相应检测仪器、方法的总称。之所以称之为“系统”，是因为这些技术指标和相应的检测手段相互联系的，是在一个目标框架下的不同方面。

同其他系统一样，APT数据采集系统也有其自身的组成和功能，如图3-1所示。从系统的组成上，根据不同的研究目的，由所选定的技术指标及其对应的检测手段组成，系统的功能，一般情况下，系统可供采集以下三类数据：

(1)“力学响应”数据：路面结构在重复荷载作用下的应力应变变化，以在路面结构内部布设各类力学传感器的方式实现其功能；同时，对于结构整体强度的评价，一般经常利用自动落锤式弯沉仪来监测不同加载阶段路面弯沉和动态模量的变化。

(2)“路面性能”数据：这里的路面性能，特指重复荷载作用下的路面车辙变形和裂缝等破损，以及路面防水抗滑性能等评价路面服务能力的技术指标及其检测方法。

(3)“环境因素”数据：仅指APT过程中，路面结构内部温湿度的变化，一般可在结构内部布设温湿度传感器的方式监测APT过程中路面结构的温湿度分布与变化，这些数据是后续进行路面结构分析的基础。

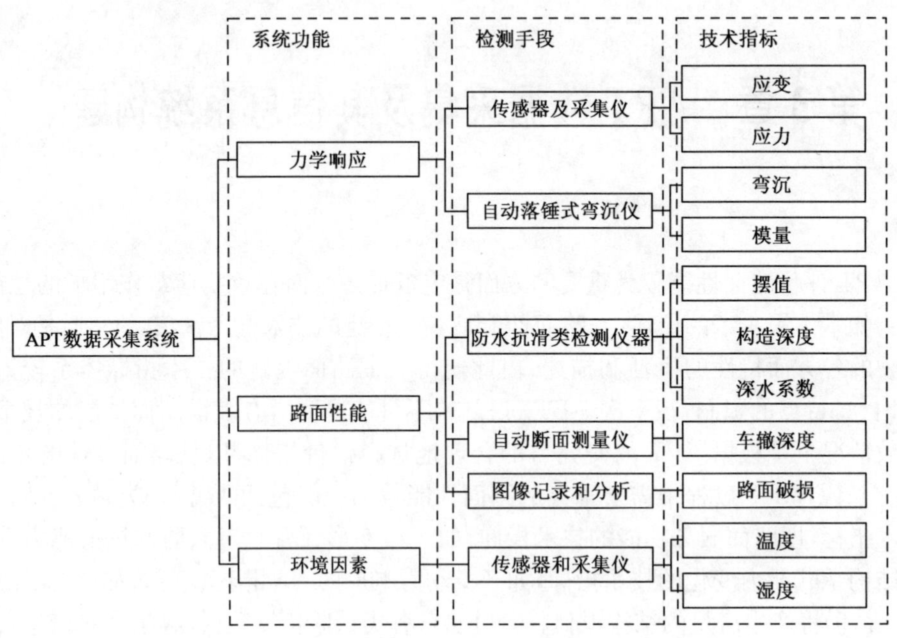

图 3-1　APT 系统组成和功能

3.2　力学响应数据的采集

APT 条件下，选定的主要力学响应技术指标需考虑路面结构设计的关键技术指标，同时还要考虑后续建立路面结构行为评价模型的需要。

3.2.1　技术指标的选择

参考本书第 1 章中对基于力学的路面设计方法的总结，在 APT 过程中，力学响应监测的动力学指标宜包括如下 4 类[1]：

(1)面层底部弯拉应变 ε_x：对通车初期的沥青路面，路面结构整体刚度较大，层间结合良好，此时在重复荷载的作用下，沥青面层以受弯拉应变作用为主而呈现出明显的拉压应变交替状态，监测面层底部的弯拉应变 ε_x 将贯穿于整个 APT 过程，进而作为评价沥青路面发生疲劳损伤的标志性力学指标之一。

(2)基层顶部竖向压应变 ε_z：基于力学法用于评价沥青路面车辙变形的力学指标。

(3)面层底部水平横/纵向剪应变 $\varepsilon_{xz}/\varepsilon_{yz}$：对于半刚性基层沥青路面来说，面层与基层的层间黏结性能较差，面层底部的水平横纵向剪应变可以破坏面层和基层的联结导致面层失去基层的水平约束，成为滑动状态，此时不但增加面层底部的弯拉应变，减小疲劳寿命，而且增大沥青混凝土的流动性容易形成拥包、裂纹等多种破坏形式。

(4)面层/基层中间水平横/纵向最大剪应变 $\varepsilon_{xz\max}/\varepsilon_{yz\max}$：在横/纵向剪应变的作用下，沥青混凝土和水泥稳定类材料产生横/纵向流动变形，此项指标用于评价面层和基层因材料的流动变形导致的各种破坏。

对于力学指标的监测，除了上述几类指标外，还需监测 APT 过程中路面结构内部和试验地点温湿度数据，以便于确定路面结构力学分析时的边界条件。

3.2.2 传感器的选型

通过在路面结构内部布设传感器的方式，监测和分析动载条件下路面结构力学响应特性，一直受到道路科研领域的普遍关注，其中传感器的选择受到传感器测量原理、封装材料、尺寸规格等因素的限制，成为监测系统设计至关重要且颇具难度的问题。

早在 1977 年，Brown 就对路面内部现场检测技术进行了总结，提出了路面结构内部通常需要检测的物理量[2]，包括应力、应变、弯沉、温度、空隙压力、土壤吸力和轴重；同时还讨论了路面测试的目的以及专门设计内部采集系统的必要性并且着重研究了压力盒的设计、矫正、安装需求，同时也介绍了土壤、粒料、沥青混凝土中应变测量装置的优缺点。此后，大量针对传感器的测量原理、安装、精度、适用性、埋设、传感器本身对路面性能的影响以及传感器成本问题的研究相继开展。归纳起来，选择沥青路面结构力学响应监测的传感器应考虑的问题包括如下三方面[3-4]：

(1)传感器的结构和尺寸规格不能影响道路的使用性能

J. Richard Willis 在总结美国 APT 研究中路面内部参数采集的实践经验时认为结构内部的参数采集对于 APT 的成功具有重要意义，传感器附近压实度不足有可能引起路面结构发生源自传感器附近的早期破坏。引起传感器附近压实度不足的原因：一是因为传感器封装材料不耐热、不耐压，需要施工后埋设，进而导致埋设传感器位置的混合料与周围路面混合料存在着明显的离解面；二是因为传感器的结构和尺寸规格超出了沥青面层或基层的厚度限制，影响了压实的均匀性。

(2)传感器需具有较高的成活率、准确性、数据重现性和较低的成本

Sebaaly 等从传感器选型、安装、检测的角度认为，传感器的自身成活率、结果准确性、数据重现性、稳定性、成本等是选择传感器的标准；对于施工过程中埋设和工后钻芯埋设两种方法，认为工后钻芯埋设的方法，由于采用了树脂作为黏结剂，明显增大了结构强度，造成测量结果不准确。

(3)传感器需耐热、抗干扰能力强且封装材料具有较小的刚度

在沥青路面中埋入传感器，传感器需要承受 180℃左右的高温，并且还要承受压路机较大的冲击和碾压作用，由此对传感器封装材料的耐热性和坚固性提出了较高的要求。而这类传感器常常是在野外使用，对于现场恶劣的环境，还需要传感器本身不受外界各种形式的降水和腐蚀作用的影响，特别是当存在强电磁干扰时，传感器的信号不应随之发生漂移，即传感器需具有较强的抗干扰能力。另外，如果传感器的封装材料刚度较大，必然会增加传感器埋设位置的结构强度，会使最终的测量结果严重失真，因此在传感器设计中需要选择与沥青混合料或基层水泥稳定类材料具有相近变形特性的封装材料，即要充分考虑传感器与周围混合料的协同变形能力。

能较好地满足上述原则，几种国外较为常用且技术较为成熟的埋入式电阻类传感器及数据采集系统如表 3-1 所示。

国外几种埋入式电阻类传感器与数据采集系统 表 3-1

类　别	型　号	特　点
美国 CTL 沥青面层拉/压应变传感器	ASG-152	采用全桥式结构；工作温度范围为－34～204℃；可在施工过程中埋入结构层中；封装材料具有较强的耐高温性能；传感器失效常是因为导线不耐高温
美国 CTL 土压缩测量仪	SCG	工作温度范围为－34～60℃；可在施工过程中埋入土基中，与周围土层结合紧密；易于超出量程而导致传感器损坏；信号传输导线需要特殊保护
美国 CTL 沥青面层拉/压应变传感器	ASG-152	采用全桥式结构；工作温度范围为－34～204℃；可在施工过程中埋入结构层中；封装材料具有较强的耐高温性能；传感器失效常是因为导线不耐高温
美国 CTL 土压缩测量仪	SCG	工作温度范围为－34～60℃；可在施工过程中埋入土基中，与周围土层结合紧密；易于超出量程而导致传感器损坏；信号传输导线需要特殊保护
日本 TML 沥青面层拉/压应变传感器	PMFLS-60-50-2LT	采用全桥式结构；一种超级工程塑料封装，可以防水和抵抗摊铺沥青混合料时 250℃以上的高温；工作温度范围为－50～250℃；引出线经过特殊处理，可耐 250℃高温；可用于测量荷载作用于沥青路面后各结构层所产生的拉压应变和应力
日本 TML 动态数据采集系统	TMR-200	多通道动态数据采集系统，采样频率 100kHz，稳定性高，具有多种传感器单元，可显示设置、监视波形和查看测量结果，通过 LAN 或 USB 结口，可建立更高级别的分析处理系统。模块化设计，每个模块具有 8 个通道，可根据具体需要随时添加通道数。防振设计，尺寸小巧，可适合汽车车载测量
日本 TML 土压缩测量仪 SCG	KDA-200KPA	用于测量土层的压缩形变值，经过压实埋设于土层之中，使之与土层紧密结合，真实反映土层形变情况。量程 200kPa（或其他量程可选），精度为满量程的 0.01%，工作温度：－40～80℃，动态响应频率：35Hz

近年来，光学类传感器在结构健康监测中的优势逐渐受到关注，光学类传感器中光纤光栅传感器已经得到了较为广泛的应用。

FBG 光学传感器即光纤布拉格光栅（Fiber Bragg Grating，FBG）传感器，是一种使用频率最高、范围最广的光纤传感器，这种传感器能根据环境温度以及/或者应变的变化来改变其反射光波的波长。光纤布拉格光栅是通过全息干涉法或者相位掩膜法来将一小段光敏感的光纤暴露在一个光强周期分布的光波下面，这样光纤的光折射率就会根据其被照射的光波强度而永久改变。这种方法造成的光折射率的周期性变化称为光纤布拉格光栅[5-11]。

FBG 传感技术是近十多年来发展最为迅速的传感技术，具有灵敏度高、体积小、防水、抗电磁干扰、传输距离远以及测值稳定、能进行长期实时在线监测、易于集成形成传感网络等特点，目前在土木工程、航空航天等领域得到了广泛的应用。王川基于 PP-OFBG 传感元件，通过设计 PP 树脂基体模量与沥青混凝土模量相当，研制开发出主要针对沥青路面应变监测的 PP-OFBG 埋入式应变传感器，并进行了传感性能试验研究。通过进行沥青混凝土梁的四点弯曲静载及动载试验并与理论计算进行了对比研究，发现这种传感器能够很好地反映出沥青混凝土的变形特征。刘艳萍针对传统的光纤光栅传感器模量大、尺寸大，直接拿来用于沥青路面的测试，不能反映沥青路面真实应变的缺点，研发了一种橡胶封装 FBG 竖向应变传感器用于测量沥青路面的竖向应变，结果表明，橡胶封装 FBG 应变传感器的自身的传感性能良好，但是用于实际沥青混凝土路面的埋设工艺还有待进一步研究[5-11]。

FBG 传感器目前已有成熟的产品，但是用于路面内部响应的测量仍需要进行深入的研究。陈少幸等通过对不同封装方式的 FBG 应变传感器进行研究，认为 H 形应变传感器应比 O 形的要好。光栅应变传感器用于路面测量路面不同层位底部的应变是可行的，而且具有比传统电信号传感器更优良的性能、抗电磁干扰和耐久性能好的优点[17]。田庚亮、董泽蛟、谭忆秋等对 FBG 应变传感器与沥青混凝土的协同变形能力进行了深入研究，应用有限元软件 ABAQUS 进行三维数值模拟，分析高模量传感器的存在对于应力场、应变场分布和塑性变形的影响以及不同传感器模量对测试结果的影响。结果表明，高模量传感器的存在改变了其附近区域应力场和应变场的分布，但其未能对沥青混合料塑性变形的发展起到限制作用；应力场和应变场对于传感器模量均较敏感，传感器模量逐步减小使得其对测试结果的影响逐渐减弱；最终得出不同模量传感器对于应变场的影响曲线，以此作为后期测试数据修正的依据[5-11]。

通过对近几十年来国内外路面内部检测手段的调研发现，在路面结构内部埋设传感器来监控路面内部的工作状态是路面领域一种经典的研究手段，测量结果可用于标定路面响应模型、进行施工质量监控、养护政策制订、新型结构与材料评价等，测量结果的代表性与准确性对后续工作有着决定性的影响。

3.2.3 力学响应监测系统举例

鉴于 FBG 传感器灵敏度高、体积小、防水、抗电磁干扰、传输距离远以及测值稳定、能进行长期实时在线监测、易于集成形成传感网络等优点，笔者在 APT 实践中利用 FBG 传感器及其数据采集仪搭建了一套力学响应监测系统，以下向读者简要介绍这套系统的组成和安装。

笔者所搭建的 FBG 力学响应监测系统由数据采集仪、通道扩展模块和传感器组成，其中传感器包括 FBG 水平、竖向应变传感器和 FBG 土压力传感器(图 3-2)。

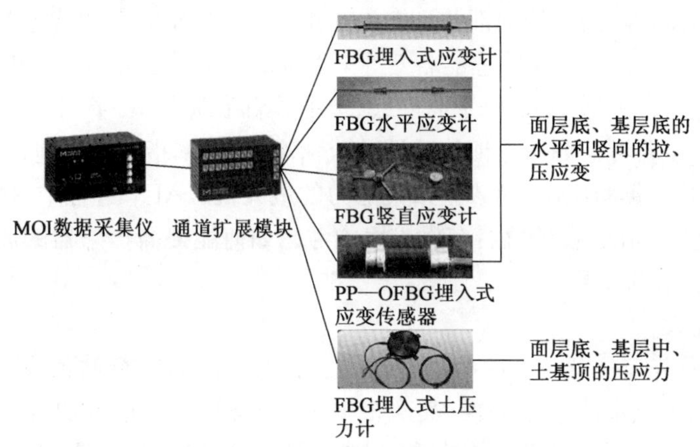

图 3-2 FBG 动态力学响应监测系统

(1)传感器的布设

按 3.2.1 节考虑的力学指标，设计传感器布设方案应遵循如下原则：

①选用的传感器需全面反映路面结构各层位敏感位置(结构层底部和中部)的力学响应，如水平横向、水平纵向、竖向的应力和应变；

②埋设传感器的数量需考虑传感器成活率，以同方向、多断面的方式布设多组传感器以保证成活率；

③考虑路面结构各层相似位置的动态力学特性的比较，传感器的埋设在深度方向上需按相同平面位置布设。

按照上述原则，笔者在进行辽宁省高速公路橡胶沥青路面 APT 时，所设计的传感器布设方案如图 3-3 所示。

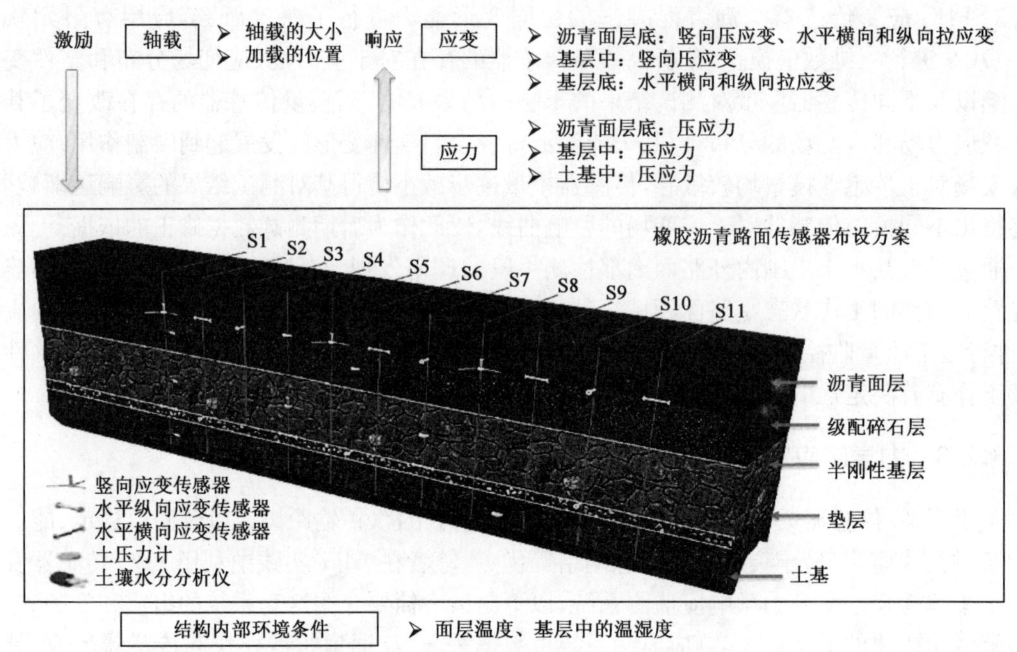

图 3-3　辽宁省高速公路橡胶沥青路面力学传感器布设方案

按照这套方案，需在路面结构内部共计布设三组、11 个断面的力学传感器，每组传感器包括水平横向、水平纵向、竖向应变传感器各三个，分别安置于面层底、基层中和基层底三个位置，同时包括 4 个应力传感器，分别位于面层底、级配碎石上基层中、半刚性基层中和土基中 4 个位置。如此设计，主要考虑如何保证传感器的成活率（成活率指传感器埋设后信号正常的传感器占埋设传感器总数量的比例）和数据采集能力的最大化。APT 过程中，按照此方案，传感器的成活率高达 83%。除了在传感器布设方案中考虑如何能提高传感器的成活率外，在埋设施工中还需要注意操作细节。

（2）传感器的埋设

传感器的埋设首先应注意位置的准确性，一般可利用经纬仪、全站仪或 GPS 等测量工具在预计开展 APT 的地点定位车道位置；其次根据现场放样结果，根据加载设备的定位位置，获取传感器埋设基准的端点，以设置固定参照物的方式固定基准点；最后在路面施工的过程中，按传感器布设方案和基准点，采用经纬仪或 GPS 全站仪、水准仪、钢尺等测量工具，调整并固定传感器的埋设位置和深度。

土基中，经常埋设的传感器是土压力盒和温湿度传感器（图 3-4）。在土基中埋设传感器要注意传感器的调平和保护。

①对于土基传感器的保护，主要是考虑土基材料中的粗、尖、硬粒料对传感器的影响，所以在埋设施工前必须剔除传感器位置周围的大块尖锐的石料，必要时过筛。

图 3-4 土基传感器的埋设

②对于基层传感器的埋设，也同样需要考虑基层颗粒材料对传感器及其导线的影响，埋设前可考虑刻槽然后用细砂覆埋。

③对于面层传感器的埋设，主要考虑定位和传感器导线的保护(图 3-5)，一般情况下，在沥青面层施工前放置传感器，定位和调整完毕后采用沥青混合料预先覆盖，以刻槽、培覆乳化沥青胶砂等方式对传感器导线进行防压断处理。

图 3-5 面层传感器的埋设

3.2.4 FWD 数据的采集

FWD 是目前应用较为广泛的动态弯沉检测设备。20 世纪 60 年代，法国首先提出冲击式动力弯沉仪的初步设想；70 年代后期丹麦和瑞典首先研制成 FWD；80 年代以后，美国、英国和日本等相继引进和仿制了这种弯沉仪。研究表明，FWD 的冲击荷载与时速 80～100km 的车辆对路面的荷载相似，可以较好地模拟行车荷载作用，并且测速快、精度高。自 20 世纪 80 年代初以来，FWD 在国际上得到日益广泛的应用，美国联邦公路局经过对比分析，确认 FWD 是较理想的路面承载能力评定设备，并选为实施 SHRP 计划中路面承载能力的评价方法，此外 FWD 还可与路面加速加载试验相结合，在试验过程中采用 FWD 进行弯沉检测、模量反演、性能评价及残余寿命预测等试验和分析，并与荷载重复作用次数、应力、应变、表面破损等信息建立联系，从而修正 FWD 的性能评价和残余寿命预测方法。

由于 FWD 的应用较为广泛且较为成熟，国内外对于 FWD 的测量均有相关的操作规程或规范与以规定，因而在加速加载数据采集过程中无须特殊考虑 FWD 的检测如何与加速加载试验的配合，但是需要注意的是：

(1)FWD 测点在加载内需均匀分布并且沿着加载带的纵向中轴线排布，测点数量不易较多，一般取 6～8 个为宜；

(2)FWD 测点的位置需避开结构内部力学传感器的位置，以免结构内部的力学传感器影响 FWD 的测量精度；

(3)为了考虑 FWD 数据的后续处理中对温度影响的修正，除了在加载段内排布测点外，还需在加载带外设置测点，测点数量取 3～4 个为宜。

(4)试验常需要根据弯沉盆反算路面各结构层回弹模量，为此 FWD 至少需配置 7 个传感器。

按照上述 FWD 测量需要考虑的问题，笔者在试验过程中经常采取的 FWD 测点设置如图 3-6所示。图 3-7 是笔者进行 FWD 检测时的情形。

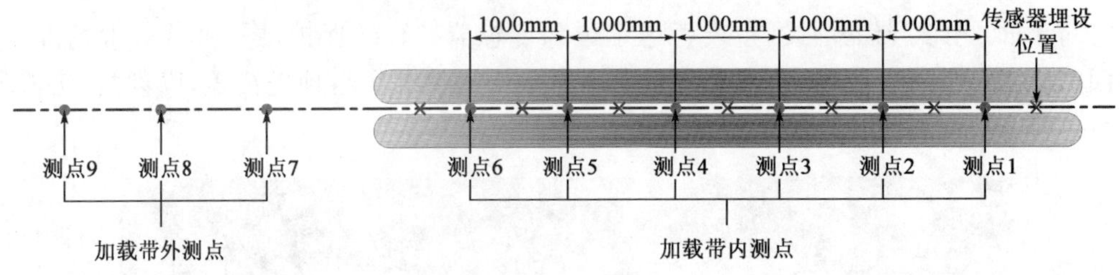

图 3-6　FWD 测点设置示意

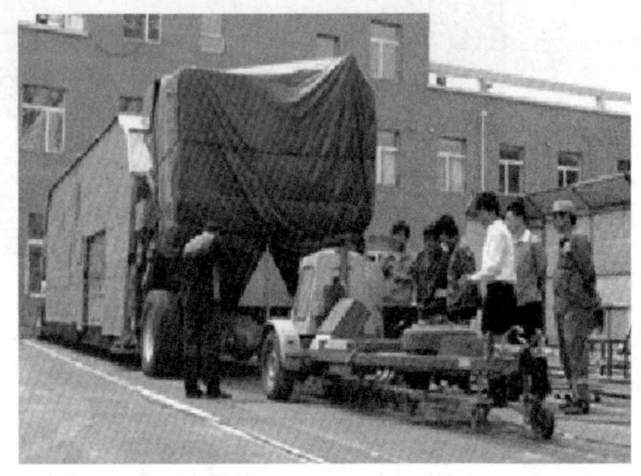

图 3-7　辽宁省高速公路沥青路面典型结构 FWD 测量

3.3　车辙与环境数据的采集

APT 过程中，对于车辙深度、摩擦系数(摆值、构造深度等)、渗水系数这些表征沥青路面性能指标的检测，在现行的技术规范和标准中都有明确的规定。一般情况下，为了便于不同结构间的数据比较，可直接采用现行技术规范中的试验检测方法。当进行路面车辙分析和力学响应分析时，需明确测试期间结构温湿度等环境指标的变化，由此，采集环境数据也是 APT 过程必不可少的一项工作。在此，重点向读者介绍车辙数据的采集和环境数据的采集。

3.3.1　车辙数据的采集

大多数情况下，车辙病害是现今高等级公路最主要的病害形式，因而在 APT 过程中，充分地采集车辙数据是十分重要的。

对路面车辙检测，一是采用直尺和塞尺粗略估算不同加载阶段车辙深度的变化；二是利用专门的检测仪器，记录车辙断面的形态，由此精确地计算出车辙深度。笔者所开展的试验，记录车辙断面的仪器是 MLS 公司研制的自动车辙断面仪（Auto-Profilemeter），如图 3-8 所示。

自动车辙断面记录仪是由角位移传感器、步进马达构成的自动化车辙断面记录设备，角位移传感器连接一个小轮，在步进马达的驱动下，可从加载带的一段移动到另一段，移动步长可以随意设定，移动的最大行程可达到 2000mm，测量精度可达到 0.001mm。在试验的过程中，受到加载轮轮隙（宽度为 10cm）的影响，经常会在加载带内形成一个凸起，如图 3-9 所示。

图 3-8　自动车辙断面记录仪

图 3-9　加载带内的凸起

凸起的存在，有时会严重影响车辙深度的计算结果，所以在 APT 过程中，需要对车辙深度预先定义，以便与后续各加载阶段车辙深度进行比较。笔者通过 APT 实践认为，图 3-10 所示的两种车辙深度都可作为 APT 车辙深度的定义，至于采用哪一种车辙深度作为评价指标，可根据实际的试验情况进行选择。

对于车辙测量的频率，一般根据车辙深度发展的速度可在每加载 10～20 万次测量一次，当在高温条件下对路面进行加载时，车辙的测量频率要相应提高，对于 MLS66 的情况，当路面温度超过 45℃时，每加载三万次测量一次车辙。

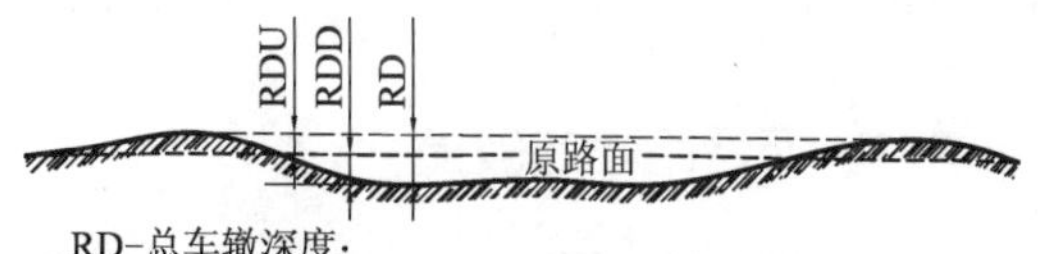

RD–总车辙深度；
RDD–车辙断面凹陷部分的深度（净车辙深度）；
RDU–车辙断面隆起部分的高度

图 3-10　车辙断面形态与车辙深度

3.3.2 环境数据的采集

环境数据的采集一般以在路面结构内部埋设传感器的方式实现，如何布设传感器将根据试验目的而设计，这里不宜做一般性的表述。笔者采用的环境数据采集系统如图3-11所示。

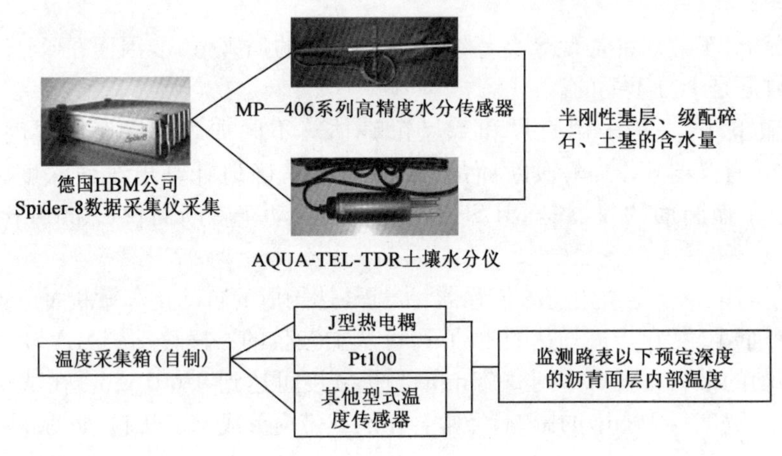

图3-11 路面结构温湿度采集系统

利用图3-11所示的系统，笔者进行APT实践过程中，一方面监测加载期间路面各结构层的温湿度变化，另一方面监测加载期间沥青面层路表以下2cm处的温度。这两方面数据将为进行路面结构疲劳寿命预估以及残余寿命分析时提供基本依据。

3.4 路面破损及其记录

沥青路面由早期性能逐渐衰减至失去承载能力是一个长期的过程。在破坏发展的早期阶段，从表象上是各种形式路面破损的出现，而从实质上预示着沥青路面性能衰减的开始。尽管如此，在路面出现早期破坏后相当长的一段时间，沥青路面仍然具有良好的承载能力，这是沥青路面区别于其他路面的重要特点之一。APT的一个重要目的就是缩短沥青路面的破坏过程。然而，APT条件下，沥青路面将会出现何种类型的破损、这些破损的产生机制是否与实际路面一致，是道路研究领域一直在探讨的热点问题。笔者通过APT实践对这些问题有了一定的初步认识，本章将从实际路面破损的分类和产生机制入手，探讨APT条件下路面破损的特点，说明APT过程中有效记录和表征破损的方法。

3.4.1 沥青路面的破损

研究沥青路面的破损是分析沥青路面病害成因的主要方法，根据不同的路面破损形式、发生时机、发展规模等判断沥青路面性能的衰变程度是目前进行沥青路面养护与维修的基础。但是，大量研究表明，沥青路面破损的成因是复杂的，而这些复杂的致损因素难以在一次APT

过程中都能得到充分的体现和模拟，由此 APT 过程中出现的路面破损是否与实际行车条件下的路面破损一一对应、是否能够说明路面性能衰变达到了标志点，有关这些问题尚在探讨，并未形成普遍认识。此部分，笔者将从实际行车荷载作用下的路面破损说起，阐明对 APT 条件下沥青路面破损的基本认识。

3.4.1.1　路面破损的分类

早期，根据破损对沥青路面性能的影响，一般将沥青路面破损分为结构性破损和功能破损两类，每类破损又根据破损形式不同进一步细分。有些破损的分类方法考虑了破损的原因甚至破损的位置。世行 HDM(Highway Design and Maintenance Standards Model，World Bank 1990)系列研究中将沥青路面破损形式分为龟裂、纵裂、横裂、坑槽、边缘破损、有裂缝车辙、无裂缝车辙、波浪、沉陷、剥落及松散、泛油[12-15]。

美国的沥青路面破损分类方法较多，各州基本上都有适合本地区使用的路面破损分类方法，比较有代表性的是美国长期路面性能(LTPP)研究项目提出的分类方法，该分类方法将沥青路面的破损类型分为裂缝、坑槽和修补、表面变形、表面缺陷和混合破损[5]。英国 UKPMS 的对路面破损是根据调查级别而进行分类的，调查级别分为网级粗略调查和项目级详细调查两种，其中，网级调查的破损分为磨耗、横向和反射裂缝、表面破损、沉陷、边缘破损、车辙等，不考虑破损的严重程度；项目级详细调查的破损分类包括轮迹处裂缝，整车道裂缝、横向或反射裂缝、磨损、集料散失，泛油、局部沦陷、边缘沦陷、边缘破损、车辙等，部分破损还考虑了严重度等级[16-17]。

我国 1994 年颁布的《公路养护质量检查评定标准》根据当时我国沥青路面主要破损形式的调查情况，同时参考了国外的破损分类方法，将沥青路面破损分为 14 类，分别为坑槽、松散、拥包、翻浆、沉陷、脱皮、啃边、泛油、车辙、龟裂、网裂、波浪与搓板、横坡不适和平整度、破损部分严重程度[18]。

2002 年颁布的《高速公路养护质量检评办法》根据高速公路沥青路面破损实际情况，提出了新的沥青路面破损分类。考据到平整度已在道路行驶舒适性指标中反映，因此去掉了其中“平整度差”的分类，同时去掉了“脱皮”、“啃边”、“翻浆”、“横坡不适”这 4 类已不常见的破损类型，并将“拥包”和“波浪与搓板”两类病害合并为一类“波浪拥包”。由于裂缝已成为沥青路面主要病害形式，并且不同形式的裂缝对路面使用性能和养护决策的影响不同，为进一步区分裂缝的类型，参考国际惯用分类方法将网裂细分为“块裂”、“纵裂”和“横裂”，增加了“修补不良”破损类型以反映不当的修补对路面使用性能的影响[19]。

3.4.1.2　常见破损的成因

(1)龟裂：龟裂是在路面上表现为互相交错的小网状裂缝，因其形状类似乌龟背壳而被称为龟裂，如图 3-12 所示。疲劳损伤是产生龟裂的最主要原因；有时，由于沥青材料的原因，如低温时沥青混合料脆硬、严重的沥青老化等，也可能在沥青路面表面形成相互交错的小网格状、块度很小的裂缝，即龟裂[14]。

(2)块状裂缝：块状裂缝表现为纵向和横向裂缝的交错而使路面分裂成近似直角的多边形大块，块状裂缝的网格在形状和尺寸上都有别于龟裂，如图 3-13 所示。块裂产生的主要原因是材料，同行车荷载作用关系不大，主要是由面层材料的低温收缩和沥青老化引起的。不像龟裂主要出现在荷载作用的轮迹处,块裂可能出现在整个路面宽度内,范围较大[14]。

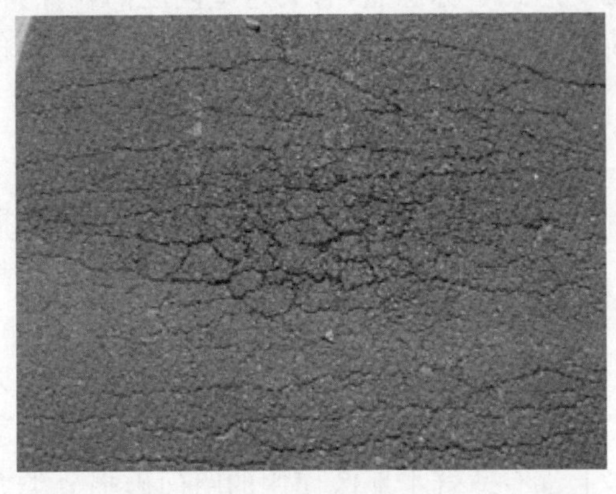

图3-12 龟裂

图3-13 块状裂缝

(3)纵向裂缝:纵向裂缝是与道路中线大致平行的单条裂缝,有时伴有少量支缝,如图3-14所示,其产生的主要原因之一是疲劳破损。在重复荷载作用下,路面承受能力逐渐不足,会在经常承受荷载的路面轮迹带处首先产生多条平行的小纵裂;由于不均匀沉降和裂缝的反射作用也会在路表产生纵缝。在半填半挖路基的分界处、新旧路结合部或路面加宽处,由于路基压实不够,发生不均匀沉降,就会这些位置产生纵向裂缝。沥青混合料摊铺时纵向施工搭接质量不好,或者老路面层纵向裂缝的反射作用,往往会在路面的中线处产生纵裂[14]。

(4)横向裂缝:横向裂缝是与道路中线近似垂直的裂缝,有时伴有少量支缝,如图3-15所示,其产生的主要原因是温度变化。如果沥青劲度过大或沥青变硬,在气温下降时就容易在垂直于行车方向想成间距大致相同的横向裂缝,因此在气候寒冷地区横缝是一种较为常见的裂缝形式。由低温收缩产生的横向裂缝是自上往下发展的,初期裂缝一般细且浅。横裂也有可能是一种反射裂缝。半刚性基层裂缝或旧路面裂缝的反射裂缝也是沥青路面产生横向裂缝的一个重要原因。由于反射裂缝产生的横向裂缝是一种自上而下发展的裂缝,因此反映到路面表面时裂缝已经贯穿了整个路面结构。沥青路面与结构物连接处填土压实不足、固结沉陷等也易在相应的位置产生横向裂缝[14]。

图3-14 纵向裂缝

图3-15 横向裂缝

(5)坑槽:坑槽是局部集料丧失而在路面表面形成的坑洞,可深及不同的路面结构层次,如图 3-16 所示,坑槽通常是其他病害如龟裂、松散等病害区域时有时会带走其中已经碎裂的小块面层材料,坑槽就会出现。坑槽的深度可深可浅,浅的坑洞仅限于路面表层,往往是表面松散发展的结果;深的坑洞可深至整个面层结构,一般是由龟裂发展而成。随着水分的进入,在行车荷载的作用下,坑槽的面积和深度都会不断扩大。单独发生的坑槽可能是由于路面施工质量不好所致,如压实不足、上面层厚度不够引起的,也可能是由于水损失引起的[14]。

(6)沉陷:沉陷是路面产生的大于 10mm 的局部凹陷变形,如图 3-17 所示,是沥青路面主要的结构破坏形式之一,其产生的主要原因是路基不均匀沉降、路面局部开挖回填压实不足或桥涵台背填土不实。路面基层结构破损或不稳定也会产生路面的局部沉陷变形。路面沉陷直接影响道路行车舒适性及安全性,因此出现后必须及时进行修复[14]。

图 3-16 坑槽

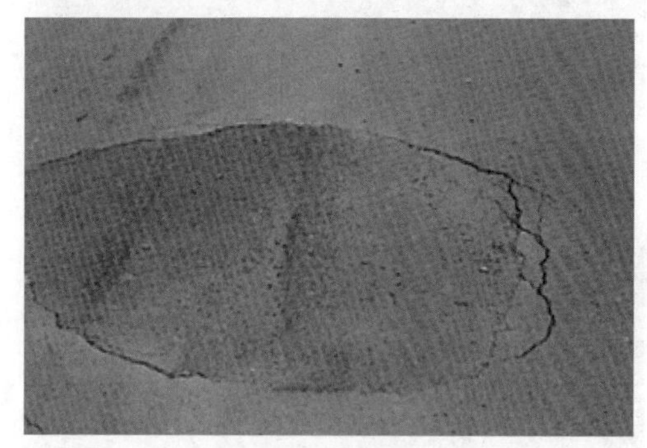

图 3-17 沉陷

(7)车辙:车辙是在沥青路面表面形成的沿轮迹方向大于 10mm 的纵向凹陷,如图 3-18 所示,可分为结构性车辙、流动性车辙、压实性车辙及磨损性车辙,也是沥青路面的结构性破坏形式之一。结构性车辙是指路面结构层及土基在行车重复荷载作用下,材料压缩产生的永久累计变形,车辙断面一般呈两边高中间低的 V 形,同时伴有龟裂和坑槽发生。流动性车辙是炎热季节仅在沥青混凝土层内产生的侧向流动变形而形成的,车辙断面一般呈 W 形,轮迹带处下陷,周围隆起。压密性车辙是指由于路面施工缺陷如混合物温度过低、压实次数过少等造成沥青层压实度不足,而在行车作用下进一步压密产生的车辙,这类车辙断面一般也呈 W 形。磨耗性车辙是指由于重载渠化交通对路面的磨耗作用形成的车辙[14]。

(8)波浪拥包:波浪拥包是由于局部沥青面层材料移动而在路表面形成的有规律的纵向起伏,波峰和波谷间隔很近,是一种对路面行驶质量影响较大的病害形式,如图 3-19 所示,其产生的主要原因是路面材料及设计与施工缺陷。材料组成设计差,如石油比过大、细料过多,施工质量差,使面层材料不足以抵抗车轮水平力的作用;或者是面层与基层之间存在不稳定夹层,面层在行车荷载作用下推移变形就会形成波浪拥包。有时路基冻胀也会在路面局部形成拥包[14]。

(9)松散:松散是一种从路面表面向下不断发展的集料颗粒流失和沥青结合料流失而造成的路面破损,如图 3-20 所示,是由于沥青和集料之间失去黏结而产生的。沥青混合料中沥青用量偏少、低温施工或沥青和集料黏结性差、沥青老化变硬、压实不足或局部集料配不均匀,都有可能在沥青路面表面形成松散[14]。

(10)泛油:路面混合料中的沥青向上迁移到路表面,形成一层有光泽的沥青膜,就被称为泛油，如图 3-21 所示，是由于沥青材料或设计缺陷造成的。沥青含量过多、混合料中空隙过少、拌和控制不严、沥青高温稳定性差，是生产泛油的主要原因。施工时黏层油用量不当，或雨水渗入使下层沥青与石料剥离，在动水作用下，沥青膜剥落上浮也会形成路面的泛油[14]。

图 3-18　车辙

图 3-19　波浪拥包

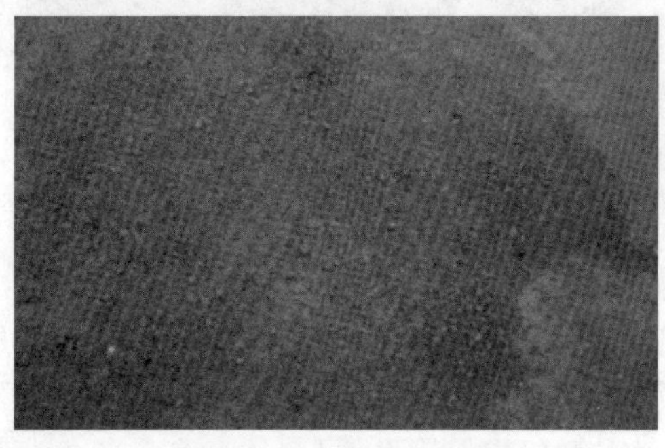

图 3-20　松散

图 3-21　泛油

3.4.2　APT 条件下的路面破损

如上所述，现役路面破损的成因，可能是材料方面的，也可能是结构性的，还有可能是施工的原因。APT 的试验对象既包括专门修筑的试验路面，也包括现役路面。当针对专门修筑的试验路面时，常因为工程量小、施工质量易于控制，所以可以推断与施工质量关系密切路面破损在 APT 中是不易发生的；而当从现役路面上选择试验段时，具有一定的随机性，这种情况下，上述常见的沥青路面破损均有可能发生。除了与试验对象的关系外，对于路面的工作条件，实际路面的工作条件较为复杂，影响路面性能的因素也较多，导致路面破损的原因是行车荷载和自然环境多场耦合作用的结果，如温度场、湿度场、降水冲刷、日照、风吹、冻融等。APT 所能模拟的环境因素有限，由此认为与环境作用关系密切的破损，如松散、泛油等破损是很难在 APT 中有所反映。基于上述原因，认为于路面疲劳相关的路面破损是 APT 所着重考虑的。根据对各类破损形成机制的分析，各类破损在 APT 条件下发生的可能性及其判断依据如表 3-2 所示。除了根据实际路面各类路面破损形成原因的分析判断 APT 条件下各类路面破损发生的可能性，笔者还调查了与 MLS66 相似 APT 设备条件下的路面破损。

加速加载条件下路面破损发生的可能性及其依据　　表 3-2

破损类型	施载对象		判断依据
	专门车道	现役路面	
龟裂	√	√	结构疲劳、材料老化
块状裂缝	√	√	结构疲劳、材料老化
纵向裂缝	×	×	尽管因为结构疲劳而发生，但是由于行车荷载与 APT 加载方式的差异，不易在 APT 条件下发生
横向裂缝	√	√	结构疲劳、温度变化
坑槽	√	√	与水损害、材料设计、施工质量关系密切
松散	√	√	与水损害、材料设计、施工质量关系密切
沉陷	×	√	与路基施工质量关系密切，专门车道 APT 不易发生；对于现役路面仅当选取的试验段其下部路基施工质量存在较大问题，有可能发生
车辙	√	√	结构疲劳和累积变形
波浪拥包	√	√	与材料设计和施工质量关系密切，也可能因结构层间发生滑移而产生
泛油	√	√	与材料设计有关

注：√可能发生；×不可能发生。

3.4.2.1　ALF 系统 APT 条件下的路面破损

美国联邦公路管理局(Federal Highway Administration，FHWA)采用澳大利亚 ALF 足尺路面加速加载试验设备进行 Superpave 路面设计检验，对比了 12 种不同结构和材料的沥青路面的路面结构性能，如图 3-22 所示[18]。

试验在专门铺筑的试验车道上进行，记录了加载 10 万次 PG70-22 沥青路面和 TX 半弹性沥青路面以及加载 30 万次 SBS 改性沥青路面的路面裂缝，如图 3-23 所示。由图可见，ALF 系统 APT 条件下路面的破损均为裂缝类破损，图中 PG70-22 沥青路面和 TX 半弹性沥青路面的裂缝形式为块状裂缝，SBS 改性沥青路面的裂缝形式为横向裂缝，同时从 SBS 改性沥青路面上还可见到一定量的矿质集料颗粒，可见加载过程中路面存在松散类破损。由 ALF 系统 APT 条件下的沥青路面破损形式可见，APT 条件下较为常见的是裂缝类破损[18]。

图 3-22　美国 FHWA 的 ALF 系统加速加载试验

3.4.2.2　MLS 系统 APT 的路面破损

目前能够见到的 MLS 系统 APT 的研究结论，一方面是关于大型足尺 APT 设备 MLS10

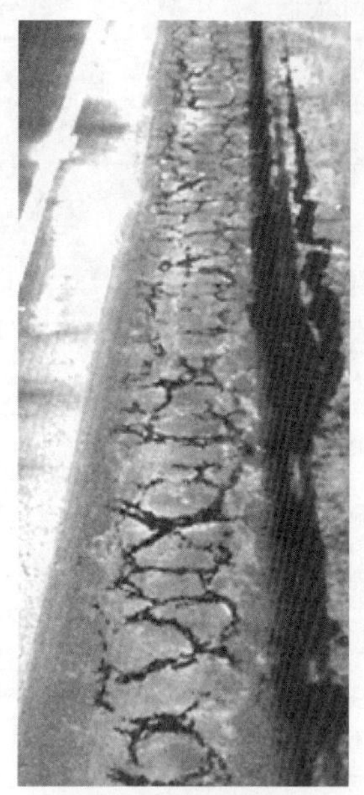
PG70-22沥青路面
（加载10万次）

SBS改性沥青路面
（加载30万次）

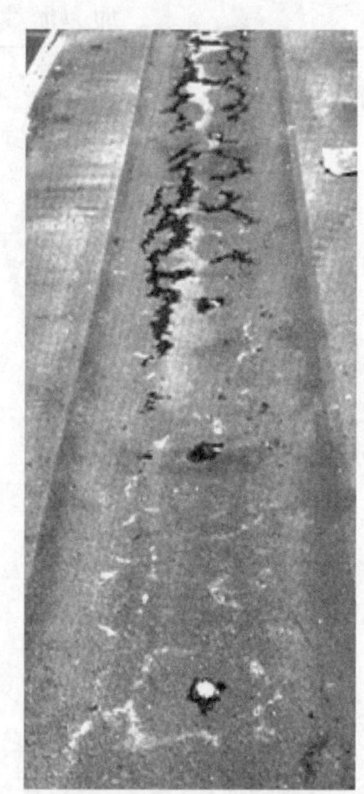
TX半弹性性沥青路面
（加载10万次）

图 3-23　FHWA 利用 ALF 系统的加速加载试验路面裂缝

的，另一方面是关于小型 1/3 比例 APT 设备 MMLS3 的。尽管 MMLS3 不属于足尺加速加载试验的范畴，但是 MMLS3 也可以对足尺路面加载，其产生的路面破损对于分析实际路面破损在 APT 条件下发生的可能性也具有一定的参考价值。MMLS3 在现役路面上开展足尺 APT 的情形如图 3-24 所示，所形成的路面破损如图 3-25 所示。由图可见，MMLS3 系统 APT 条件下的路面破损，除了车辙变形以外，亦为裂缝类破损，同时从图中芯样的表面破损来看，MMLS3 系统 APT 条件下的路面破损也存在松散类破损的现象。MLS10 产生的路面破损，如图 3-26 所示[19]。

图 3-24　利用 MMLS3 开展足尺路面加速加载试验

由图可见，利用 MLS10 开展 APT 所形成的路面破损，除了车辙变形外，也多为裂缝类破损，常见的有各种形式的横向和纵向裂缝，严重时，可见网状裂缝。

3.4.3　APT 条件下路面破损的记录

根据已有的 APT 研究成果，APT 条件下路面破损的记录应包括：破损的形式，如裂缝类、坑槽类、变形类等；破损的形态，如长度、方向、宽度等；破损的位置，在加载带内的位置。根据上述要点，为了能够定量表征在重复荷载作用下路面性能的衰减变化规律，在 APT 过程中应及时记录破损的形式、形态和位置。记录路面破损的手段，或是采用图像记录设备，或是进行文字描述，通常共同使用此两种方式记录路面破损；图像方式形象、直观、真实，但是常用的图像记录手段各有优劣；语言描述方式及时、可靠，但缺乏真实性。

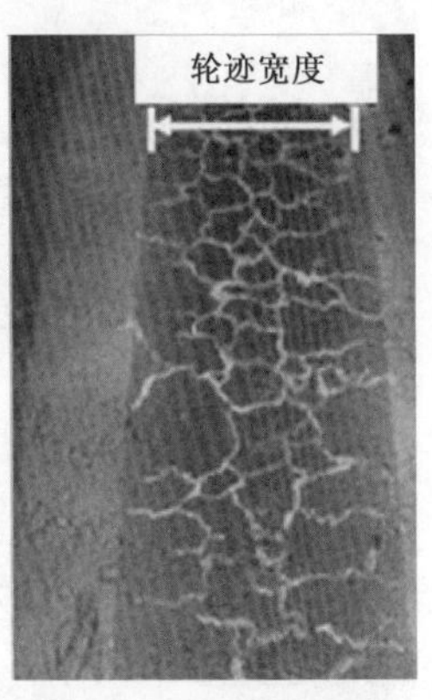

图 3-25　MMLS3 系统 APT 条件下的路面破损

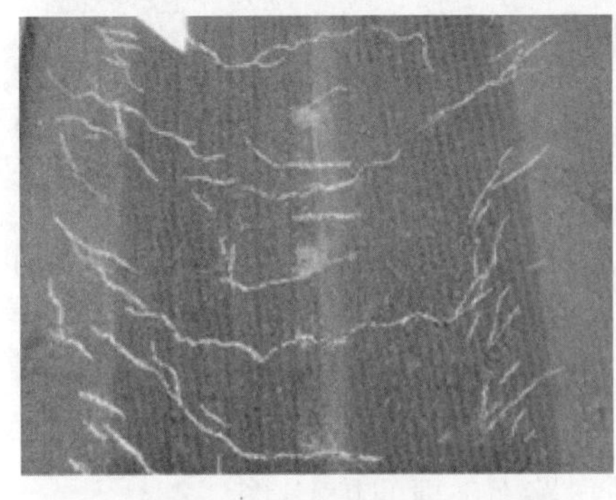
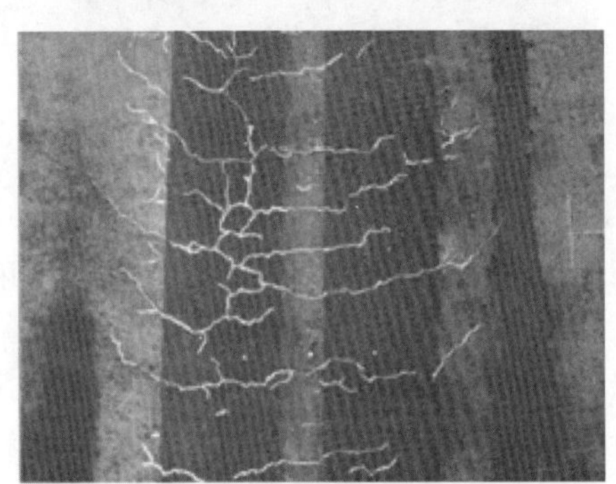
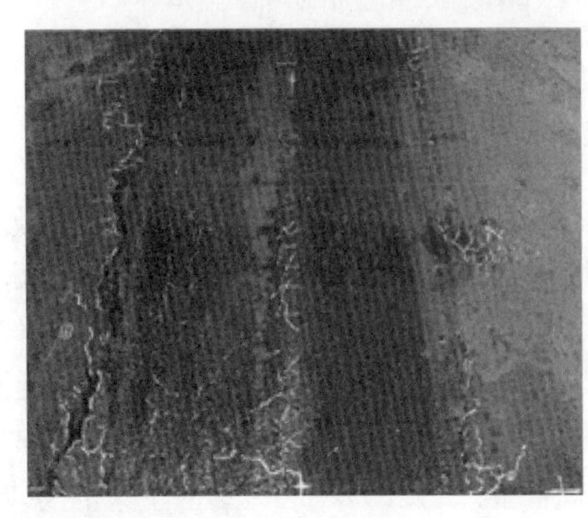

图 3-26　MLS10 系统 APT 条件下的路面破损

(1)高分辨率相机记录

常用的图像记录方式是利用高分辨率照相机拍摄路面破损照片，但是由于拍摄角度、光照等因素的影响，导致各阶段路面破损照片缺乏可比性。另外，因为加载带较长，常会超过普通单反相机的视野范围，若全部收入视野，不明显的破损难以在图像中分辨，特别是早期裂缝，但是利用相机拍摄路面破损具有操作简单、省时高效的优点。图 3-27 为开展高速公路橡胶沥青路面加速加载试验时利用单反相机记录的加载带裂缝。

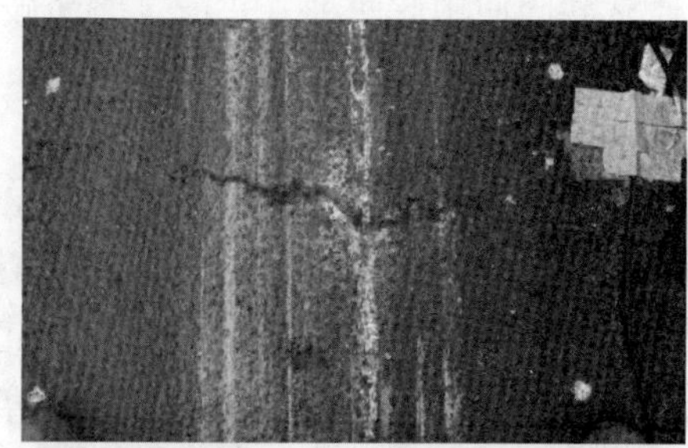

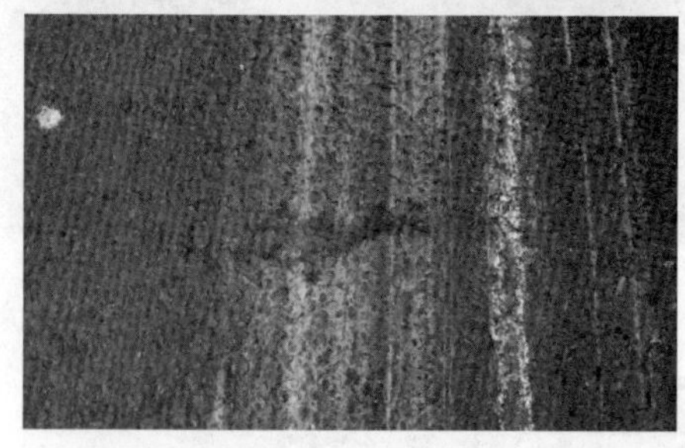

图 3-27　利用高分辨率单反相机记录的高速公路橡胶沥青路面裂缝照片

(2)坐标纸手绘记录

利用坐标纸、通过手绘的方式记录破损,可以定量描述破损属性,但是耗时较长,如果在加载试验末期,可能会出现破损类型多、面积大、分布广的情况,对于这种情况,坐标纸手绘方式更是难以做到省时、高效。采用坐标纸手绘方式记录破损,需要在加载带范围内固定基准点,每次测量都将以此点为基准,测量破损的形态和位置,然后描绘于坐标纸上。坐标纸手绘记录方式最大的优势在于,能够方便地比较不同加载阶段路面破损的状态(图 3-28)。

除了上述通过实践验证的路面破损记录手段,以下两种方法也可以考虑利用。

(1)三维数字图像扫描

三维数字图像得到的裂缝图像如图 3-29 所示。

随着数码成像精度的提高,三维立体数字图像技术用于路面早期破损测量的优势逐渐显示出来。但是,针对路面早期破损的数字图像分析也是刚刚处于起步阶段,目前国内初步能够采用数字近景摄影测量识别路面破损的几何信息,但是精度有待于提高。3GSM 系统(从奥地利 startup 公司引进的一套 3G 软件和测量产品 JointMetriX^{3D})是一个全新的,代表当今最高水平的三维不接触测量系统。该系统的 2 个测量产品的主要区别是成像系统和图像处理方法:ShapeMetriX^{3D}使用一个没有支架的校准的单反相机(尼康 D80,3872×2592 像素即 1020 万像素),从两个不同角度对指定区域进行成像并通过像素匹配技术进行三维几何图像合成,图像分辨率是测量区域面积毫米/3872×2592 像素。JointMetriX^{3D}基于旋转的 CCD 线扫描照相机(10000 万像素)和软件组件。

(2)专用软件识别

对路面破损的记录还可以基于灰度分析原理而编制专用的软件。其原理是对由高分辨率图像记录设备拍摄路面照片,然后对源图进行灰度化处理(图 3-30),比较图像像素单元彼此间的灰度值的差异识别出路面破损的位置合形态[20]。

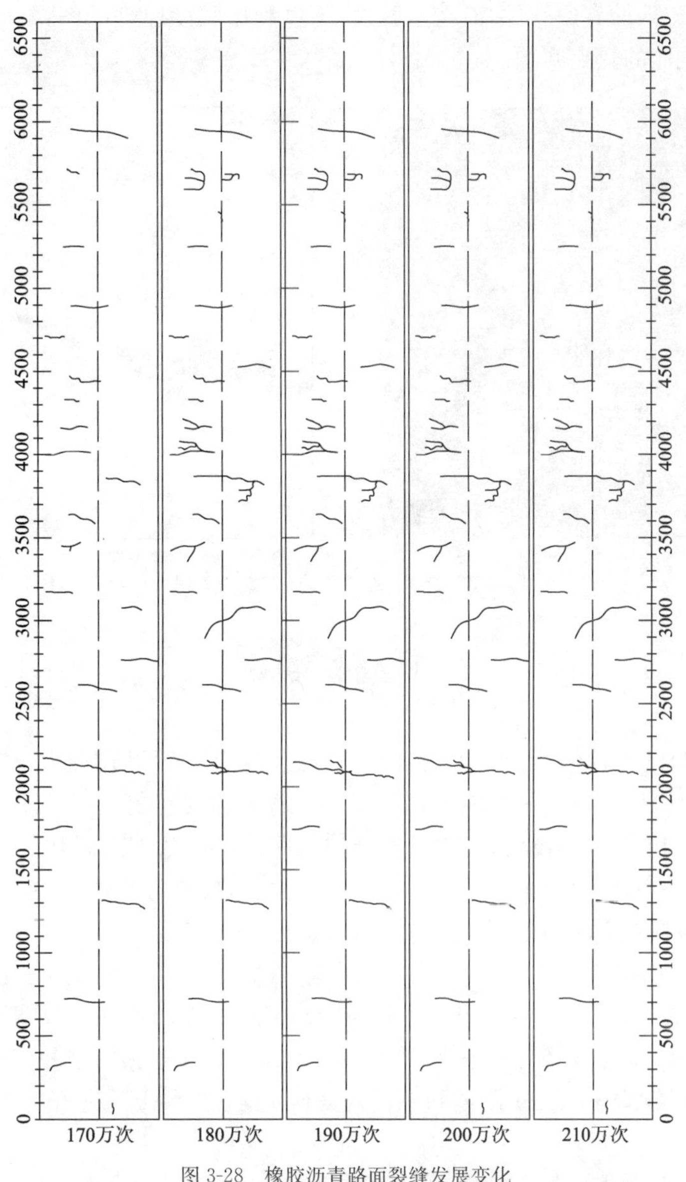

图 3-28　橡胶沥青路面裂缝发展变化

图 3-29　三维数字动态扫描系统获得的裂缝图像

目前，尚没有成熟的专用软件，有待于开发，不过利用灰度原理的图像识别技术是目前道路研究领域普遍关注的热点问题。

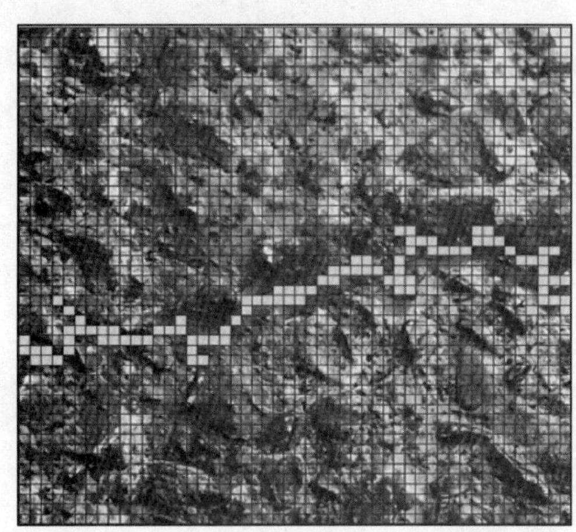

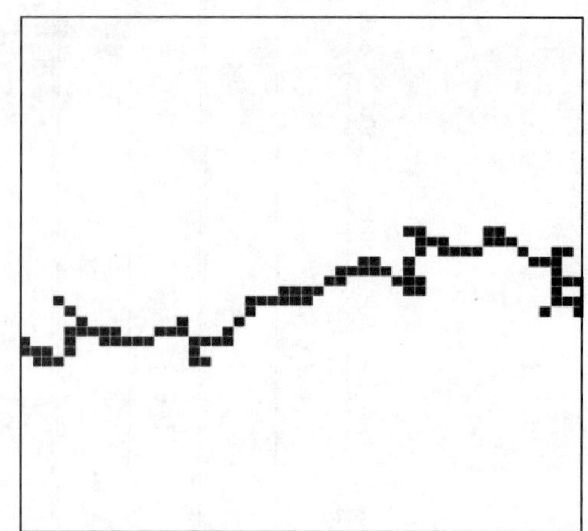

图 3-30　路面破损图像的灰度分析原理

3.5　APT 信息系统的搭建

APT 的基本目的是评估路面材料、路面设计及其性能。APT 过程中，在合理的时间段内模拟足够的交通量以产生可测量的响应或破坏是普遍关心的问题。值得注意的是，来自不同 APT 设备，乃至于相同 APT 设备，相近路面结构的路面性能数据难以比较，因为这些数据一般因设备或试验条件的不同而具有各自的特点。试验参数、数据采集、记录和存储格式的不同使研究者相互之间难以交流和分享数据，并导致重复工作。因此，研究数据的定义并推荐数据采集、存储、检索的实用方法，对于增强不同 APT 项目数据间的可参比性是十分重要的。

美国交通运输委员会(Transportation Research Board，TRB)的 NCHRP(National Cooperative Highway Research Program，NCHRP)项目 10-56 即是为了有助于正确的解读数据并使数据为其他有关部门有效使用的科研专题，项目建议将 APT 过程中的数据分为 7 类，包括[21]：

①管理信息，APT 设备或一次专门研究/试验的管理细节。

②荷载信息，试验路上施加的轴载和荷载特性。

③路面状况，有关路面类型、施工、地质条件的信息。

④材料特性，有关材料类型、组成、刚度、强度和试验方法的信息。

⑤环境条件，路面内部和外部(主要是温度和湿度)的信息。

⑥路面响应，施加给定荷载或改变温度或湿度条件下测得的路表或内部的弯沉、应力及应变。

⑦路面性能，不同类型的路表破坏、路面平整度、路面纵向或横向(车辙)断面。

在计算机及其网络技术高度发达的今天，利用数据库，特别是基于 Web 架构的网络数据库，管理路面加速加载试验过程中产生的海量数据将能够提高试验效率，实现数据处理和分析的自动化，同时可利用现代较为先进的云技术，实现拥有不同加速加载试验系统的研究机构之间的数据共享和协同分析，最终成为路面长期性能研究专家决策系统的子系统，为推动公路交通科技和工程实践的发展提供巨大的技术支持。为此，在笔者开展路面加速加载试验实践的过程中，尝试搭建了基于 Web 架构的"足尺路面加速加载试验综合信息系统(Full Scale Accelerated Pavement Test Integration Information System, FAPTIS)"。FAPTIS 整合涉及一次加速加载试验的项目管理信息、加载控制信息、设备状态信息、试验结构描述、原材料属性、环境天气信息、路面响应数据、路面性能检测结果，为试验者和用户提供如下服务：

(1)APT 项目组根据项目管理信息掌握试验项目的基本情况，控制试验进度，同时记录围绕 APT 的人员、资金以及试验物品情况。

(2)在试验过程中，试验人员需记录每个工作日的加载参数、设备状态和环境天气情况，形成加载日志；对于设备的例行检查和维护，试验人员需根据日常对设备主要部件的检查情况，实时记录故障原因和处置方法，形成设备的维护日志。

(3)作为 APT 的产出，也作为 FAPTIS 的核心，记录和分析每个试验阶段路面结构的性能和力学响应数据，获得描述路面性能随加载次数的变化趋势。

(4)选择所需的数据处理和分析结果、插入描述性文字和试验结论，自动发布每个项目的加速加载试验报告。

3.5.1 需求分析

由 FAPTIS 预期提供的服务目标，结合足尺路面加速加载试验的试验流程，FAPTIS 的系统分为项目管理、结构材料、试验条件、力学响应、路面性能、加载运行、技术文档与系统管理模块。FAPTIS 系统功能模块如图 3-31 所示。

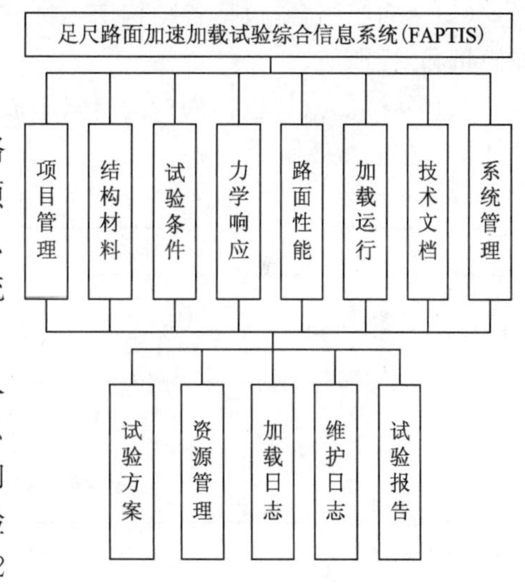

图 3-31 FAPTIS 系统功能结构

系统的使用用户分为三类：系统管理员、试验人员和查询用户。系统管理员负责用户的审批、项目、结构材料、试验条件的录入；试验人员负责力学响应、路面性能和加载运行；查询用户只可以查询试验项目信息和结构材料信息。系统的用例如图 3-32 所示。

3.5.1.1 项目管理模块

APT 是一种人、财、物资源投入较大的路面结构试验，因此，全面了解试验资源投入与消耗情况，把握试验进度，及时调整并控制试验情况是十分必要的，对此，项目管理模块的功能设定为记录项目名称及其标识信息，试验结构形式，项目进度、位置，项目地点、时间安排，资助机构，试验人员，备件耗材与经费使用等。

3.5.1.2 结构材料模块

开展 APT 的试验路面或现役路面结构组合、路面材料属性、试验路面或现役路面施工情况是进行后续试验数据分析的基础和前提，试验者在录入路面结构组合信息后，依次录入试验路面的各层材料的性质以及施工工艺参数。

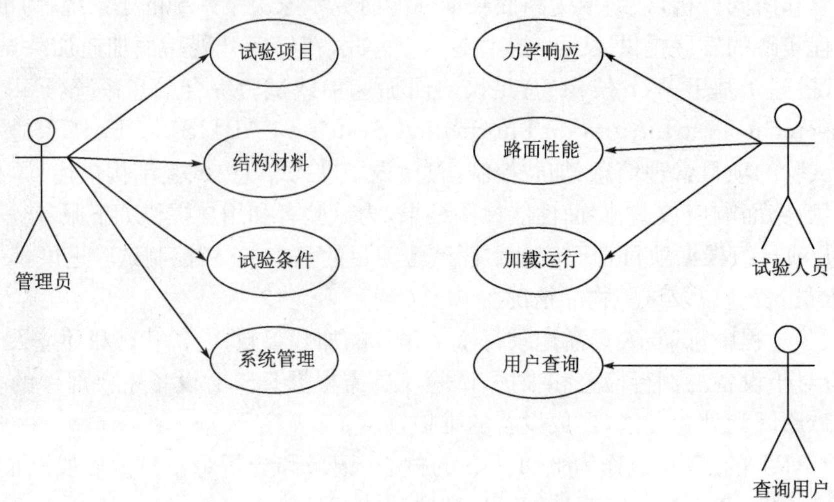

图 3-32　FAPIS系统用例

(1)结构层组合,包括各结构层名称、材料类型、层位、厚度等;路基属性包括填土性质、回弹模量和CBR值。

(2)沥青混合料,包括沥青混合料组成材料的基本性质以及沥青混合料路用性能,所需收录的信息如表3-3所示。

材料性质详细信息　　表3-3

类　别	项　目	属　性
沥青混合料组成材料基本性质	沥青	沥青类别;25℃针入度;软化点;10℃延度;针入度指数PI;15℃延度;5℃延度;25℃弹性恢复;(R)TFOT残留物15℃针入度比;(R)TFOT残留物5℃延度
	粗集料	粗集料类别;石料压碎值洛杉矶磨耗损失;表观相对密度;吸水率;坚固性;针片状颗粒含量;＞9.5mm针片状颗粒含量;＜9.5mm针片状颗粒含量;水洗法＜0.075mm颗粒含量;软石含量;磨光值PSV;黏附等级
	细集料	细集料类别;表观相对密度;坚固性(＞0.3mm部分);含泥量;砂当量;亚甲蓝值;棱角性(流动时间)
	矿粉	矿粉类别;表观密度;含水率;外观;亲水系数;塑性指数;加热安定性;粒度范围:＜0.6mm;粒度范围:＜0.15mm;粒度范围＜0.075mm
	外掺剂	外掺剂类别
沥青混合料路用性能	矿料级配	最大公称粒径;附加筛孔尺寸;级配范围;筛孔通过率
	体积指标	沥青用量;外掺剂用量;试件尺寸;空隙率;设计空隙率;矿料间隙率VMA;沥青饱和度VFA;马歇尔稳定度MS;流值;谢伦堡析漏损失;肯塔堡飞散损失等
	性能指标	动稳定度DS;浸水马歇尔试验残留稳定度;冻融劈裂试验残留劈裂比;破坏应变;渗水系数;劈裂抗压强度;最大拉应变;最大拉应力;弯曲劲度模量;相位角;抗压回弹模量

(3)无机混合料,收录路面基层无机结合料和矿质集料基本性质检测结果以及无机混合料路用性能检测结果,具体信息如表3-4所示。

无机混合料信息　　表3-4

类　别	类　目	属　性
无机混合料组成材料性质	属性和用量	水泥类别,水泥等级,水泥用量,终凝时间,石灰/粉煤灰比例,石灰粉煤灰与集料比例,材料类别,石料压碎值
无机混合料路用性能	级配	最大公粒径,附加筛孔尺寸,级配范围,筛孔通过率
	性能指标	集料含水率,劈裂强度σ,压实度,CBR值,7d抗压强度,抗压模量E

(4)施工工艺参数,录入试验路段施工时各结构层施工质量的检测结果,具体属性如表3-5所示。

试验路段施工信息　　表3-5

项　目	属　性
路基施工	最佳含水率,最大干密度,压实度,弯沉值,回弹模量,CBR值
垫层施工	压实度,弯沉值
基层施工	最佳含水率,最大干密度,压实度,压实厚度,7d抗压强度,劈裂强度(90d龄期),CBR值
面层施工	最佳含水率,最大干密度,压实度,压实厚度,7d抗压强度,劈裂强度(90d龄期),CBR值

3.5.1.3　试验条件模块

录入如表2-7所示的APT方案中所列的各项试验参数值,包括累计轴次、加载方案、轮迹分布、环境模拟等参数。

3.5.1.4　力学响应模块

录入不同加载阶段埋设于路面结构内部各类力学传感器的信号(波长、电压、电流值等)监测结果,由物理指标转换子模块将信号转换为实际的物理指标(应力、应变、位移等)。利用该模块可查看和捡取所需的力学传感器力学指标图谱片段用以分析,还可以通过自动分析子模块获得不同加载阶段的力学指标极值,该模块包括传感器布设、压力应变数据、结构温湿度数据等信息。

(1)传感器布设。若采用光纤光栅力学监测系统,在录入基本信息后,可查看各类传感器的埋设位置以及整个结构内部各类传感器的分布情况,包括传感器埋设的层位、方向属性、深度、传感器中心波长、应变系数、温度修正系数等信息;若采用其他类型的传感器,可通过添加传感器属性等操作进行变更。

(2)应力应变数据。将从力学响应监测系统数据采集仪中导出的数据文件导入该模块,可自动将传感器信号转换为实际的物理指标,可查看应力应变随采集间隔时间的变化以捡取所需的数据片段,还可自动分析得到应力应变极值随加载次数的变化趋势。

(3)结构温湿度。导入和分析埋设于结构内部温湿度传感器的数据。

3.5.1.5　路面性能模块

录入和分析APT过程中路面服务功能指标的变化,试验者和用户可实时查询不同加载阶段各类路面服务功能指标及其随加载次数的变化趋势，包括车辙断面及其深度、弯沉与模量、防水与抗滑、表观与破损等各类信息。

（1）车辙断面及其深度。录入车辙断面测量位置，不同加载阶段车辙断面测量数据，进行自动分析，一方面获得各位置车辙断面形态，另一方面进行自动计算和回归分析，得到车辙深度随加载次数的变化规律。

（2）弯沉与模量。录入弯沉测量点位置，不同加载阶段弯沉的测量结果，并进行自动分析和计算，获得各结构层的模量，最终获得弯沉与模量随加载次数的变化趋势。

（3）防水与抗滑。录入防水和抗滑性能指标的检测结果，获得其随加载次数的变化趋势与规律。

（4）表观与破损。存储 APT 过程中路面表观状态的图像信息，当发生路面破损时，其图像信息可通过自动分析模块进行实时缩放，并通过网格化处理获得破损属性信息，如破损位置、长度、面积等。

3.5.1.6　加载运行模块

试验员通过加载运行模块记录加载运行时的设备运行状况、天气和路面温度等信息，可自动输出加载日志，包括：

（1）基础信息，包括项目名称、加载路段、值班工程师和操作员等。

（2）气象信息，包括试验地点气温，相对湿度，白天和夜晚的天气，风速及风向。

（3）设备状态，包括 6 个加载单元的轴载、轮压、油压、气压，以及电机、传动系统的运行状态。

（4）运行记录，包括启动或停止的时间，设定的转数，千斤顶的高度，洒水、加热和横向移动的状态。

（5）温/湿度记录，记录温度的类别分为路表温度、环境温度和路表以下一定深度的温度；同时，记录埋设于结构内部的湿度传感器信号，将其转换为物理指标（含水率或相对湿度）。

3.5.2　系统构架设计

FAPTIS 采用 B/S 架构，基于 J2EE 组件技术构建，具有多层架构。其中采用的主要技术有 JavaServer Pages (JSP)、Struts2、Hibernate3、Jquery、Ajax。采用 Apache Tomcat 作为 Web Application Server 中间件，Struts2 负责请求转发，Hibernate3 负责数据的持久化，客户端网络浏览器为 Web Browser。从系统架构出发，根据规划的业务功能范围和功能之间的依赖度，得到适合并且需要信息系统实现的业务功能，经过对这些功能进行具体的分析、分类，划分出各应用系统，得到 FAPTIS 架构蓝图（图 3-33），体现了对 APT 大部分业务规划的需求功能的涵盖支撑，图中还描述了应用系统的各类用户情况，支撑应用系统的数据层面和基础设施层面。

分层的 Web 软件系统，由于其逻辑层次清晰、可扩展性强的优点，随着近几年的应用普及，已经逐渐成为软件系统架构标准。分层原则是封装原则的提升，在一个系统中代码往往有各种各样的职责，有的负责业务数据处理，有的负责和数据库打交道，也有的负责和用户打交道。把这些代码根据功能划分为不同的层次，就可以对软件架构的不同部分实现大的封装。要构建核心业务能力，必须构建高效的应用软件架构。系统软件的逻辑结构应具备良好的层次结构，各功能层次间的调用关系定义清晰，各层次的功能扩展与调整相对独立，不同的层次结构间的耦合关系尽可能的小。按照 J2EE 多层结构体系划分方法，系统的分层架构如图 3-34 所示。

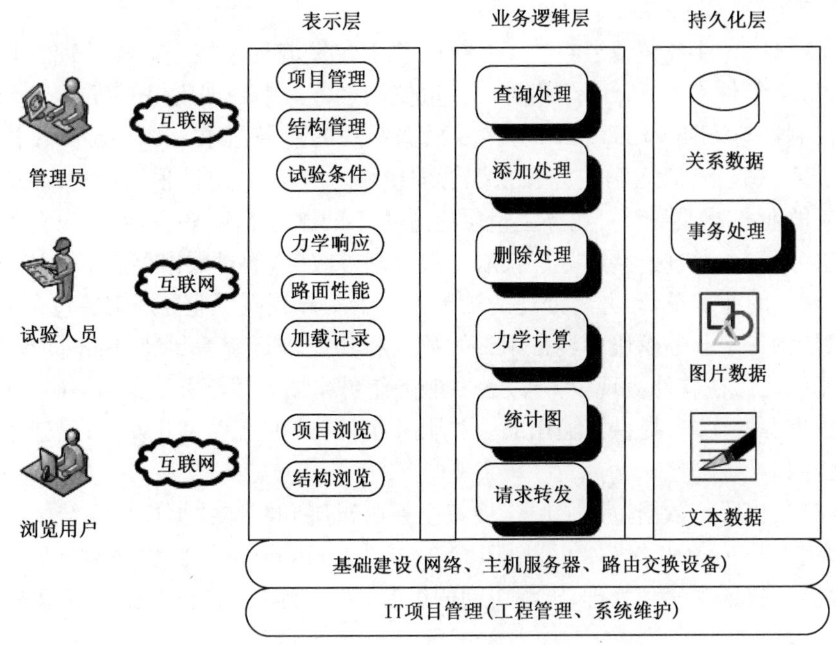

图 3-33　FAPTIS 架构

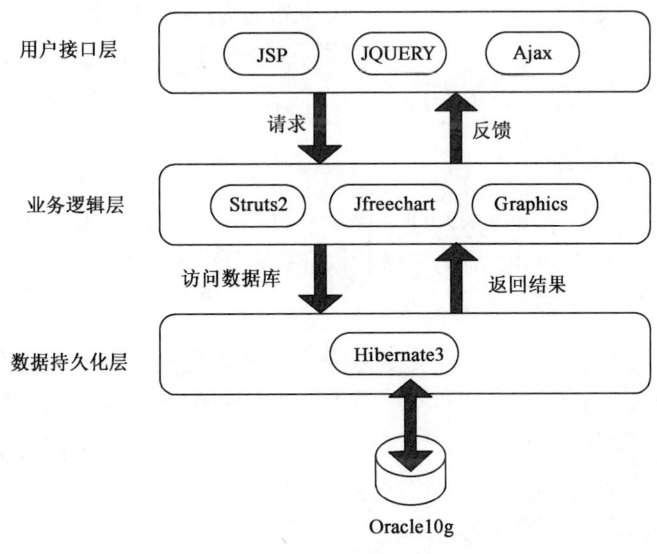

图 3-34　FAPTIS 分层体系结构

(1)用户接口层。用户接口层是系统用户和外部用户访问业务系统、查询信息的途径。本系统采用 Web 浏览器界面作为用户接口层的主体，Web 浏览器界面主用于录入、查询、统计和决策分析业务。项目组采用了JSP技术、JQUERY组件和Ajax技术，实现了良好的用户体验。Web浏览器通过HTTP协议向Web服务器请求服务，Web层组件提供所有请求的集中控制，调用转发组件和业务逻辑层进行处理与转发，生成结果页面返回浏览器，并控制页面流程的切换。

(2)业务逻辑层。业务逻辑层封装了系统的请求转发流程和核心业务处理逻辑。请求转发层采用Struts2组件实现，Struts2组件中大量使用拦截器来处理用户的请求，从而允许用户的业务逻辑控制器与SERVLET API分离。根据系统的业务需求，系统分为项目管理、路面结构、路用性能、试验条件、力学响应和系统管理模块。Struts2组件根据用户配置文件，将请求转发到相应的业务处理逻辑。业务逻辑层通过集中的服务管理平台，处理来自不同渠道和用户界面的服务请求，通过公共服务层获取权限管理等服务，通过数据存取服务访问后端数据及资源，执行特定的业务逻辑，并将处理的结果返回给用户界面。业务逻辑层包含公共服务组件，核心思想是将各个业务模块中经常用到的数据和功能进行统一封装，供不同模块、不同数据要求的程序调用。在软件实现中，开发公共服务组件主要有以下几个好处：屏蔽了不同模块之间对同一数据源的要求；提供了通用的公共服务组件，减少了程序开发量；增强了程序的健壮性、可扩展性和可维护性。

(3)数据持久化层。数据持久化层连接着业务逻辑层和实体数据库。系统采用面向对象的方法开发，将Hibernate3作为ORMAPPING组件。Hibernate3将关系数据库中的记录封装成对象，提供了数据存储和管理、资源访问的机制，为以上各层提供数据及资源服务。

3.5.3 数据库设计

FAPTIS采用Oracle10g数据库进行数据存储与处理，建立数据库表遵循标准的范式结构，每张表有独立的字段ID作为逻辑主键，采用序列的方式赋值逻辑主键。由上述需求分析，根据各模块的具体功能进行表设计、建立E-R关系，如图3-35、图3-36所示，其他功能模块的E-R关系与此二者类似，在此不做赘述。

3.5.4 数据处理流程

在系统中，力学响应与车辙数据处理流程复杂，信息量较大，是本系统目前主要实现的数据处理与分析功能，以下为力学响应与车辙数据处理流程。

3.5.4.1 力学响应数据处理流程

本系统的力学响应数据指由应力、应变传感器测得的数据。光线光栅力学传感器获得的原始数据是波长，由此得到的应力、应变值，需先将提取的传感器属性信息定位到对应的传感器；导入空载时该传感器的数据文件，然后导入加载时的数据文件；经由“波长→应力/应变”转换，得到最终结果。应力、应变数据的计算分析流程如图3-37所示。波长与应力、应变的转换关系由室内试验确定，其关系通式为：

$$\varepsilon(\text{或者}\ \sigma) = K_1(\lambda_1 - \lambda_0) + K_2(\lambda_1' - \lambda_0') \tag{3-1}$$

式中：ε、σ——应力/应变；

K_1——测量传感器的转换系数；

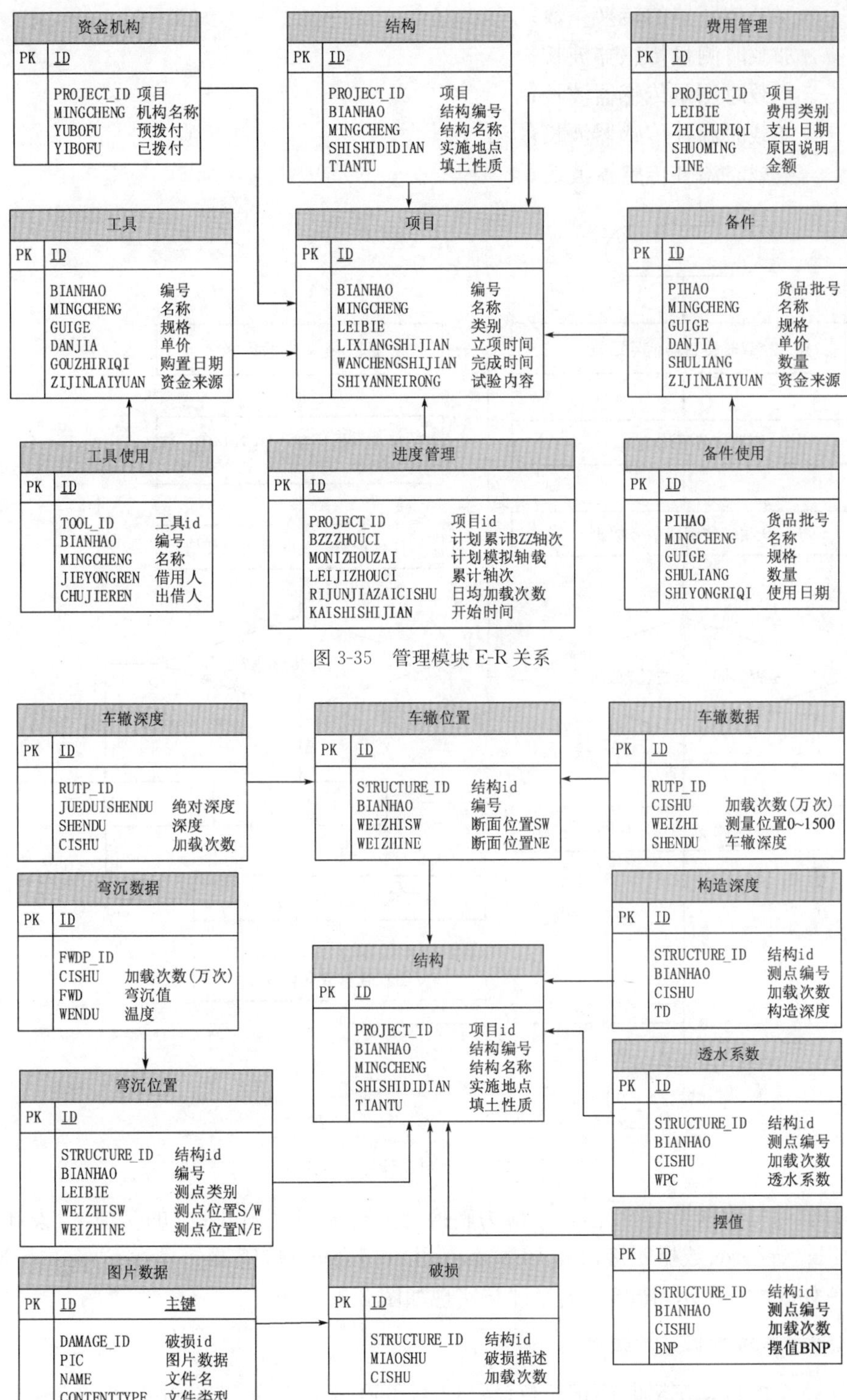

图 3-35　管理模块 E-R 关系

图 3-36　路面性能功能模块 E-R 关系

K_2——温补传感器的转换系数；

λ_1——加载时测量传感器波长；

λ_0——空载时测量传感器波长；

λ_1'——加载时温补传感器波长；

λ_0'——空载时温补传感器波长。

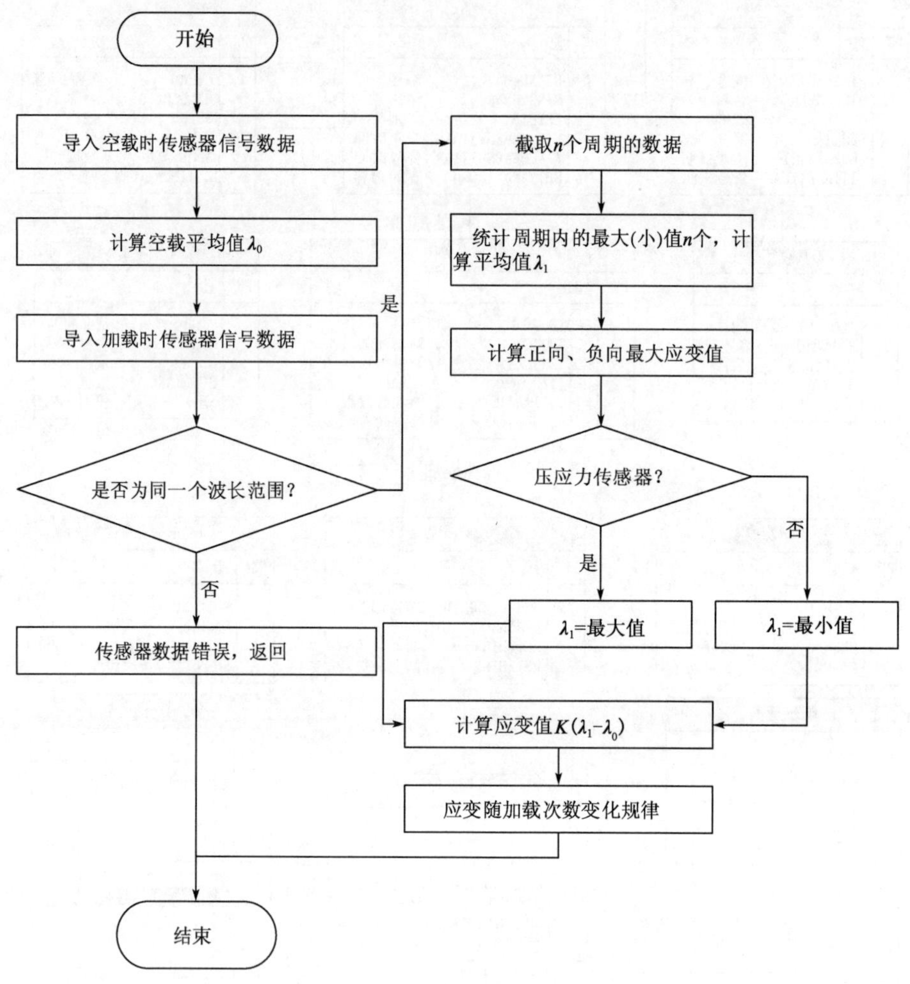

图 3-37　应力应变数据计算分析流程

关于力学响应数据类的设计，以压应力转换与分析为例，在 Java 类的实现上，设计并实现了实体类 Fbgerecord、数据库接口类 FbgerecordDao、压应力传感器信号类 Fbgedata 等，压应力的类清单如表 3-6 所示，详细的类设计与实现如图 3-38 所示。

3.5.4.2　车辙数据处理流程

笔者所持有的自动车辙断面记录仪(图 3-8)，可测量宽度为 1500mm，以 10mm 为单位测量间距，步进电机带动测量轮由一端向另一端移动，每移动一个单位测量间距，记录一次车辙深度，其测量原理如图 3-39 所示。

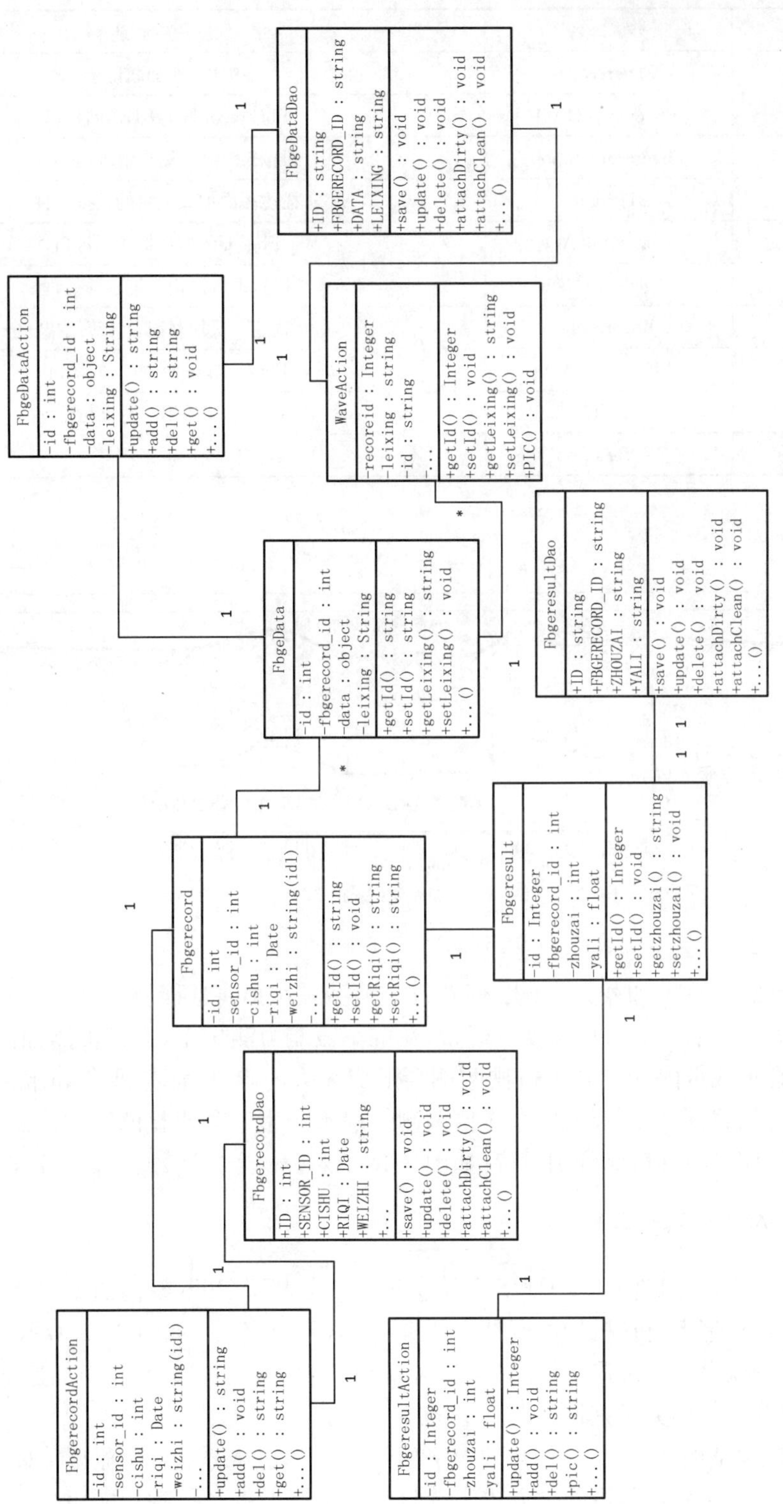

图3-38　压应力类设计图

压应力 Java 类清单　　表 3-6

编　号	类　名	作用描述
1	Fbgerecord	描述一次加载记录
2	FbgerecordDAO	Fbgerecord 的数据访问接口
3	FbgerecordAction	Fbgerecord 的用户请求与处理
4	Fbgedata	描述一次加载记录的数据文件
5	FbgedataDAO	Fbgedata 的数据访问接口
6	FbgedataAction	Fbgedata 的用户请求与处理
7	Fbgeresult	描述一次加载记录计算结果
8	FberesultDAO	Fbgeresult 的数据访问接口
9	FbgeresultAction	Fbgeresult 的用户请求与处理
10	WaveAction	绘制波形图

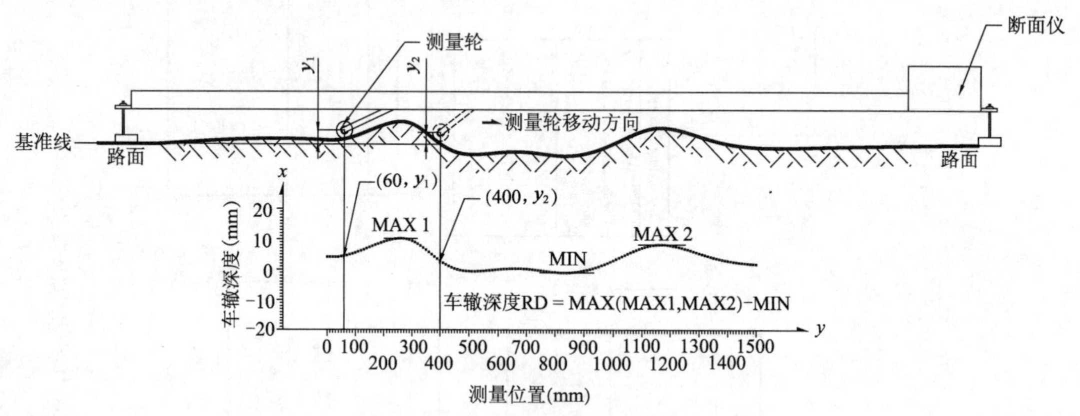

图 3-39　测量原理图

按本书介绍的 APT 加载方案(表 2-7),在抗疲劳及水损害性能测试和抗车辙能力测试中均记录车辙断面曲线、计算车辙深度。通常,在抗车辙能力测试中,需模拟路面高温和横向轮迹分布,由此在加载带内形成的车辙槽两侧会形成较大的隆起;而抗疲劳和水损害性能测试中,因固定位置加载,所以所形成的车辙槽两侧一般不产生十分明显的隆起。因此,在进行车辙深度计算时,应对两种情况分别对待,如图 3-40 所示。

3.5.5　FAPTIS 系统实现

通过上述过程,即可进入 FAPTIS 系统实现阶段。基于 Web 架构的 FAPTIS 实现后,用户和试验者可通过笔者所在机构的网站主页进入 FAPTIS 系统,如图 3-41 所示。而网站主页另外的重要作用就是方便用户了解 APT 试验基地的工作动态、MLS 路面加速加载试验系统的基本知识以及提供相关研究机构的友情链接。

由 APT 试验基地网站主页,用户通过 FAPTIS 入口进入系统,系统主页如图 3-42 所示。系统主页以功能按钮和信息栏两种方式为试验者或用户提供系统各功能服务,区别在于用户只有通过系统主页查询相关的试验信息、调阅试验报告的权限,而系统管理员和试验者可进行相应的数据录入、检索、修改、删除和保存操作。

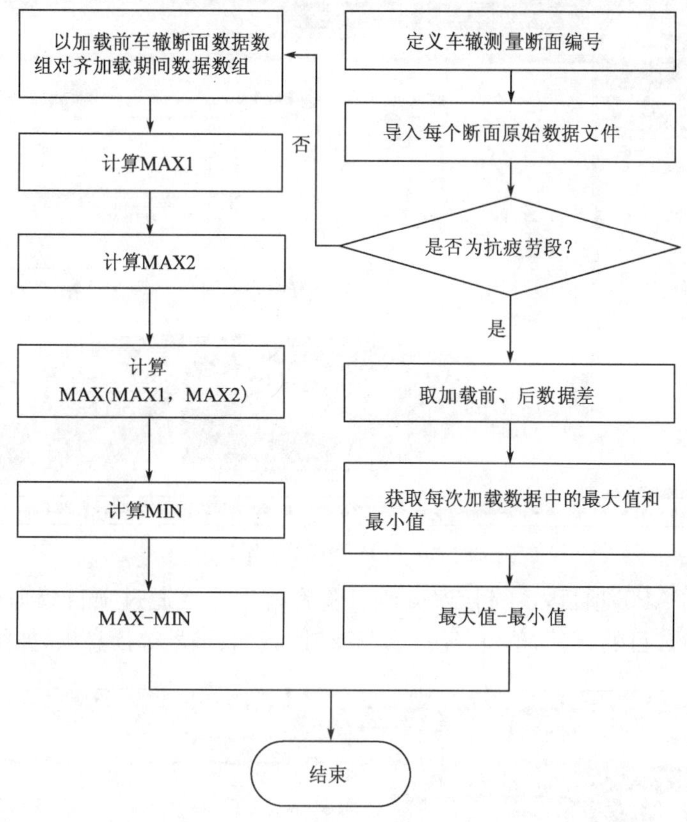

图 3-40　车辙深度计算流程

图 3-41　APT 试验基地网站主页与 FAPTIS 入口

图 3-42　FAPTIS 系统主界面

对于新设立的 APT 项目，系统管理员或试验者首先需要通过项目管理模块录入项目基本信息，如试验内容、目的、资助单位、经费、试验结构名称、编号等信息项，如图 3-43 所示。

图 3-43　项目管理模块

随后需通过试验路面结构材料模块定义结构形式、录入相关的材料属性信息，如图 3-44 所示。

对于 APT，试验条件是后续数据分析的重要前提和基础，所以，全面记录试验条件非常重要。系统的试验条件模块提供了此项功能，试验者可通过此模块设定或记录试验条件，如图 3-45 所示。图示为录入模拟横向轮迹分布规律后生成的轮迹分布图。

系统对试验检测结果的展现通过力学响应模块、路面性能模块实现。在力学响应模块中，按 3.5.4 节所述流程，试验者首先定义各类力学传感器和温湿度传感器在路面结构中的位置、编号等属性信息，如图 3-46 所示。

a)结构形式定义页面

筛孔尺寸	16	13.2	9.5	4.75	2.36
级配范围	100~100	100~90	75~50	34~20	26~15
通过率	100	96	53	27	22

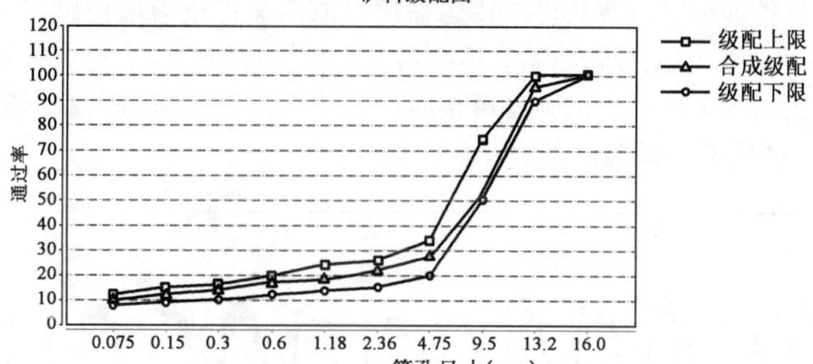

b)混合料性质信息录入页面(以矿料级配曲线录入页面为例)

图 3-44　材料结构模块

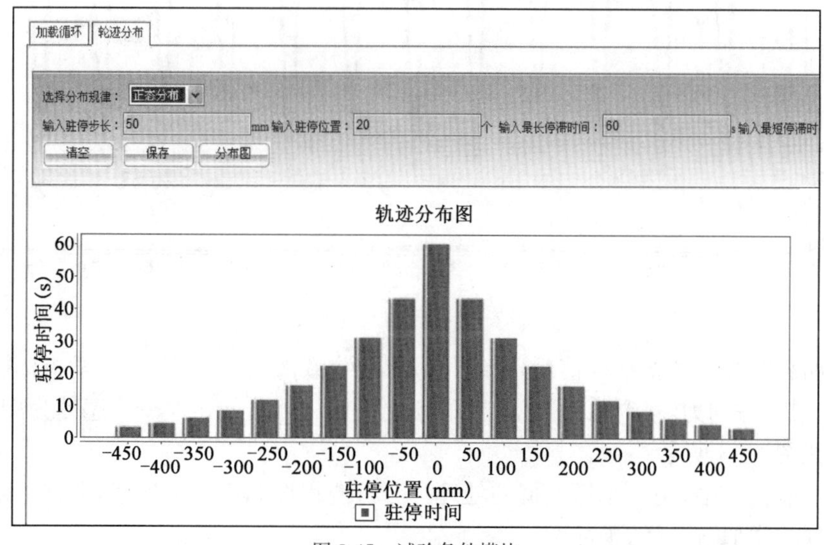

图 3-45　试验条件模块

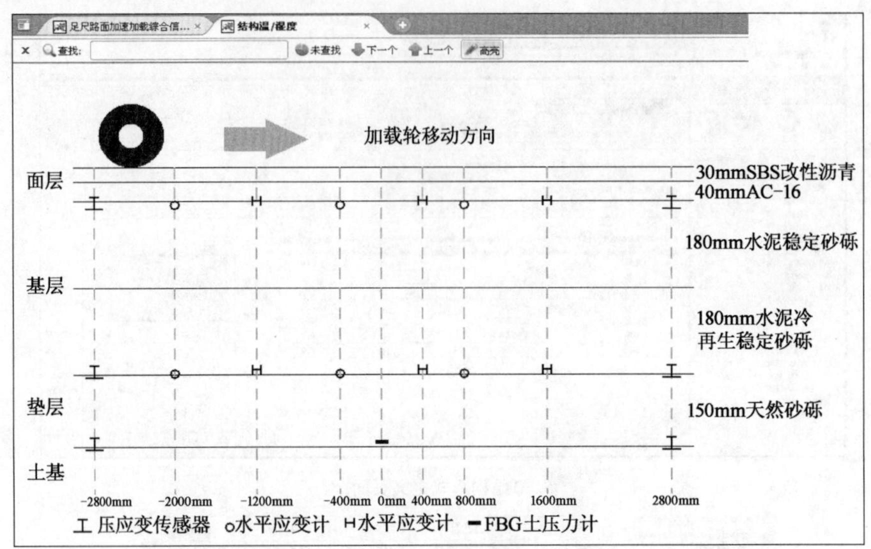

图 3-46　力学与结构温湿度传感器属性录入页面

APT 开始后，将各加载阶段所获得的传感器信号数据文件按对应传感器关系录入系统，系统将经过如图 3-37 所示的流程将原始的传感器波长数据转换为应力应变数据，而后生成传感器的信号波形，如图 3-47 所示。试验者可按时间顺序拖拽波形来判断数据的有效性，当确定数据有效后，再通过系统计算得到力学指标的极值。

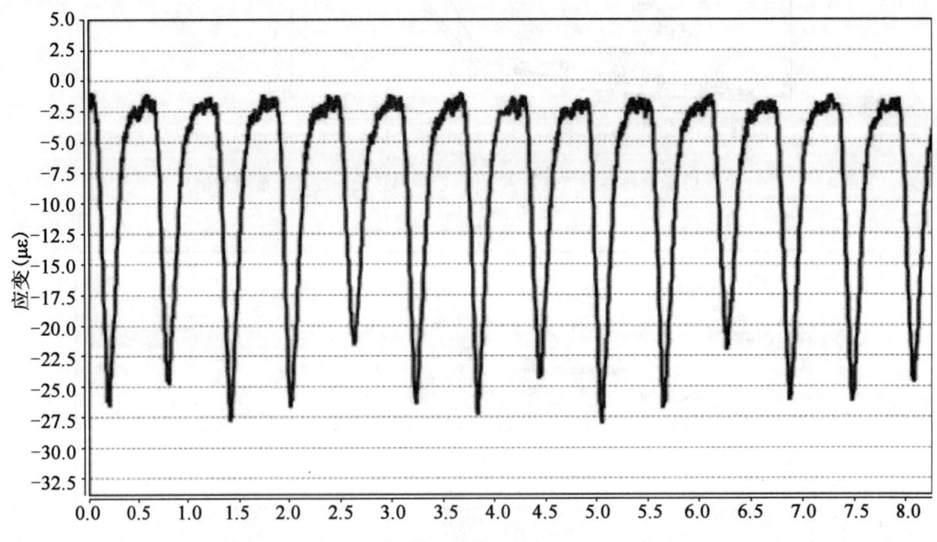

图 3-47　传感器波形显示页面

获取各加载阶段力学指标极值后，系统将以累积加载次数为自变量、力学指标极值为因变量进行回归分析，得到力学指标随加载次数的变化趋势。以竖向压应变传感器为例，分析结果的输出页面如图 3-48 所示。

在路面性能模块中，关于车辙数据的处理与分析流程按 3.5.4 节所述，数据的录入过程与力学响应数据相类似，输出结果如图 3-49 所示。

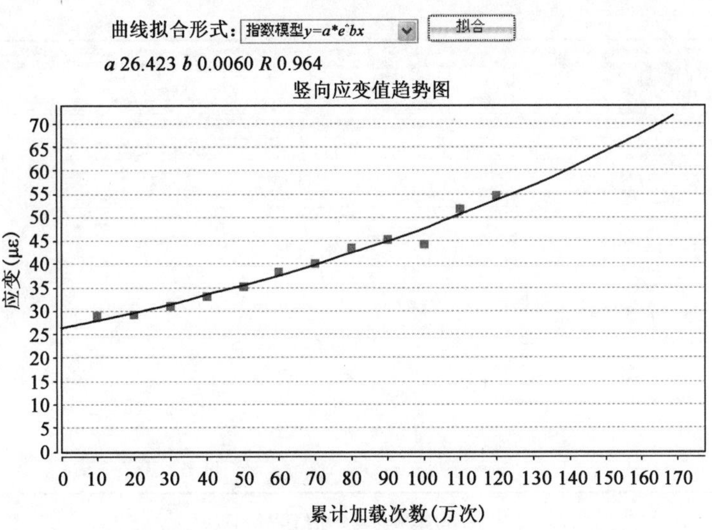

图 3-48 力学响应模块

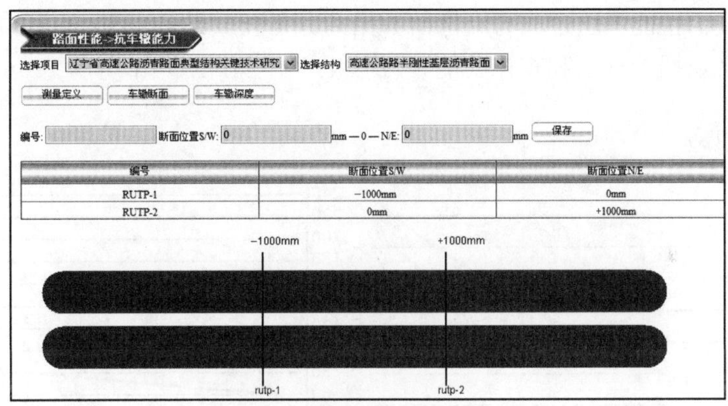

a) 车辆测量断面定义页面

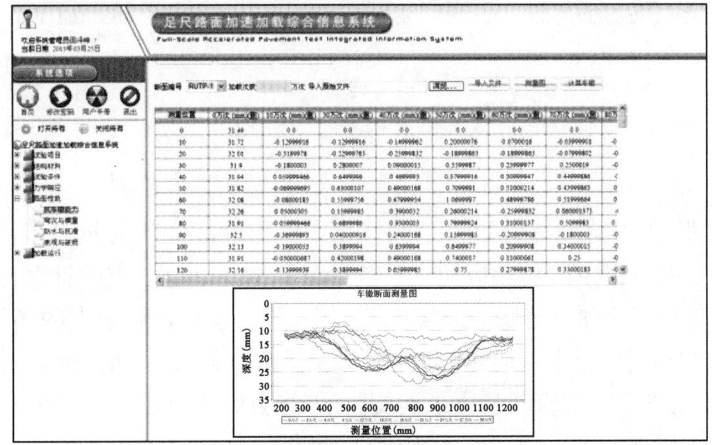

b) 车辙断面曲线输出页面

图 3-49

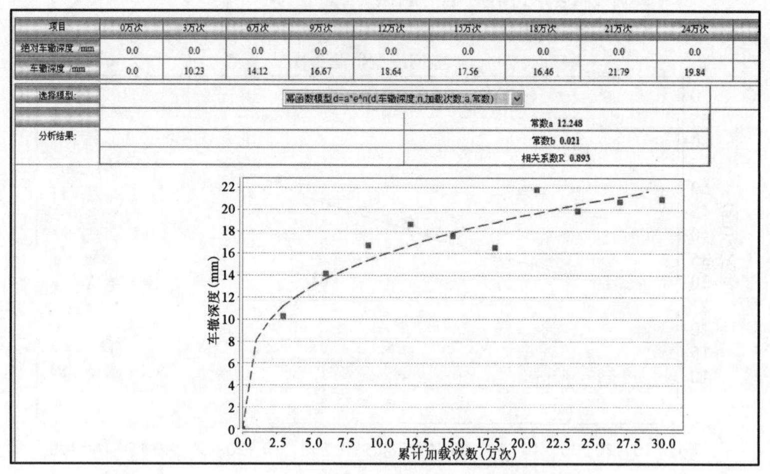

项目	0万次	3万次	6万次	9万次	12万次	15万次	18万次	21万次	24万次
绝对车辙深度 /mm	0.0	0.0	0.0	0.0	0.0	0.0	0.0	0.0	0.0
车辙深度 /mm	0.0	10.23	14.12	16.67	18.64	17.56	16.46	21.79	19.84

c)车辙深度分析结果输出页面

图 3-49　路面性能模块——车辙数据分析

相应地,在路面性能模块还具有对弯沉数据的分析及其结果的输出功能以及对加载过程中,路面破损图像数据的存储和查询功能,分别如图 3-50 和图 3-51 所示。

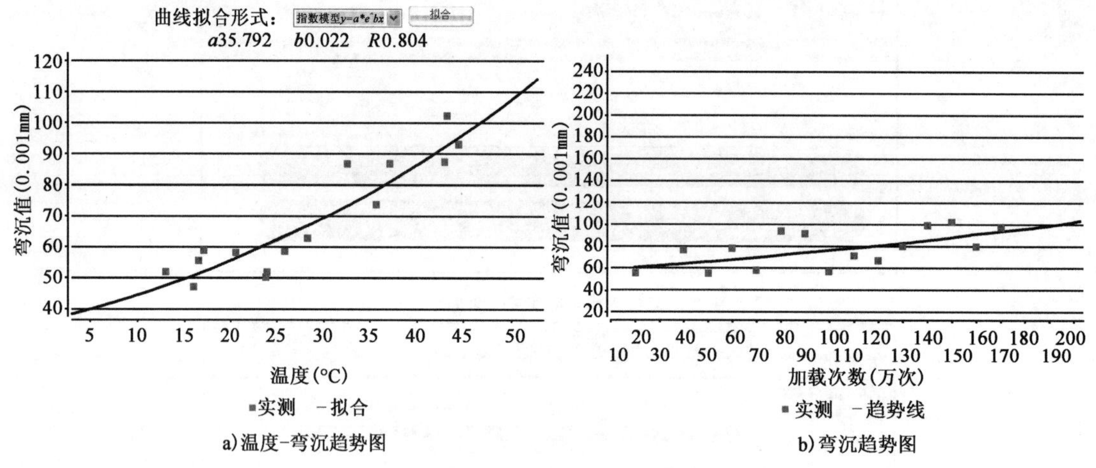

a)温度-弯沉趋势图　　b)弯沉趋势图

图 3-50　路面性能模块——弯沉数据分析结果输出页面

APT 的成果形式,是大量表征重复荷载作用下路面性能变化的技术指标数据、图像数据等。尽管对于特定的 APT 项目,相应的试验数据分析结论具有一定的针对性,但是这并不代表所获得数据就仅对特定项目有效,事实上,若能建立完善而功能强大的 APT 信息系统,广泛收集 APT 的各类信息,若干年后,将会形成意义重大的路面长期性能研究数据库,以此为基础,构建路面性能研究专家诊断与决策支持体系,将会更好地促进公路交通科技的发展。本书介绍的 FAPTIS 是在此方面的一次大胆尝试,也仅仅是针对上述目的的研究工作开端,仍有大量后续的相关研究工作亟待开展。

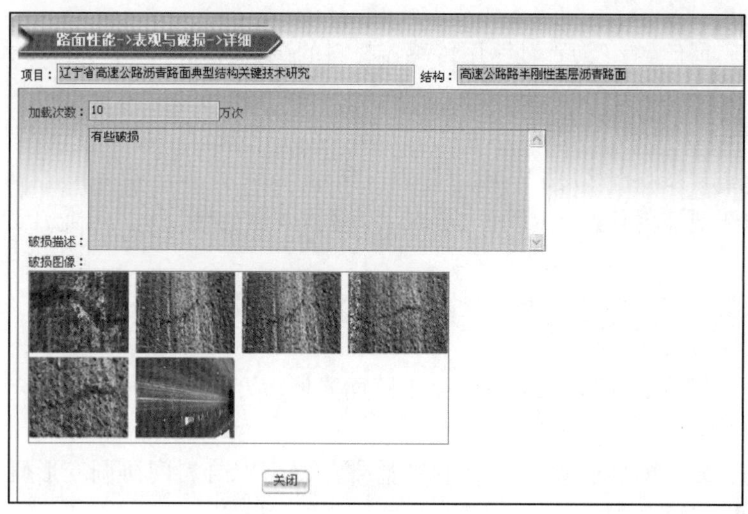

图 3-51 路面性能模块——路面破损图像信息录入与输出页面

3.6 结 语

本章从阐述 APT 特点入手，系统性地阐述了 APT 数据特点，总结了 APT 数据采集系统的构成。特别是路面结构力学响应数据的采集与分析，本章以利用光纤光栅传感器及其数据采集仪为例，说明了 APT 监测重复荷载作用下路面结构力学响应的基本方法和工作流程。对于 APT 过程中采集到的大量试验数据的分析，本章详细介绍了所搭建的 APT 综合信息系统，它集成了 APT 主要的路面性能数据采集与分析功能，同时也为试验管理者提供了 APT 过程控制与管理的辅助手段。FAPTIS 的实现是基于目前阶段对 APT 的认识，是 APT 过程控制现代化、标准化和规范化的开端，随着对 APT 认识的不断深入和试验经验的积累，还将不断完善 FAPTIS 的功能，最终期望 FAPTIS 与路面长期性能研究（LTPP）信息系统的接入和协同工作。

本章参考文献

[1] 吕彭民，董忠红. 车辆—沥青路面系统力学分析[M]. 北京：人民交通出版社，2010.

[2] Brown S F. State-of-the-Art Report on Field Instrumentation for Pavement Experiments [J]. Transportation Research Record, 1977.

[3] P Sebaaly, N Tabatabaee, B Kulakowski, et al. Instrumentation for Flexible Pavements-Field Performance of Selected Sensors FHWA-RD-91-094 [R]. FHWA, 1992.

[4] David H, Timm Angela L, Priest Thmas V. McEwen. Desin and Instrumentation of the-Structural Pavement Experiment at the NCAT Test Track [R]. NCAT Report 04-01, 2004.

[5] 杨永顺，高雪池，王林，等. 永久性沥青路面研究及应用阶段报告[R]. 山东省交通科学研

究所,2008.

[6] 吴少鹏,高博,邱健,等. 沥青基路用传感器材料的试验研究[J],华中科技大学学报:城市科学版,2008(2).

[7] Jiang D S, He W. Review of Applications for Fiber Bragg Grating Sensors[J]. Journal of Optoelectronics Laser, 2002 Vol13 (4).

[8] 王川. 结构新型聚丙烯基 FRP 筋 OFBG 传感器及其性能[D]. 黑龙江:哈尔滨工业大学,2009.

[9] 刘艳萍. 橡胶封装 FBG 沥青路面竖向应变传感器的开发与研究[D]. 黑龙江:哈尔滨工业大学,2009.

[10] 陈少幸,张肖宁,徐全亮,等. 沥青混凝土路面光栅应变传感器的试验研究[J]. 传感技术学报,2006(2).

[11] 田庚亮,董泽蛟,谭忆秋,等. 光纤光栅传感器与沥青混合料间协调变形研究[J]. 武汉理工大学学报,2009(10).

[12] Kenneth H McGhee. NCHRP Synthesis 334: Automated Pavement Distress Collection Techni-ques: A Synthesis of Highway Practice [R]. Washington D. C. Nathinal Academy Press, 2004.

[13] 中华人民共和国行业标准. JTG H20—2007 公路技术状况评价标准 [S]. 北京:人民交通出版社,2007.

[14] 赵怀志,等. 公路技术状况评定指南[M]. 北京:人民交通出版社,2008.

[15] Bennett C R, Alondra Chamorro, Chen Chen, et al. Data Collection Technologies for RoadManagement [R]. East Asia Pacific Transport Unit, The World Bank, Washington D. C., 2005.

[16] LTTP. Distress Identification Manual[M]. FHWA, USA, 2003.

[17] UKPMS. UKPMS User Manual[M]. UKPMS Support Office, UK, 2007.

[18] Tom Harman. Full-Scale Accelerated Performance Testing for Superpave and Structural Valid-ation. Project Overview Powerpoint, 2001.

[19] Fred Hugo. Overview of Aspects of MMLS3 and MLS10 APT Testing by South African MLSUsers. Lecture Powerpoint, 2009.

[20] 裴建中. 沥青路面细观结构特性与衰变形为[M]. 北京:科技出版社,2010.

[21] Transportation Research Board. National Cooperative Highway Research Program Report 512: Accelerated Pavement Testing: Data Guidelines [R]. Washington D. C. Nathinal AcademyPress, 2003.

第 4 章　钢桥面铺装足尺加速加载试验

正交异型板钢箱梁桥具有跨径大、质量轻、美观大方等优点，解决了桥梁的自重、承重和跨越之间的矛盾，越来越被广泛地应用于桥梁建设。铺装层受力模式独特，钢桥面板对防腐要求极高，钢桥面铺装的使用条件更加恶劣，由此，钢桥面铺装需具有：优良的安全性和行车舒适性、防锈和防水性能、优良的层间结合状态和抗疲劳开裂性能以及优良的抗车辙性能；对桥面变形有良好的追从性；优良的抗老化能力；优良的抗水损害能力。为检验高温环氧树脂和浇注式两种较为常见的钢桥面铺装层的使用性能，2010 年 3 月，MLS66 设备开始在来到中国后的第一个 APT 项目使用，此次试验的目的是确定“滨海路辽河特大桥”钢桥面铺装方案。该项目首次采用足尺 APT 设备开展此类研究，在此之前，曾有文献报道，介绍采用 MMLS3 开展钢桥面铺装结构研究的情况[1]。

4.1　钢桥模型与铺装结构

本次试验开始前，由同济大学和辽宁省交通规划设计院共同设计了用于铺装结构检验的钢桥模型。

4.1.1　钢桥模型设计与分析

钢桥模型仅为实际结构的一部分(图 4-1)。为了检验试件边界条件对耳板试验结果的影响，采用空间有限元方法，对钢桥模型和实际结构模型的桥面顶板、横隔板以及加劲肋的受力进行了对比分析[2]。

图 4-1　钢桥模型试件

钢桥模型结构的有限元模型和实际结构的有限元模型如图 4-2 所示，计算荷载采用均布面荷载模拟试验荷载，计算荷载大小为 7.5t，荷载尺寸为 0.585m×0.2m。

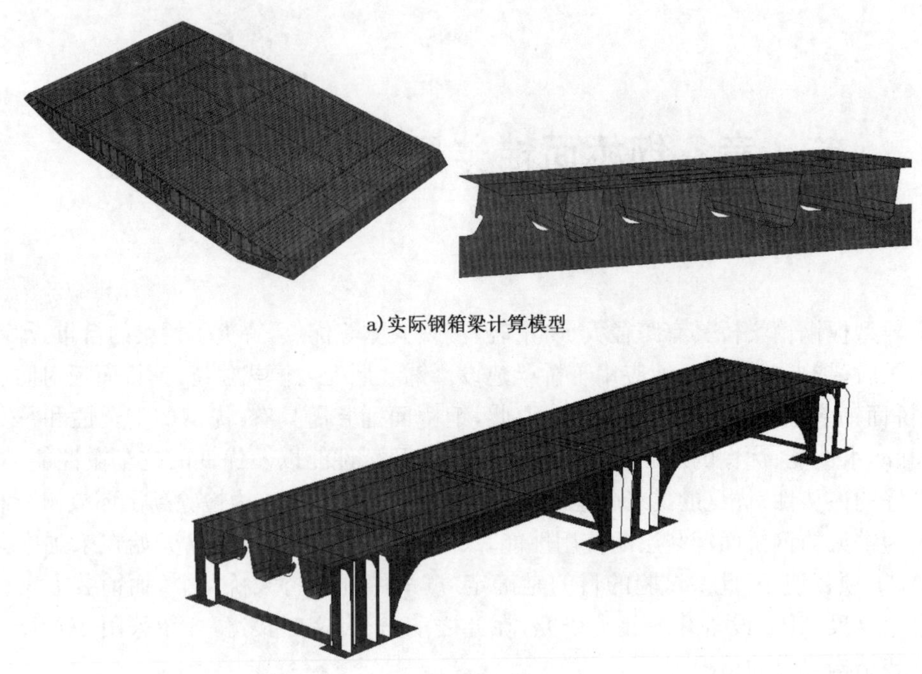

a)实际钢箱梁计算模型

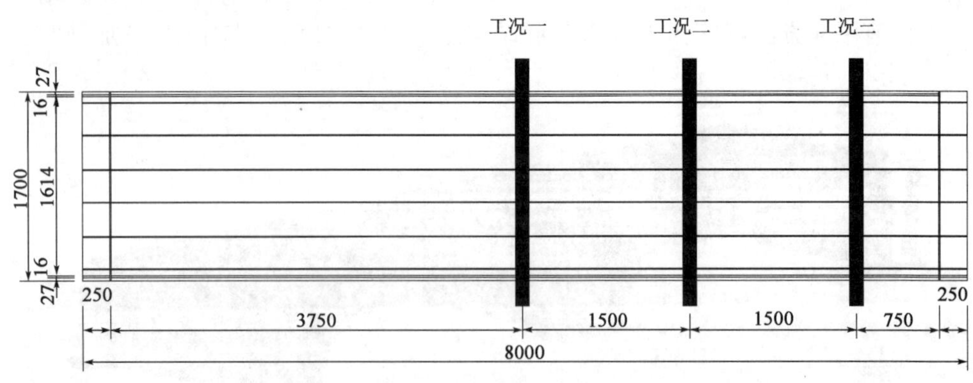

b)试验结构计算模型

图 4-2　试验结构计算模型和实际拱塔计算模型

选取三个加载工况,如图 4-3 所示。

工况一,即 H1 工况为:荷载位于横隔板处。

工况二,即 H2 工况为:荷载位于距横隔板 1.5m 处。

工况三,即 H3 工况为:荷载位于距横隔板 3.0m 处。

各工况顺桥向加载位置

图 4-3　模型计算时各工况的顺桥向加载位置(单位:mm)

荷载的横向位置如图 4-4 所示。

图 4-5～图 4-8 分别给出了试验结构和实际结构在各工况下的桥面板变形、横隔板主应力以及桥面板横向应力对比[2]。

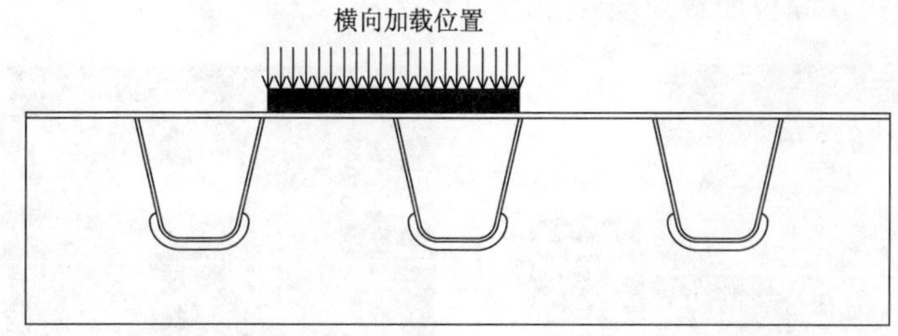

图 4-4　模型计算时横向加载位置

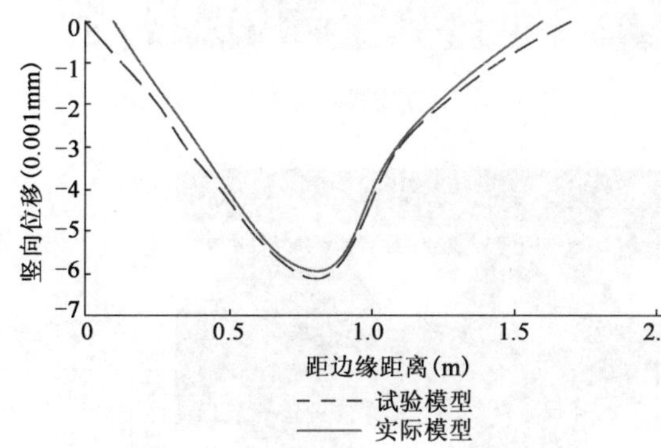

图 4-5　H1 工况试验钢桥和实际结构模型的桥面板横桥向变形对比

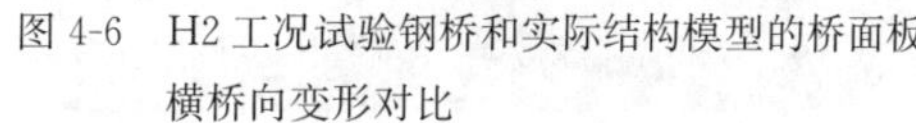

图 4-6　H2 工况试验钢桥和实际结构模型的桥面板横桥向变形对比

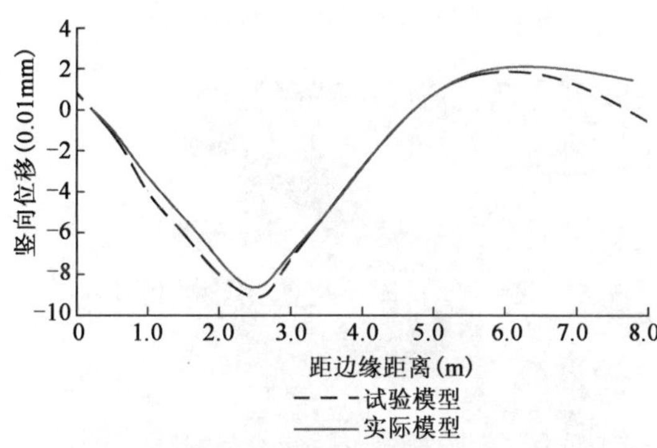

图 4-7　H3 工况试验钢桥和实际结构模型的桥面板顺桥向变形对比

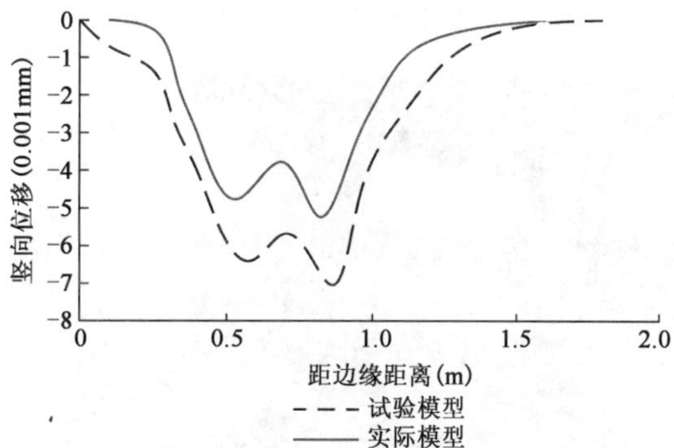

图 4-8　H3 工况试验钢桥和实际结构模型的桥面板横桥向变形对比

H1 工况中实际模型与试验模型的桥面板横桥向变形、横向应力以及横隔板主应力几乎相同；

H2 工况中实际模型与试验模型的桥面板顺桥向变形、横向应力几乎相同，桥面板横桥变形以及横隔板主应力稍有差别，但总体也符合的较好；

H3 工况中实际模型与试验模型的桥面板横向应力几乎相同，由于受端部横隔板桥面板横桥向变形，以及横隔板主应力有差别，但分布趋势相一致且该工况主要细节部位的应力相对较小。

由有限元分析得到的不同工况下，试验模型和实际模型的应力云图如图 4-9～图 4-17 所示，上图为试验钢桥，下图为实际模型。经上述分析和计算可见，试验结构采用图 4-1 所示的设计能够较好地模拟实际桥面板及横隔板的变形及应力分布[2]。

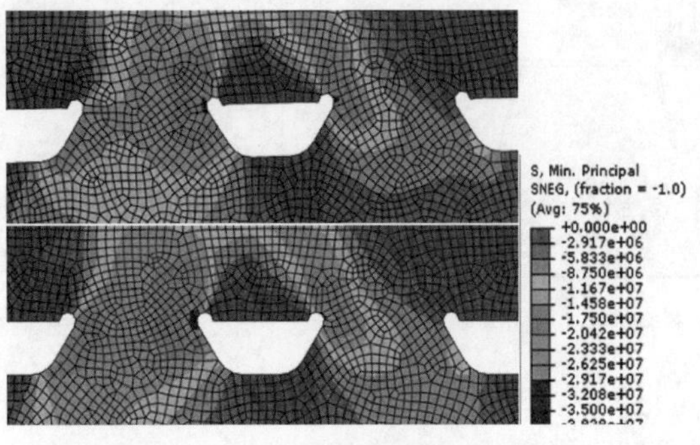

图 4-9　H1 工况横隔板处主压应力云图

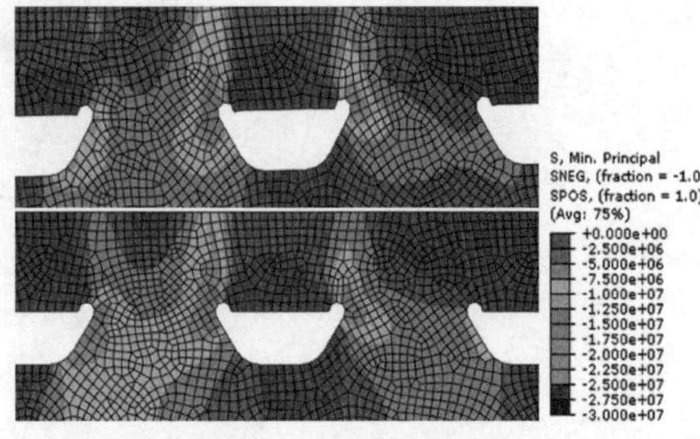

图 4-10　H2 工况横隔板处主压应力云图

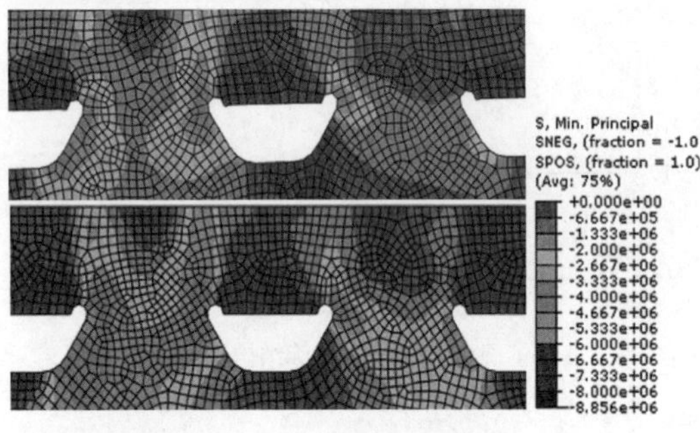

图 4-11　H3 工况横隔板处主压应力云图

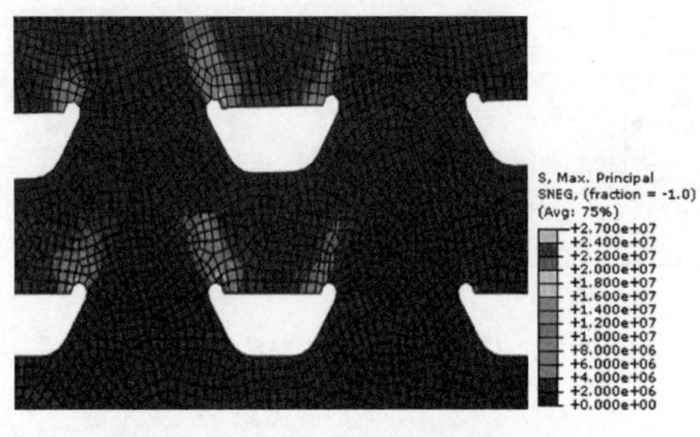

图 4-12　H1 工况横隔板处主拉应力云图

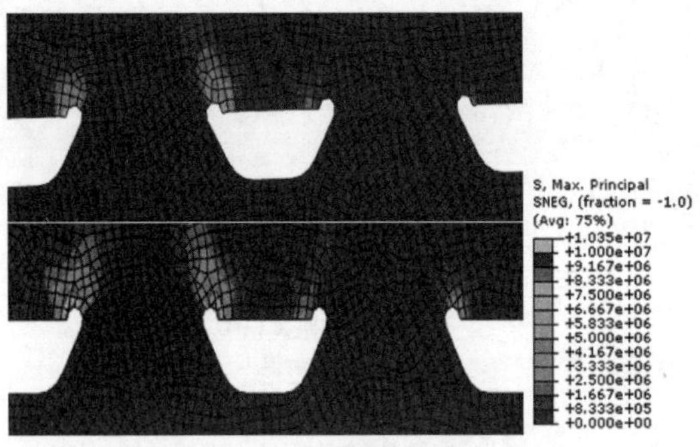

图 4-13　H2 工况横隔板处主拉应力云图

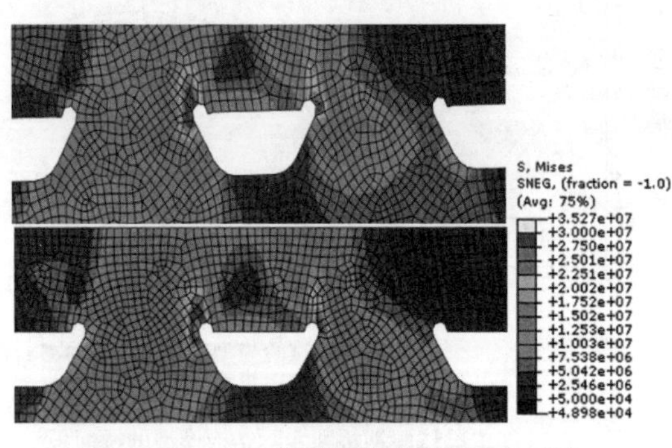

图 4-14　H3 工况横隔板处主拉应力云图

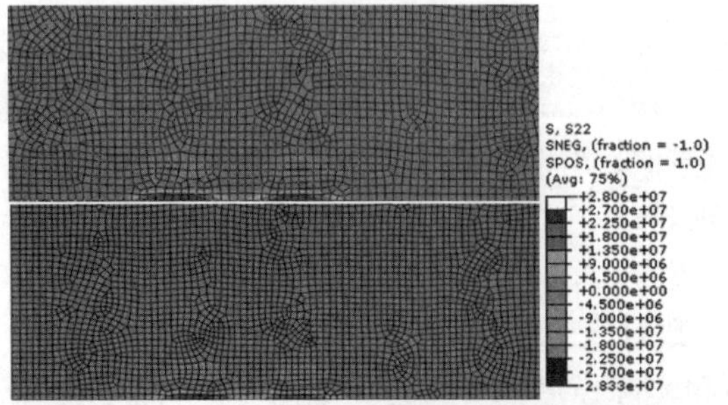

图 4-15　H1 工况横隔板位置顶板横桥向应力云图

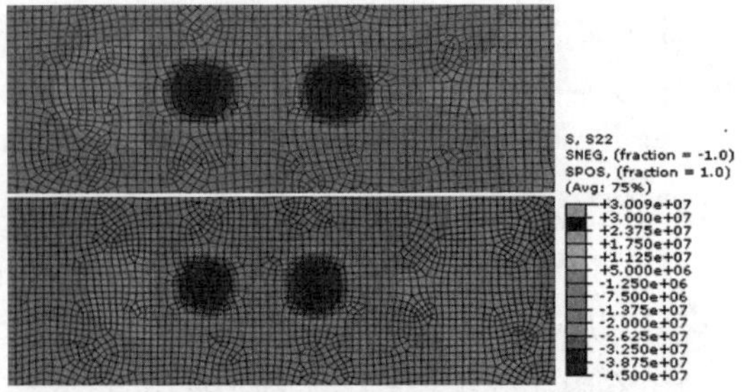

图 4-16　H2 工况距横隔板 1.5m 处顶板横桥向应力云图

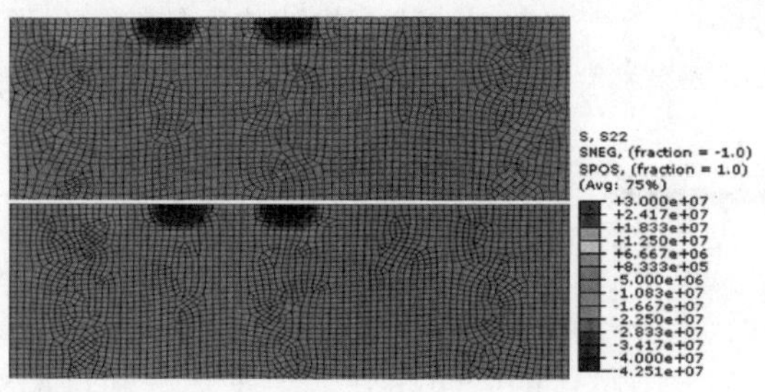

图 4-17　H3 工况距横隔板 3.0m 处顶板横桥向应力云图

4.1.2　铺装结构形式

试验拟检验的两种铺装结构如图 4-18 所示。

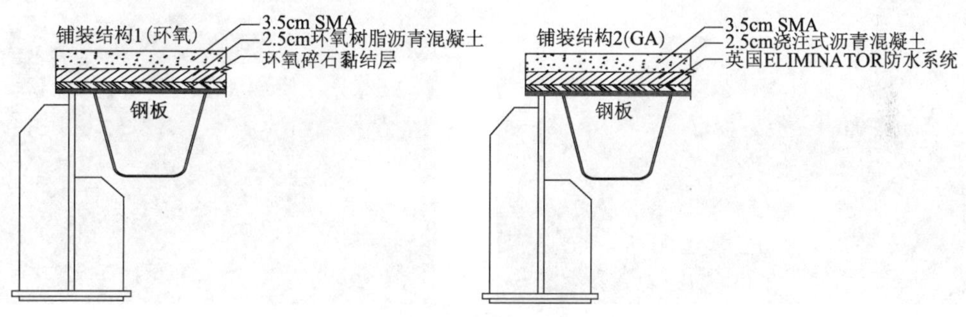

图 4-18　钢桥面铺装结构形式

4.2　试验内容和加载方案

试验通过比较两种桥面铺装结构的路面性能，研究在不同加载阶段、轴载大小等因素的作用下桥面铺装强度衰减和疲劳破坏，研究两种铺装结构的高温性能和抗水害性能，同时采集重复荷载条件下钢桥面力学响应数据，最终为确定辽河特大桥钢桥面铺装方案决策提供依据。加载试验计划分为三个阶段，具体如表 4-1 所示。

桥面铺装 APT 加载方案　　表 4-1

加载顺序	第 1 阶段	第 2 阶段(3 个循环)/单次循环			第 3 阶段	
	1	2	3	4	5	6
轴载(kN)	50	75	75	75	75	75
次数(万次/结构)	60	30	20	10	60	60
温度(℃)	实测	15～25	40	55	40	55
降水模拟(Y/N)	否	是	否	否	否	否

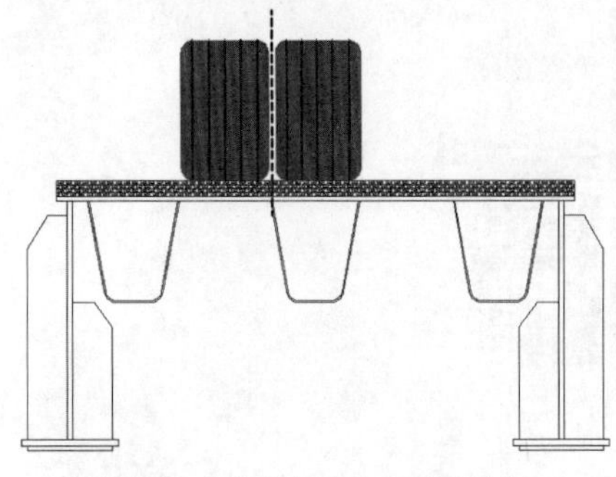
图 4-19 加载轮与铺装面的相对位置

加载轮与铺装面的接触位置为加载轮的轮隙中心对准试验梁中间U形加劲肋与顶板的焊接接缝，如图4-19所示。

用于试验的试验钢桥于2009年12月5日运抵试验地点。2009年12月25日开始在科研院试验基地设备库内进行试验梁基础施工。试验梁基础包括底座和侧墙两部分。完成基坑和试验梁底座施工后，于2010年2月5日进行试验梁的吊装。试验梁吊装过程如图4-20所示。

图 4-20 试验钢桥的安装

4.3 试验过程与结果

4.3.1 试验过程描述

试验于2010年3月1日正式开始，于2010年6月1日结束，截至试验结束共对试验桥进行了290万次加载，在加载过程中，根据试验进展情况和桥面表观状态的变化，对原加载方案进行过三次调整：

(1)加载第一阶段，60万次，按照加载方案实施；

(2)加载第二阶段，当完成第一循环时，发现铺装面在55℃条件下变形发展迅速，为保证后续加载方案的顺利实施，取消55℃条件下的加载；

(3)加载第三阶段，首先在常温状态下加载20万次，然后在40℃条件下加载10万次，随后始终以55℃条件下对桥面加载40万次。

4.3.2 试验结果

4.3.2.1 车辙断面与深度

APT过程中，车辙断面的测量如图4-21所示。

图 4-21　车辙断面的测量

车辙断面测量位置如图 4-22 所示，以两种铺装结构接缝(图中的虚线位置)为基准向两侧等距离均匀排布断面，使得测量位置处于轮迹带范围内均匀加载段。

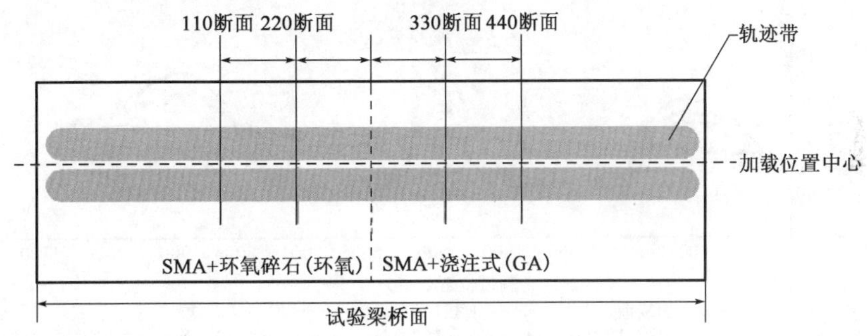

图 4-22　车辙断面测量位置示意

各断面车辙测量结果如图 4-23～图 4-26 所示(彩图见书后彩插)。

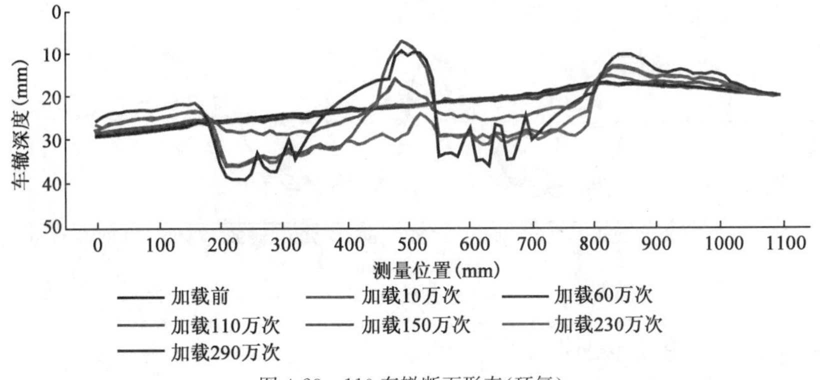

图 4-23　110 车辙断面形态(环氧)

由上述各断面车辙形态曲线，计算车辙深度。车辙深度随加载次数的变化趋势如图 4-27 所示。

4.3.2.2　摆值 BNP_{20}

2 种铺装结构摆值随加载次数的变化规律如图 4-28 所示。

由于加载次数的不断增加，在高温的作用下，铺装面与轮胎接触面沥青混合料胶浆随轮胎表面凹槽而突起形成规则而尖锐的楞，如图 4-29 所示，不能满足测量摆值的要求，所以试验未能测量 110 万次加载后的铺装面摆值。

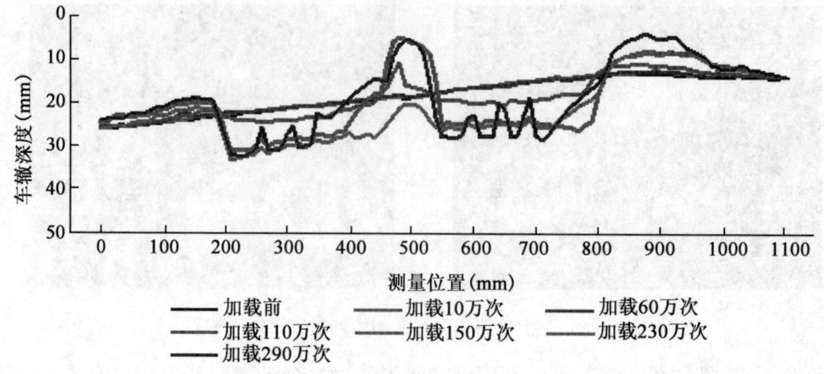

图 4-24　220 车辙断面形态(环氧)

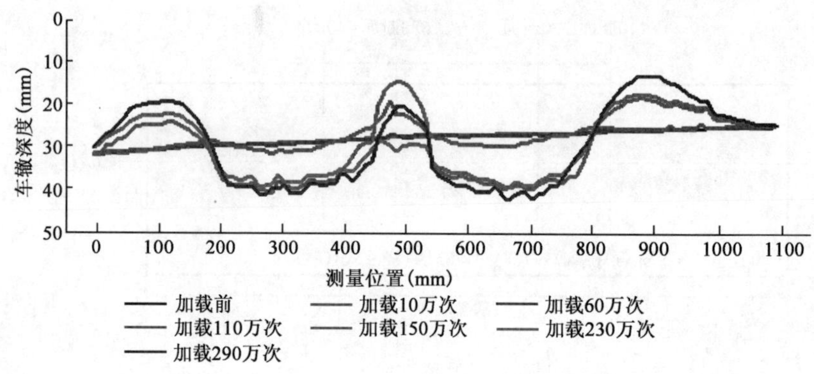

图 4-25　330 车辙断面形态(GA)

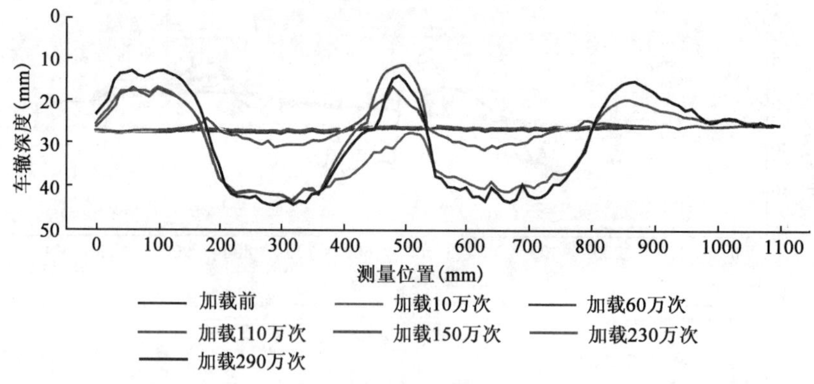

图 4-26　440 车辙断面形态(GA)

4.3.2.3　构造深度

两种铺装结构构造深度随加载次数的变化规律如图 4-30 所示。

4.3.2.4　铺装面破损描述

试验第一阶段是在环境温度条件下，以 50kN 轴载加载 60 万次，在此阶段，铺装面状态未发生任何变化，无任何裂缝产生。

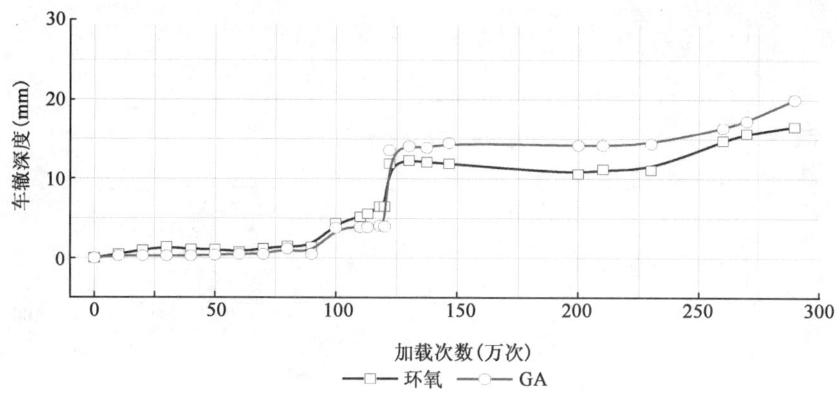

图 4-27 车辙深度随加载次数的变化趋势

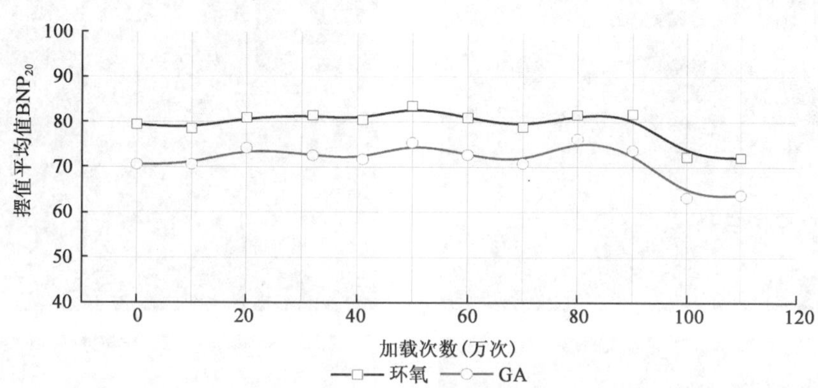

图 4-28 摆值平均值随加载阶段变化趋势

图 4-29 铺面胶浆沿轮胎纹理形成的规则尖锐突起

试验第二阶段第一循环阶段，即以 75kN 轴载加载 60 万次，其中，15～25℃条件下加载 30 万次，40℃条件下加载 20 万次，55℃条件下加载 10 万次。在此阶段，铺装面在前 50 万次加载过程中仍为发生变化，当完成 55℃条件下 10 万次加载以后，亦即累积加载 120 万次，轮迹带中心产生明显的凸起，在凸起两侧出现明显的裂纹，如图 4-31 所示。

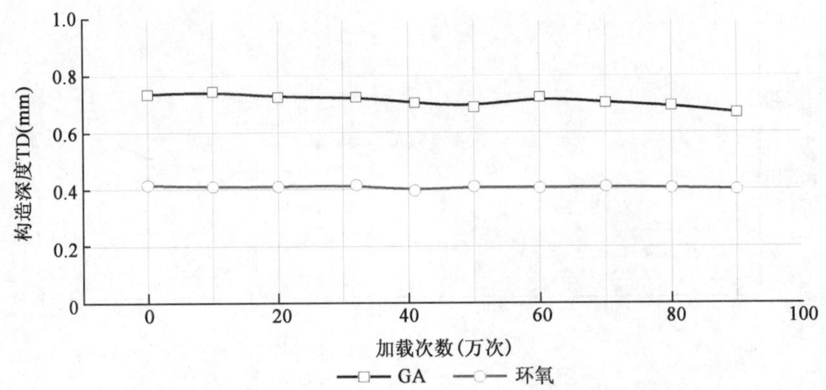

图 4-30　构造深度随加载阶段变化趋势

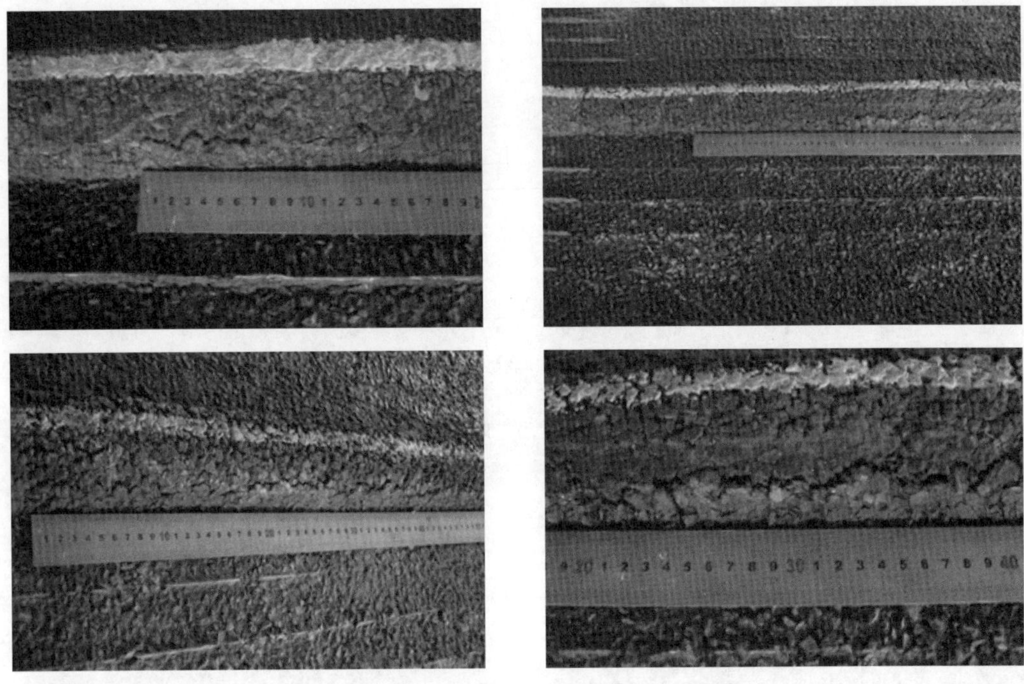

图 4-31　轮迹带中心凸起两侧的裂纹

鉴于第二加载阶段第一循环结束时的情况，调整了加载方案，即首先在常温状态下加载20万次，然后在40℃条件下加载10万次，随后始终以55℃条件下对桥面加载40万次。此阶段加载结束后，铺装面原有裂纹未得到扩展，同时也未产生新的裂纹。截至此加载阶段结束，累计加载次数达到190万次。

190万次加载结束后，铺装面已形成了较深的车辙，并且轮迹带中心的凸起严重地影响了对车辙断面的测量，为了继续考察铺装面的裂缝发展情况，决定铣刨掉轮迹带中心的凸起，然后在铣刨面上涂刷白漆，其目的在于能够更明显的看到裂缝的产生和发展，如图4-32所示。

当铣刨掉轮隙位置的凸起后，继续加载直至试验结束，观察裂缝情况，未发现有新的裂缝出现，原有裂缝也未发现有扩展趋势。

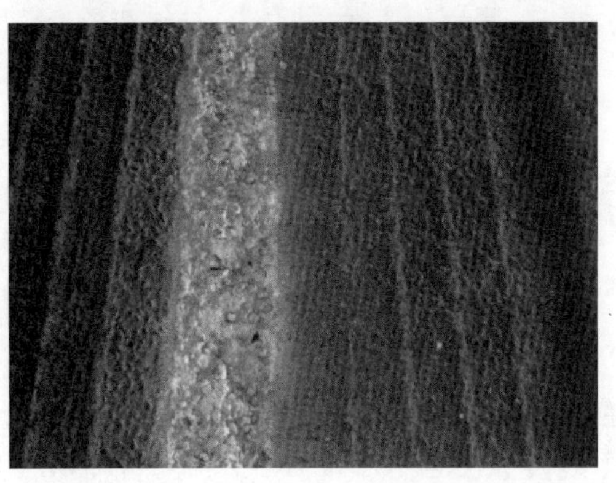

图 4-32　铣刨掉轮迹带中心凸起后的情况

4.4　结　　语

在试验经验不足的情况下，首次利用 MLS66 对足尺钢桥面铺装层进行加速加载试验是较为大胆的尝试。试验结果如何、效果是否理想都是难以预见的。为此，试验之前，首先利用有限元方法分析了钢桥模型的受力状态，考虑与实际钢桥面板受力模式的一致性，试验设计的钢桥模型取实际钢箱梁片段，亦即模型构件与实际钢箱梁的构件尺寸（U 肋规格、面板厚度、横隔板厚度等）完全相同，这一点已经通过试验过程中监测到的钢桥模型面板的竖向变形予以验证。通过计算和分析，预判了试验桥模型的受力敏感区域，认为在此区域易于出现铺装层疲劳开裂、坑槽、推移拥包或 U 肋与钢桥面板脱焊等损坏。

至试验结束，钢桥模型及其铺装层并未出现预期的损坏，所产生的较大车辙及车辙槽两侧的裂缝显然是由沥青混合料引起的，这与试验预期存在较大的差异。反思其原因，初步总结为：一方面，桥面板下方为三点支撑进而使得钢桥模型的整体刚度相对于 MLS66 的加载水平较大[如图 4-2b)所示]，桥面板仅可反映受压状态，难以在加载轮通过后形成较为明显的负弯矩区；另一方面，加载位置固定，且不能模拟实际行车制动、转弯、加速等行为，从而难以对铺装层间联结形成极端使用条件。

尽管本次试验未能达到理想的效果，但是对如何利用 MLS66 开展足尺 APT，特别是如何利用足尺 APT 设备开展对桥面铺装性能的检验提供了基本经验积累，具有十分深远的意义。通过对本次试验的总结认为，MLS66 具备对桥面铺装耐久性评价的能力，但需要深入考虑如何设计试验模型以充分考虑铺装层的受力模式，若试验模型在刚度上设计的过于保守难以体现出铺装层与桥面板的协同变形，所得到的结论可能仅能反映铺装层材料抗力的变化。

本章参考文献

[1] 杨三强. 钢桥面铺装加速加载实验研究[D]. 西安：长安大学，2010.

[2] 辽宁省交通规划设计院. 高地震烈度严寒地区钢箱梁斜拉桥关键技术研究[R]. 辽宁：辽宁省交通规划设计院，2011.

第5章 高速公路沥青路面加速加载试验

2010年7月7日—12月22日，笔者项目组在辽宁省抚顺市新宾满族自治县南杂木镇境内，连接草南高速公路与旺南高速公路的立交区主线段AK2＋700～AK2＋900（右幅）处，开展了辽宁省高速公路沥青路面常规结构加速加载试验，试验现场如图5-1所示。

图5-1 辽宁省橡胶沥青路面加速加载试验现场

本次试验除了对高速公路沥青路面常规结构开展APT外，为了检验在高速公路应用橡胶沥青路面技术的可行性，试验以辽宁省近年来常用的高速公路沥青路面典型结构为对比结构，分析高速公路橡胶沥青路面的性能特点。

橡胶沥青及其路面技术，具有改善路面性能、性价比高和突出的环境友好特性，受到世界各主要发达、发展中国家的重视。我国于20世纪90年代初期开展了橡胶沥青路面成组技术的研究，经过近30年的发展和完善，取得了丰硕的研究成果，并在国内很多省份得到了大规模的应用[1,2]。辽宁省于2007年开始橡胶沥青路面技术的研发和推广，至目前，橡胶沥青路面在国省干道的建设方面发挥着举足轻重的作用。利用橡胶沥青路面技术建设高速公路是否可在发挥橡胶沥青路面技术优势的基础上，降低高速公路建设成本是本次试验所关注的重点问题之一。

5.1 试验内容与路面结构

本次试验，通过比较高速公路沥青路面常规结构与橡胶沥青路面结构在耐疲劳性能、抗水损害能力以及抗车辙能力方面的差异，分析两种结构结构在行车荷载和环境因素（降水或高温）的耦合作用下路面性能的衰减变化规律，为修正橡胶沥青沥青路面的结构和材料设计参数提供技术支持，为在辽宁省高速公路施工中推广橡胶沥青路面技术提供决策依据。试验的工作内容包括:比较两种路面结构抗车辙能力的差异,分析橡胶沥青路面在重复荷载作用下车辙的发展变化规律;通过模拟降水和车辆荷载对路面的耦合作用,对比分析橡胶沥青路面结构在抗水损害性能方面与高速公路沥青路面常规结构的差异;对比分析重复荷载作用下,橡胶沥青路面的整体强度和力学响应特性与高速公路沥青路面常规结构的差异。此次试验所加载的2种路面结构如图5-2所示。

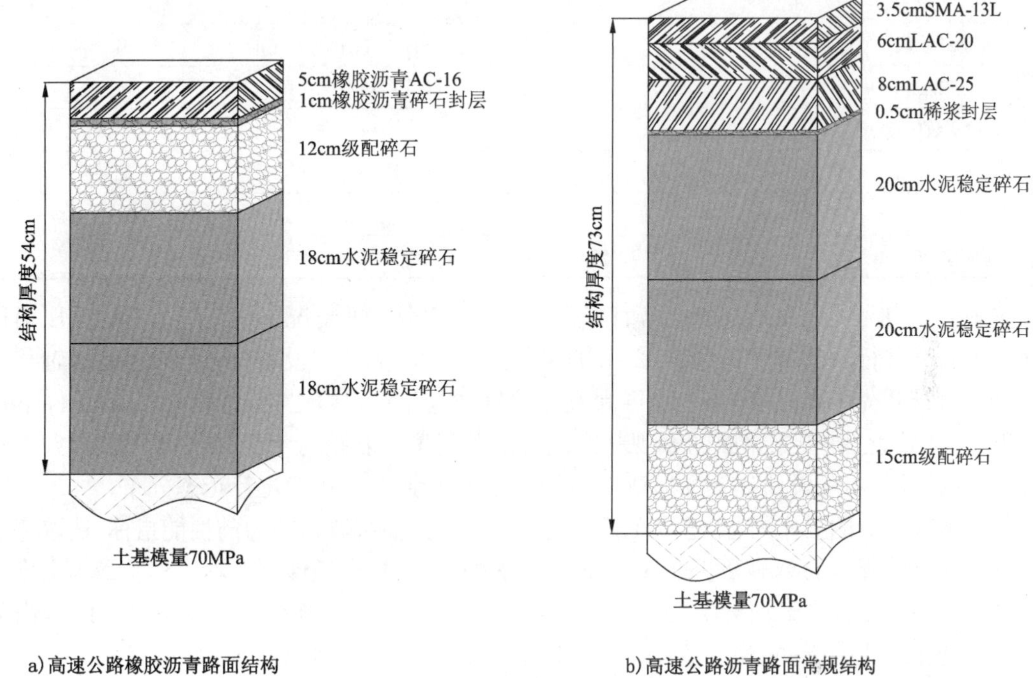

图5-2　本次试验的路面结构形式

5.2　加载方案与数据采集

试验在新建的高速公路上进行,考虑试验受自然环境影响较大,故考虑本着"模拟轴载相同、加载环境近似、两种路面结构循环加载"的基本原则开展试验,亦即一个试验结构完成固定加载次数后(一般为10万~20万次加载)换位到另一个试验结构,而不是全部完成一个试验结构的加载后再开始另一个试验结构的加载。能实现这种方式的加载,也正是设备MLS66区别于其他可移动直线加载设备的显著特点,对于ALF、HVS系统,频繁地变换加载位置是非常困难的。在本次试验中,吸取钢桥面铺装APT的教训,将抗车辙能力测试和抗疲劳能力测试分开,分别在两个加载段内进行。以此避免试验后期难以分清路面破坏的产生原因,同时,避免加载设备固定位置加载在加载轮两轮间隙位置产生的凸起影响设备模拟横向轮迹分布时横向移动的稳定性。对于抗疲劳性能测试,试验的环境温度为自然环境温度,考虑到新建路面在行车荷载的作用下容易出现压密现象,若持续在固定位置加载会在两加载轮间隙位置产生较大的凸起,影响对路面弯沉测量,并且也与实际行车对路面的作用方式差别较大,为此加载初期按正对加载段和偏离加载段一个轮位的顺序变换设备加载位置，当确认路面被初步压密后，可停止加载位置的变换，仅以对准加载段中心的位置加载。抗水损害测试则是以在抗疲劳测试的加载过程中向路面洒水的方式模拟自然降水。抗疲劳测试的加载方案如表5-1所示。

抗疲劳能力测试加载方案　　表5-1

循环次数(次)	5		
加载阶段	1	2	3
模拟轴载(kN)	75(半轴)		
加载次数(万次)	5	10	30
模拟降雨	否	是	否
温度(℃)	自然环境温度		
模拟轮迹分布	无		

抗车辙能力测试是在同时模拟路面高温和轮迹横向分布的情况下进行的。试验选取两种路面代表温度进行测试，即路表以下2cm的温度为45℃和55℃。设备6个加载单元的轴载均为150kN，按照“先中高温度(45℃)、再高温(55℃)”的顺序，试验之初，计划在45℃条件下加载3万～4万次之后，根据路面的表观状态调整试验温度。若按每年极端最高气温天数占全年总天数的比例，本阶段预计至少加载13万次。横向轮迹分布规律选择正态分布。

根据本次试验的工作内容，选取车辙深度作为评价路面抗车辙能力的性能指标，选取弯沉以考察路面整体强度的衰减，同时以摆值评价路面的抗滑、抗磨耗性能。本次试验最为突出的特点就是在路面结构内部埋设了大量的力学传感器，通过监测重复荷载作用下路面结构内部应力应变变化对比分析橡胶沥青路面与高速公路常规沥青路面结构力学响应特性的差异。力学响应数据的采集，采用3.2.3节中所述的FBG力学响应监测系统。

5.3　车辙变化规律

对沥青路面车辙成因及其发展规律的研究，多数情况下是依据恒定的温度条件预测在设计使用期限内长期的车辙规律。受试验条件的限制，很难充分考虑具体的环境变化和行车荷载作用方式，尤其是温度变化和重载条件，相比之下，路面加速加载试验则为研究和预测变温和重载耦合作用下的沥青路面车辙发展规律提供了贴近现实的试验分析手段。本次试验，参考已有的研究成果，利用抗疲劳测试阶段和抗车辙能力阶段的车辙测量结果，分析了温度从中温到高温的变化过程中两种路面结构车辙变化规律的差异。

5.3.1　连续变温条件的考虑

所谓“连续变温条件”是指在路面使用中，一段时期内环境温度由低逐渐升高、再逐渐降低这样的周而复始的循环性变化。在环境因素的影响下，实际路面结构的温度随路面深度和时间时刻在发生着变化，其温度场为瞬态温度场，而作为路面材料的沥青混合料，其黏弹性性质很显著，材料特性受温度影响很大，尤其是高温情况下，影响则更为显著。文献就典型的高速公路半刚性基层沥青路面结构，结合实际气候条件，尤其是针对高温、重载条件，建立合理的材料模型和数值计算模型及更符合实际的变温分析方法，进行车辙模拟与分析，研究了路面在实际温度场下的车辙特性[3]。图5-3为分析得到的一年中不同月份温度场下的车辙量的变化趋势(图中RD、RDD、RDU参见图3-10)。

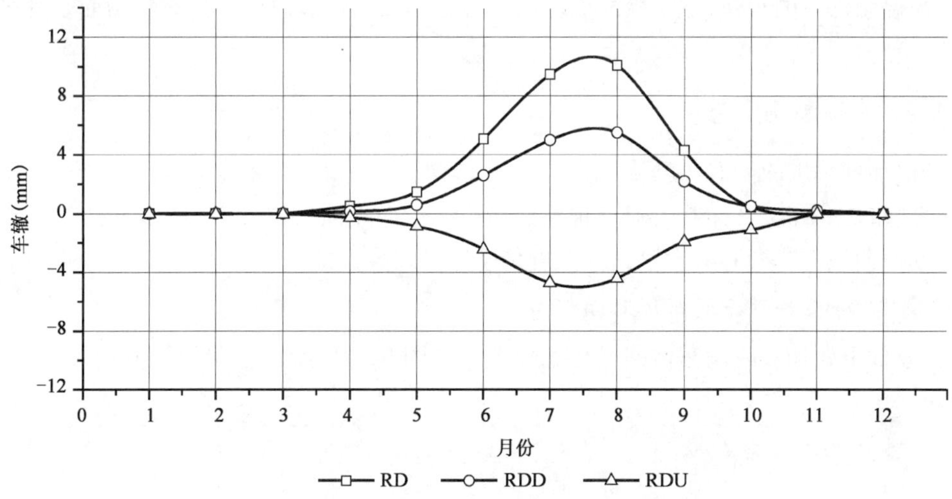

图5-3 一年中不同月份温度场下的车辙量变化曲线[3]

由图5-3可见，一年中在4月以前，除了上面层温度达到30℃以上外，路面结构其他层位的温度均基本低于30℃，各月几乎没有车辙产生。5月以后，随着月平均气温的升高、日太阳辐射量增多和有效日照时间的增长，路面结构温度逐渐变高，由此产生的车辙量也随之增大，在7月和8月时车辙量最大，然后开始快速减少，到10月后，由于气温较低，基本也不再有车辙产生。路面结构温度随时间和空间的连续变化，进而影响随温度变化的材料特性；车辙主要产生于平均气温高于20℃的高温季节，在高温季节中，车辙主要集中产生于高温时段，平均气温越高、车辙产生的时段越长，其他低温季节及高温季节的低温时段，车辙量很小[3]。

参考上述结论，车辙量的变化与温度场的变化关系密切，故认为，加速加载试验需要在试验过程中考虑温度的连续变化。为此，在抗疲劳测试过程中，监测并记录了加载带内路表以下2cm的温度，如表5-2所示。

抗疲劳测试中的路面温度变化范围 表5-2

加载次数(万次)	路面温度变化范围(℃)	
	高速公路常规沥青路面	高速公路橡胶沥青路面
10	30～38	32～35
30	28～35	30～33
40	32～41	29～35
50	29～36	30～33
60	28～33	30～33
90	27～34	28～33
100	15～22	33～40

由表5-2中各加载阶段路面温度的变化范围可见，0～100万次的加载过程中，路面温度均在20℃以上。由上述结论，需要在分析车辙随加载次数的变化规律中考虑这段时间的车辙量变化，由此按温度区间分布，将车辙变化分为：

(1)中温条件下的车辙，温度范围在20～40℃时的车辙断面及其车辙量变化；

(2)高温条件下的车辙，抗车辙能力测试中温度为高温代表温度下的车辙断面及其车辙量变化。

5.3.2 车辙断面形态

试验以加载带纵向中心为基准，分别向左、向右2m固定车辙断面的测量位置，测量不同加载阶段的车辙断面。各加载阶段三种路面结构的车辙断面形态如下（中温条件下各断面图中，车辙断面曲线上"尖凸"线段是路面温度传感器导线导致的）。

5.3.2.1 中温条件下的车辙断面形态

中温条件下各加载阶段车辙断面形态如图5-4、图5-5所示（彩图见书后彩插）。

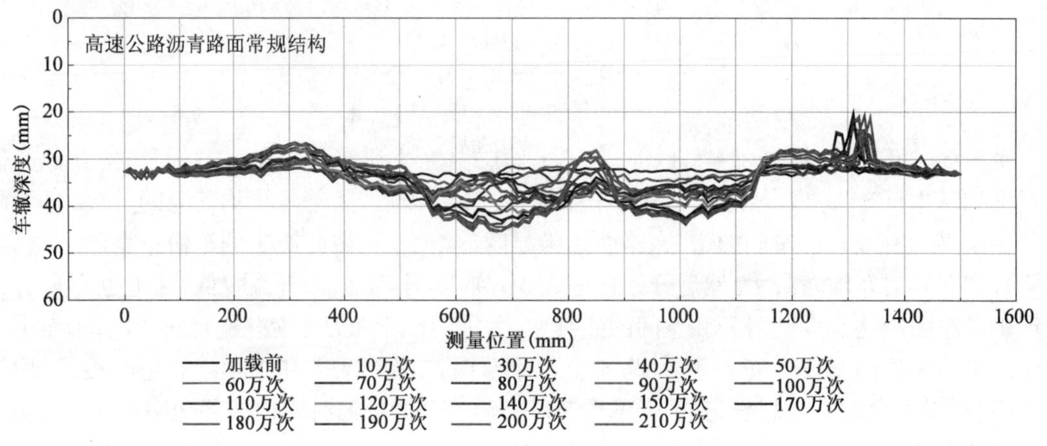

图5-4 中温条件下高速公路沥青路面常规结构的车辙断面形态

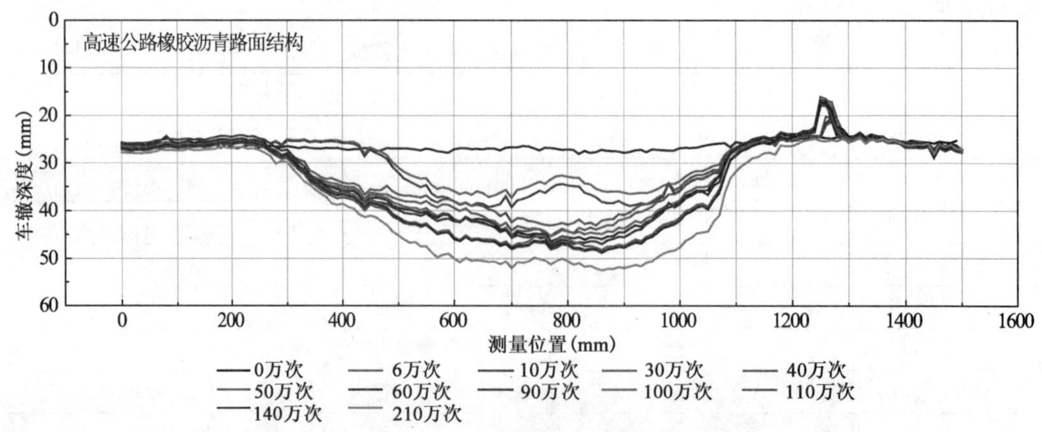

图5-5 中温条件下高速公路橡胶沥青路面结构的车辙断面形态

5.3.2.2　高温条件下的车辙断面

高温条件下不同加载阶段车辙断面形态如图 5-6、图 5-7 所示(彩图见书后彩插)。

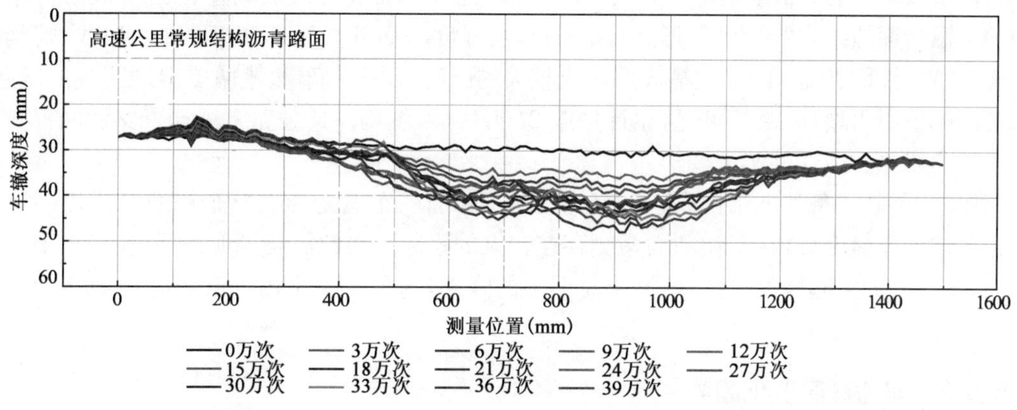

图 5-6　高温条件下高速公路沥青路面常规结构的车辙断面形态

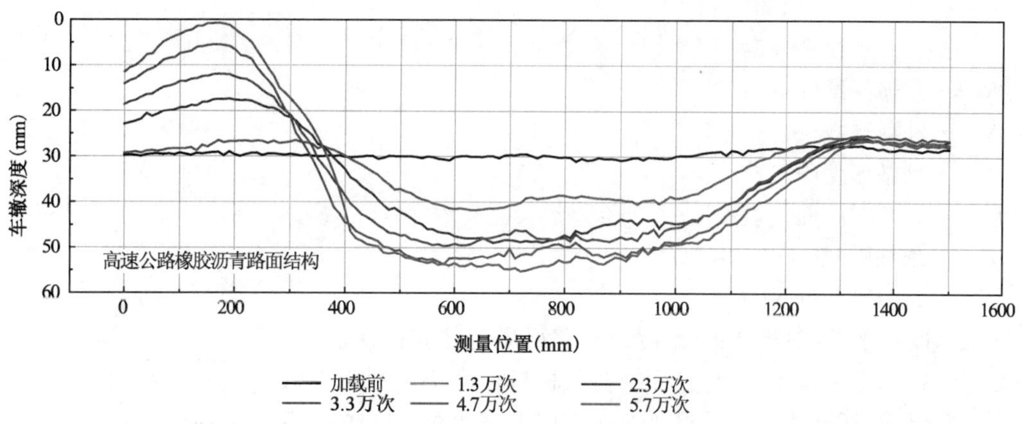

图 5-7　高温条件下高速公路橡胶沥青路面结构的车辙断面形态

通常,车辙变形由两部分组成:一部分是体积减小的压密性变形,一部分是体积不变的剪切性变形。压密性变形,是由沥青混合料的孔隙率(密实度增加)所形成的,而剪切性变形,则是受行车荷载的侧向剪切作用沥青表层混合料发生侧向位移,并在车辙槽两侧产生隆起变形。在大多数情况下,体积不变的剪切性变形是车辙形成的主要机制,压密性变形仅占车辙变形的小部分。

试验条件下,加载轮对路面的作用与实际行车对路面的作用存在差异,由此在车辙断面形态上也会有所差别。由试验过程中路面车辙的状态认为:试验条件下的压密性变形,与实际行车环境中的压密性车辙变形差异不大;而剪切性车辙变形,存在两种形式,一种形式是车辙槽底部平坦、在车辙断面两侧出现隆起,另一种形式则是在车辙槽底部出现凸起,且出凸起的位置随着设备的加载位置而变,车辙深度不随加载次数有明显增加。

中温条件下,设备的加载位置固定,加载一定次数后,在车辙断面底部出现较大的凸起(图 5-4、图 5-5),尽管出现了凸起,但车辙深度仍在增加,因此,在这种情况下,车辙槽底部凸起的行程不能归因于剪切性变形,其产生原因主要是由加载轮两轮缝隙间的混合料受到挤压作用所致。需要注意的是,中温条件下的车辙断面除了加载轮缝隙位置的凸起外,在车辙断面两侧存在较为明显的隆起，由此可见，中温条件下沥青面层在重复荷载的作用下存在着一定程度的剪切性车辙变形。

高温条件下，当路面温度为45℃、加载21万次前，各加载阶段的高速公路常规沥青路面结构的车辙断面曲线呈“V字形”形态(图5-6)，当温度路面升高至55℃后，继续加载，则其断面呈现出“W字形”形态，即车辙槽底部形成较大的凸起，而未在车辙槽两侧出现明显的隆起，但车辙深度也不再增加，由此可见，累计加载21万次后，结构高速公路常规沥青路面沥青面层发生了较为明显的剪切性车辙变形。

相比之下，高温条件下结构高速公路橡胶沥青路面的车辙变形在整个加载阶段均表现为常见的剪切性车辙变形，在车辙断面两侧存在较大的隆起。在此需要说明的是，图5-7中的车辙断面，仅一侧的隆起较大，另一侧则未见明显的隆起，这种现象是由当时设备横向移动运行不稳定导致的。

5.3.3 车辙深度变化趋势

相关文献提出了重载交通下，沥青路面轴次、轴载和温度之间关系的经验公式：

$$R = A \cdot N^B \left(\frac{T}{T_0}\right)^a \cdot \left(\frac{L}{L_0}\right)^b \tag{5-1}$$

式中：R——车辙深度(mm)；

N——轴载次数(次)；

T——预估温度(℃)；

T_0——试验时路面代表温度(℃)；

L——预估轴载(kN)；

L_0——试验轴载(kN)。

车辙深度与轴次、轴载分布、温度以及路面质量之间存在密切关系。式(5-1)涉及4个主要系数，即A、B、a、b，其中：A与路面结构及材料有关，B为轴次系数；a为温度系数，反映路面对温度的敏感性，其值越大说明相同轴载作用下路面对温度越敏感；b为轴载系数，反映车辙增加量与轴载增加量之间的关系，其值越大说明结构对轴载越敏感。

若采用式(5-1)评价加速加载试验条件下的路面车辙发展规律，可认为$T=T_0$，$L=L_0$，则式(5-1)为：

$$R = A \cdot N^B \tag{5-2}$$

以下将采用式(5-2)分析讨论本试验中路面车辙深度的发展变化趋势。

5.3.3.1 中温条件下的车辙深度

(1)高速公路沥青路面常规结构。由图5-4所示的车辙断面曲线计算高速公路沥青路面常规结构在不同加载阶段的车辙深度，取RDD作为车辙深度评价指标(参见图3-10所示的RDD概念，下同)，计算结果如表5-3所示。按式(5-2)对表5-3中RDD平均值非线性回归分析结果为：

$$\mathrm{RDD} = 0.002N^{0.619} \qquad (R^2 = 0.980) \tag{5-3}$$

式中：RDD——车辙深度(mm)；

N——加载次数。

中温条件下高速公路沥青路面常规结构车辙深度 RDD 计算结果　　表 5-3

加载次数(万次)	车辙深度 RDD(mm)		RDD 平均值(mm)
	断面 1	断面 2	
10	3.2	2.4	2.8
30	4.6	4.5	4.6
40	4.5	4.7	4.6
50	4.7	4.6	4.7
60	5.3	5.0	5.2
70	5.8	6.2	6.0
80	6.2	6.6	6.4
90	6.9	7.2	7.1
100	7.5	7.1	7.3
210	12.2	12.1	12.2

(2)高速公路橡胶沥青路面结构。由图 5-4 所示的车辙断面计算高速公路橡胶沥青路面结构在不同加载阶段的车辙深度 RDD,计算结果如表 5-4 所示。

中温条件下高速公路橡胶沥青路面结构车辙深度 RDD 计算结果　　表 5-4

加载次数(万次)	车辙深度 RDD(mm)		RDD 平均值(mm)
	断面 1	断面 2	
10	8.8	8.7	8.8
20	9.6	9.1	9.4
30	10.8	9.5	10.2
40	11.3	10.5	10.9
50	11.8	11.1	11.5
60	13.5	12.6	13.1
80	13.4	12.9	13.2
100	13.1	12.8	13.0
210	18.1	17.7	17.9

表 5-4 中 RDD 平均值的非线性回归分析结果为：

$$\text{RDD} = 0.428N^{0.253} \qquad (R^2 = 0.940) \tag{5-4}$$

5.3.3.2　高温条件下的车辙深度

(1)高速公路沥青路面常规结构。由图 5-6 所示的车辙断面计算高速公路沥青路面常规结构在不同加载阶段的车辙深度 RDD,计算结果如表 5-5 所示。

表 5-5 中 RDD 非线性回归分析结果为：

$$\text{RDD} = 0.009N^{0.599} \qquad (R^2 = 0.940) \tag{5-5}$$

(2)高速公路橡胶沥青路面结构。高温条件下,首先将橡胶沥青路面结构沥青面层的温度控制在 25～35℃条件下,加载 1.3 万次,期间定期估测路面车辙深度,发现前 3000 次,车辙深度增加 7.2mm，继续加载 5000 次，车辙深度增至 11.3mm，随后与加载 8000 次时相比无明显增加。由此，将温度升高至 45℃，加载 1 万次，车辙深度增加至 16.4mm，继续加载 1 万次，车辙深度没有增加，于是停止 45℃条件下的加载，将路面温度至 55℃继续加载；55℃条件下加载 2 万次后，此时总车辙深度 RD（概念参见图 3-10）已超过 35mm，超过了设备横向移动条件下的最大车辙深度限制，故此停止试验。

高温条件下高速公路沥青路面常规结构车辙深度 RDD 计算结果 表 5-5

加载次数（万次）	车辙深度 RDD(mm)		路面温度（℃）	RDD 平均值（mm）
	断面 1	断面 2		
3	6.4	4.7	45	5.6
6	8.2	6.7	45	7.5
9	9.3	8.3	45	8.8
12	11.6	11.7	45	11.7
15	11.8	11.8	45	11.8
18	12.4	12.0	45	12.2
21	12.9	11.2	45	12.1
24	13.5	13.9	45	13.7
27	15.4	15.8	55	15.6
30	17.3	18.1	55	17.7
33	19.2	18.9	55	19.1
36	20.2	19.9	55	20.1
39	22.3	23.1	55	22.7

由于上述试验过程及其现象，试验只记录下了图 5-7 所示的车辙断面，由车辙断面计算的车辙深度 RDD，计算结果如表 5-6 所示。

高温条件下高速公路橡胶沥青路面结构车辙深度 RDD 计算结果 表 5-6

加载次数（万次）	车辙深度 RDD(mm)		路面温度（℃）	RDD 平均值（mm）
	断面 1	断面 2		
1.3	11.7	6.4	35	12.0
2.3	19.2	13.5	45	16.4
3.3	19.6	14.3	45	16.9
4.7	23.1	16.5	55	19.8
5.7	25.7	19.6	55	22.6

表 5-5 中 RDD 平均值非线性回归分析结果为：

$$\mathrm{RDD} = 0.286N^{0.396} \qquad (R^2 = 0.992) \tag{5-6}$$

5.3.3.3　*车辙深度发展规律*

上述中、高温条件下的车辙深度随加载次数变化趋势的回归分析结果如表 5-7 所示。

由表 5-7 中相关系数可见，采用式(5-2)进行回归分析，车辙深度 RDD 与加载次数的关系符合幂函数关系，车辙深度 RDD 随加载次数的变化趋势曲线如图 5-8、图 5-9 所示。

车辙深度随加载次数变化的非线性回归分析结果 表 5-7

路面结构	中温(20～40℃)条件		高温(45℃、55℃)条件	
	模型	相关系数 R^2	模型	相关系数 R^2
高速公路常规沥青路面	$RDD=0.002N^{0.619}$	0.980	$RDD=0.009N^{0.599}$	0.942
高速公路橡胶沥青路面	$RDD=0.428N^{0.253}$	0.940	$RDD=0.286N^{0.396}$	0.992

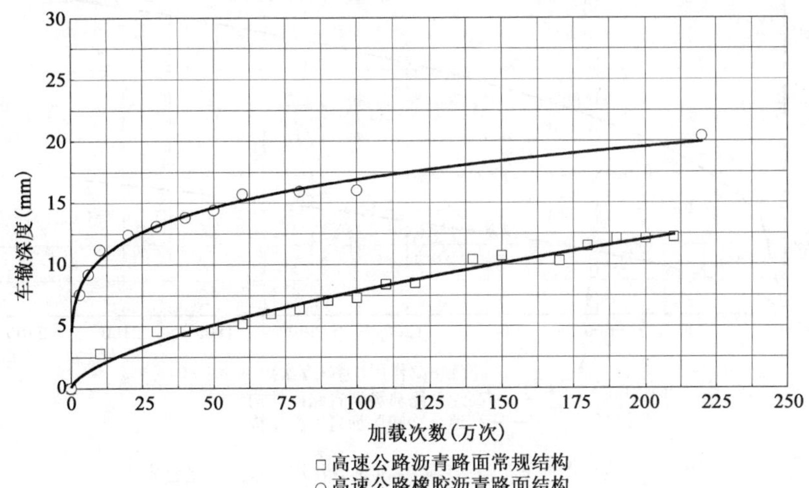

图 5-8 中温条件下车辙深度 RDD 随加载次数的变化趋势

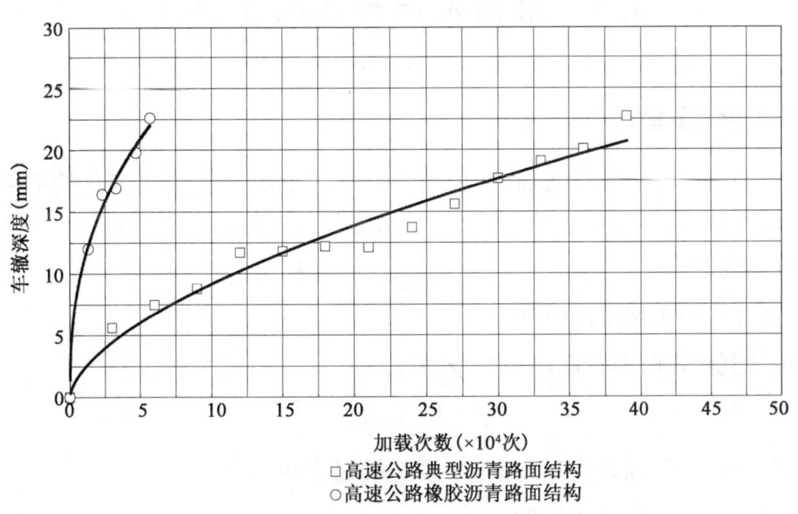

图 5-9 高温条件下车辙深度 RDD 随加载次数的变化趋势

由 5.3.1 节所述的研究结论，一年中当路面温度超过 20℃后车辙量才呈现出明显增大的趋势，当路面温度小于 20℃时，几乎不发生车辙。另据文献报道，当路面温度在 40～60℃范围内变化时，温度每升高 5℃，车辙深度大约增加 1.8 倍。

由上述结论，分析变温条件下分析车辙深度加载次数的变化趋势，需考虑不同温度区间的车辙深度发展规律。由此，假设一年中路面温度在 20～40℃的天数占全年总天数的比例为 α，温度在 40～60℃的天数占全年总天数的比例为 β，则有：

$$R = A \cdot (\alpha \cdot N)^B + A \cdot (\beta \cdot N)^B \tag{5-7}$$

根据气候统计资料，开展试验地区一年内中温区段（20～40℃）天数所占比例为15%～20%，高温期天数所占比例为8%～10%，由此取$\alpha = 0.15$，$\beta = 0.08$，则按式（5-7）计算车辙深度，进而得到变温条件下车辙深度RDD随标准轴载作用次数的变化趋势如图5-10所示。

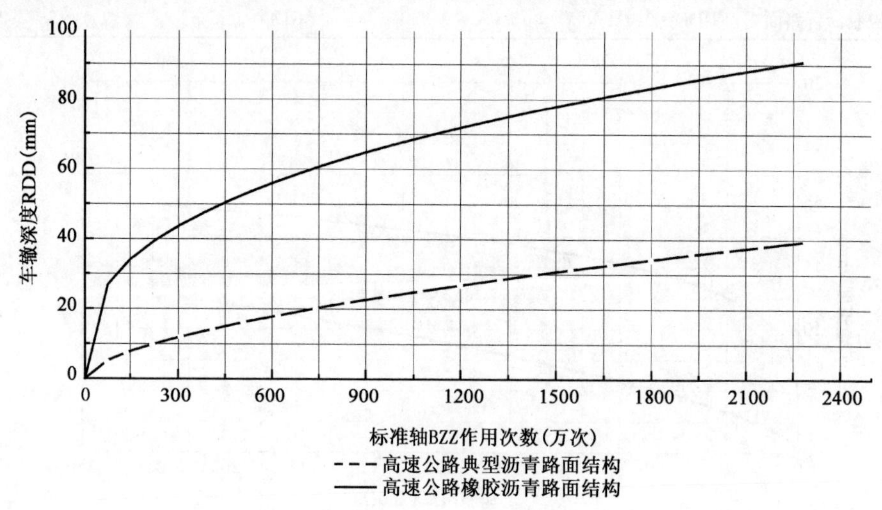

图5-10　变温条件下车辙深度随标准轴载作用次数的变化趋势

5.4　路面承载能力的变化

5.4.1　弯沉的温度修正

一般，加载试验持续时间较长，试验期长达5个月，期间路面受温度变化的影响较大，为此需对弯沉数据进行温度修正以便于数据的比较和分析。对弯沉的温度修正，具体按我国现行的沥青路面设计规范的规定。

5.4.1.1　沥青路面平均温度的确定

由下式计算弯沉测定时沥青面层的平均温度[4]：

$$T = a + bT_0 \tag{5-8}$$

式中：T_0——弯沉测定时的路表温度与前5h平均气温之和（℃）；

a——系数，$a = -2.65 + 0.52h$；

b——系数，$b = 0.62 - 0.008h$；

h——路面厚度（cm）。

5.4.1.2　温度修正系数K的确定

由所确定的沥青面层平均温度T确定温度修正系数K，计算公式为[4]：

（1）当$T \geqslant 20$℃时，

$$K = e^{\left(\frac{1}{T} - \frac{1}{20}\right) \cdot h} \tag{5-9}$$

(2)当 $T<20$℃时，

$$K = e^{0.002(20-T)\cdot h} \tag{5-10}$$

式中：T——沥青面层平均温度(℃)；

h——沥青面层厚度(cm)。

5.4.1.3　20℃修正弯沉计算

由式(5-9)、式(5-10)确定的温度修正系数 K 按下式对弯沉进行修正，获得同温度条件下的弯沉[4]：

$$l_{20} = l \cdot K \tag{5-11}$$

式中：l_{20}——20℃修正弯沉，0.001mm；

K——温度修正系数。

按上述计算获得各测点的修正弯沉后，按照规范中的规定计算弯沉的代表值。

5.4.2　中心点弯沉

试验温度修正方法处理不同加载阶段 FWD 中心点的弯沉得到 20℃修正弯沉。弯沉检测结果的代表值与 20℃修正弯沉如表 5-8、表 5-9 所示。

高速公路沥青路面常规结构弯沉测量结果代表值与 20℃修正弯沉　　表 5-8

加载次数(万次)	中心点弯沉代表值(0.001mm)		20℃修正弯沉代表值(0.001mm)	
	非加载带	加载带	非加载带	加载带
0	89.16	76.50	71.96	62.12
10	91.73	84.64	71.39	75.66
30	84.06	85.36	71.72	84.84
40	108.12	102.40	76.27	90.32
50	102.55	133.07	76.51	105.52
70	118.86	133.43	75.98	91.13
80	115.96	144.84	77.85	128.91
100	92.31	132.82	69.94	134.01
110	111.69	139.06	78.80	141.56
120	110.31	128.14	75.92	140.95
140	115.13	142.65	74.81	166.90
150	100.44	139.64	77.14	166.17
160	94.02	141.12	79.02	167.37
170	90.26	162.32	75.22	183.42
180	88.06	156.47	77.27	183.39
190	85.64	150.54	75.91	201.11
200	83.15	144.25	78.71	207.15
210	81.43	136.76	71.37	211.70

试验利用 IBMSPSS20 对表 5-8、表 5-9 中修正弯沉随加载次数的变化规律进行曲线估计，根据曲线估计结果，选取幂指数模型可获得较大的相关系数，回归分析结果如表 5-10 所示。

高速公路橡胶沥青路面结构弯沉测量结果代表值与20℃修正弯沉　　表5-9

加载次数(万次)	中心点弯沉代表值(0.001mm)		20℃修正弯沉代表值(0.001mm)	
	非加载带	加载带	非加载带	加载带
0	265.45	271.60	261.22	243.40
10	295.84	277.95	258.31	242.70
20	277.50	287.19	239.97	246.99
30	271.55	285.24	232.20	242.46
40	238.05	256.46	214.53	249.13
50	209.33	245.39	205.55	240.97
60	227.10	259.70	226.79	259.35
70	220.18	272.56	250.41	309.99
80	230.91	272.31	262.80	309.91
90	245.60	278.17	245.60	317.50
110	230.07	286.21	255.97	318.44
120	216.86	278.48	248.84	319.55
130	203.45	292.13	273.97	360.02
183	265.45	291.60	281.22	383.40

20℃修正弯沉随加载次数变化规律回归分析结果　　表5-10

结构名称	模型	参数取值			相关系数 R^2
		A	B	C	
高速公路常规沥青路面	$f=A+B\cdot N^C$	70.75	0.30	1.15	0.972
高速公路橡胶沥青路面		223.42	0.70	1.06	0.908

注：f，弯沉值，0.001mm；N，加载次数，万次。

由表5-10，得到弯沉随加载次数的变化趋势如图5-11、图5-12所示。

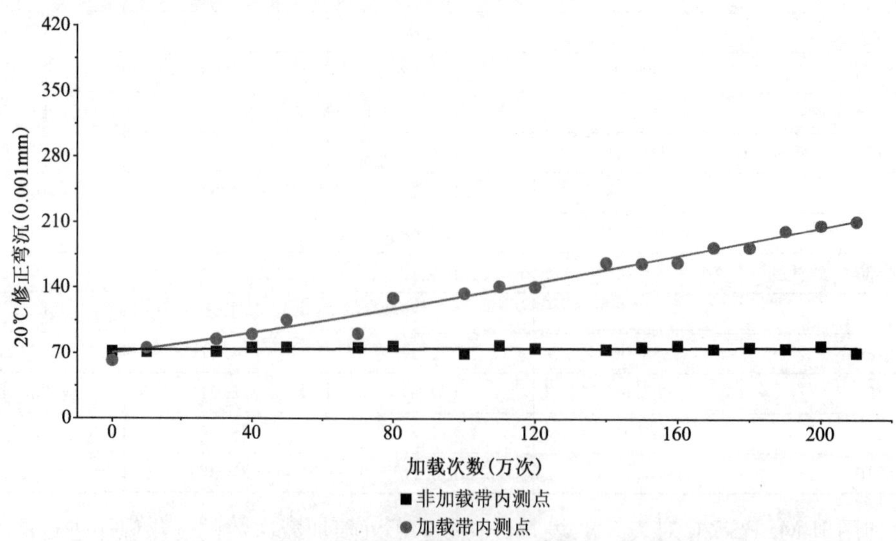

图5-11　高速公路沥青路面常规结构中心点修正弯沉随加载次数的变化趋势

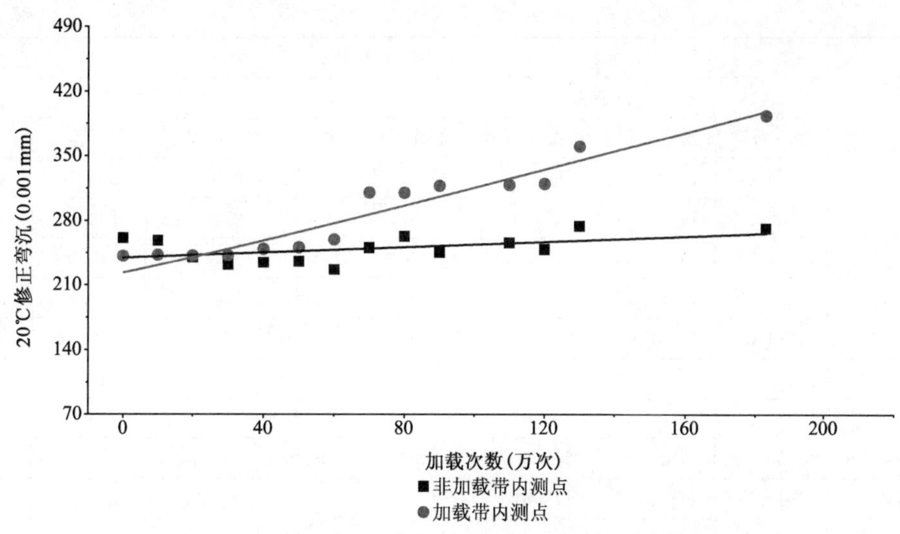

图 5-12　高速公路橡胶沥青路面结构中心点修正弯沉随加载次数的变化趋势

5.4.3　结构层回弹模量

试验采用软件 Modulus 6.0 计算各结构层的回弹模量，计算条件如表 5-11 所示。

采用 Modulus 6.0 计算回弹模量的计算条件　　表 5-11

结 构 层	模量范围(MPa)					泊 松 比	
	最小值			最大值			
沥青面层	600			6000		0.35	
水泥稳定碎石基层	600			42000		0.25	
级配碎石基层(垫层)	60			1000		0.35	
土基估算及泊松比	70					0.35	
刚性层深度(mm)	1500						
传感器间距(mm)	*D*1	*D*2	*D*3	*D*4	*D*5	*D*6	*D*7
	0.0	203.0	305.0	457.0	610.0	914.0	1219.0

在此需要说明的是，本次试验试验车道的铺筑位置处于山地区，地质勘查资料表明，试验车道位置地表下约 75cm 存在致密的岩层，因此在计算中需要考虑刚性层的影响。高速公路沥青路面常规结构各层回弹模量计算结果如表 5-12 所示。

高速公路沥青路面常规结构弯沉反算模量计算结果　　表 5-12

加载次数(万次)	模 量(MPa)							
	加载带				非加载带			
	沥青面层	水稳基层	级配碎石	土基	沥青面层	水稳基层	级配碎石	土基
0	4693.43	28027.66	230.47	105.84	3261.34	25083.32	276.32	119.28
10	3237.89	15167.07	242.70	115.84	3620.10	28453.94	260.63	123.07
30	2933.13	13063.68	308.90	115.49	3337.41	29626.17	241.88	125.49

续上表

加载次数（万次）	模　量(MPa)							
	加载带				非加载带			
	沥青面层	水稳基层	级配碎石	土基	沥青面层	水稳基层	级配碎石	土基
40	2083.67	17572.42	283.61	115.84	3052.42	28320.60	206.16	115.15
70	1885.78	14735.86	328.20	110.87	3794.32	27002.38	203.06	122.38
80	2087.23	14854.59	311.93	134.68	3731.11	33150.83	210.99	121.00
100	1326.60	13066.48	269.59	111.01	3572.87	30460.73	230.27	121.35
110	1284.08	11141.98	214.95	112.91	3672.50	33294.76	259.94	125.48
120	1419.57	11241.59	244.77	118.73	3485.42	35751.63	223.02	125.82
140	1573.85	10508.67	287.87	105.84	3207.55	22850.37	226.83	127.21
150	1055.28	11820.79	263.39	90.90	3128.26	29374.95	215.79	123.07
160	1013.77	11833.28	113.31	114.32	3337.18	24527.79	213.72	120.31
170	891.75	12014.31	295.80	135.66	2904.17	31186.09	201.31	133.76
180	766.95	10905.65	235.46	134.12	2882.45	22308.43	203.72	126.52
190	788.56	10638.30	179.73	104.34	3595.74	23875.32	228.25	126.41
200	690.65	10348.36	289.93	102.74	3169.29	26333.73	229.58	124.80
210	625.38	10932.95	244.06	100.90	3095.86	30545.88	207.52	113.77

由计算结果绘制的结构层模量变化趋势曲线如图5-13所示。

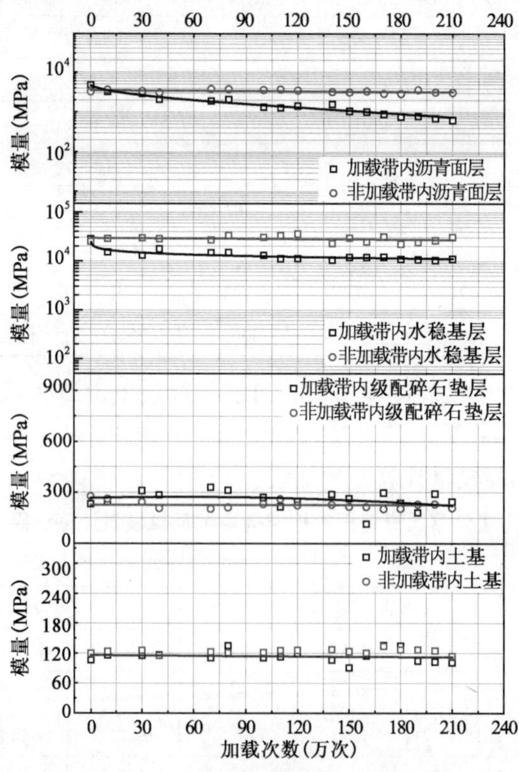

图5-13　高速公路沥青路面常规结构各结构层回弹模量随加载次数的变化趋势

5.5　力学响应特性

5.5.1　传感器力学响应特征

试验采用所搭建的力学响应监测系统(图 3-2)采集了重复荷载作用下的力学响应波长信号,并将其转换为应力、应变信号。重复荷载作用下两种路面结构各层位的应力应变波谱如图 5-14～图 5-25 所示。

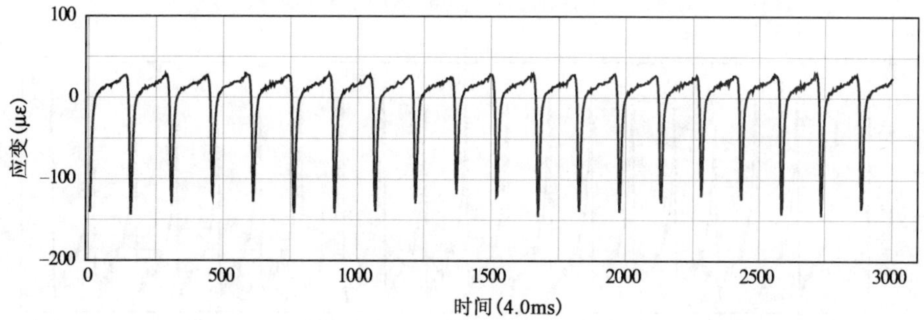

图 5-14　高速公路沥青路面常规结构沥青面层底竖向压应变波形

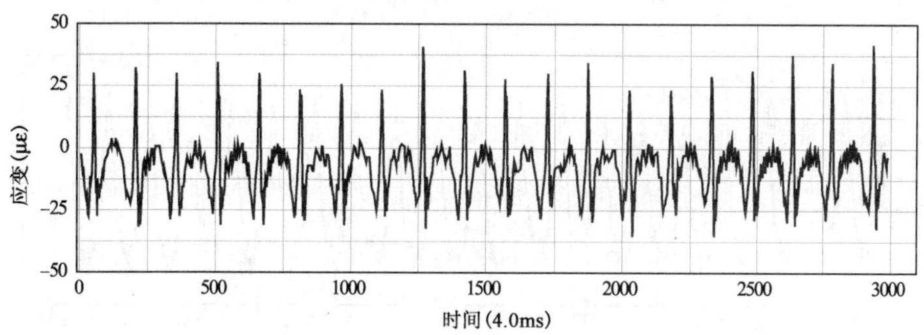

图 5-15　高速公路沥青路面常规结构沥青路面面层底横向水平应变波形

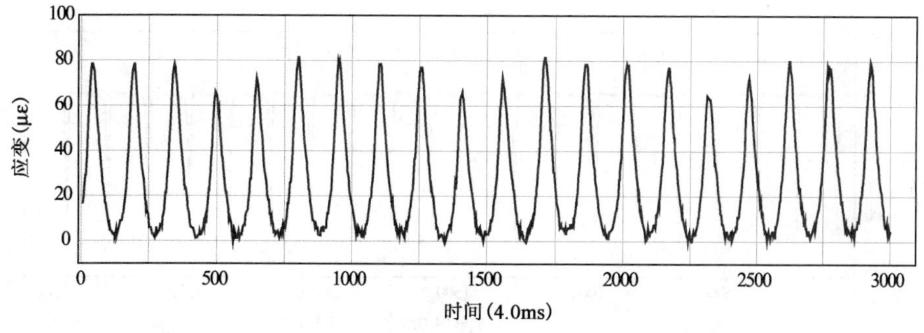

图 5-16　高速公路沥青路面常规结构半刚性基层横向水平应变波形

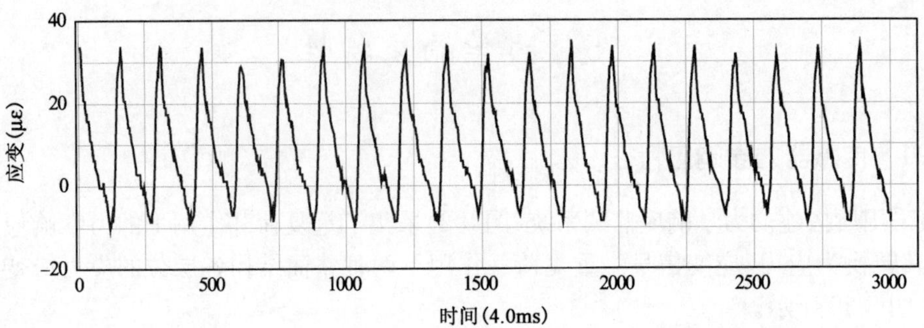

图 5-17　高速公路沥青路面常规结构半刚性基层纵向水平应变波形

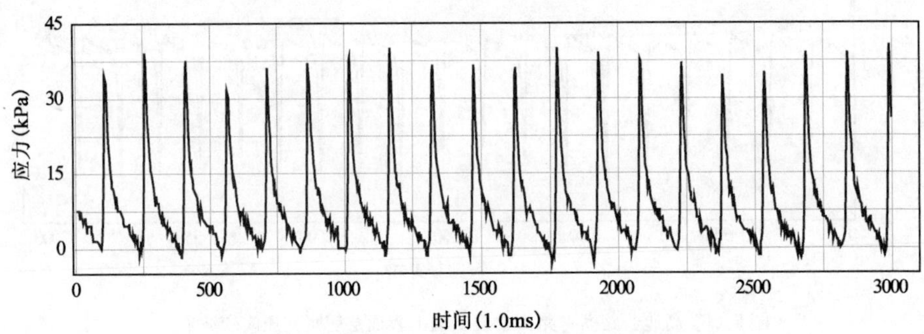

图 5-18　高速公路沥青路面常规结构沥青面层底竖向压应力波形

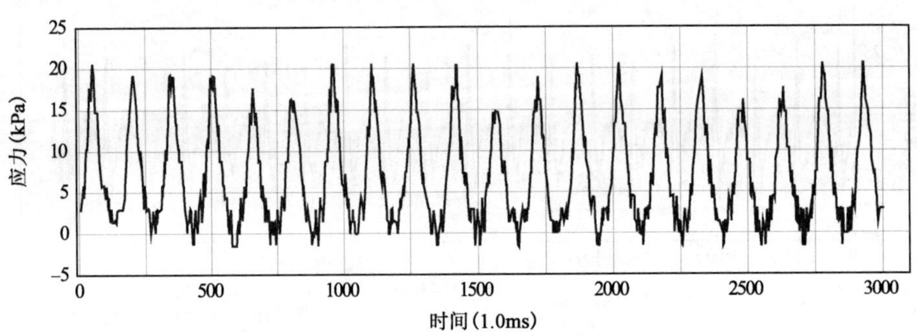

图 5-19　高速公路沥青路面常规结构土基压应力波形

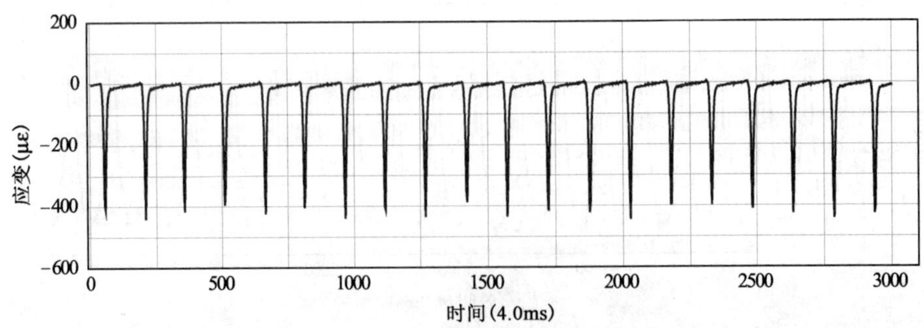

图 5-20　高速公路橡胶沥青路面结构沥青面层底压应变波形

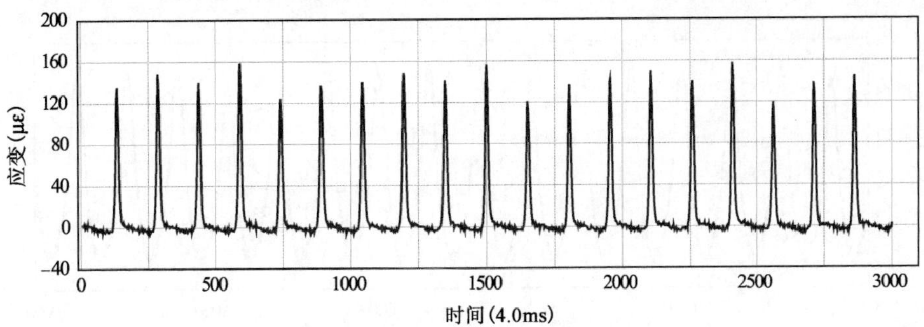

图 5-21　高速公路橡胶沥青路面结构沥青面层底横向水平应变波形

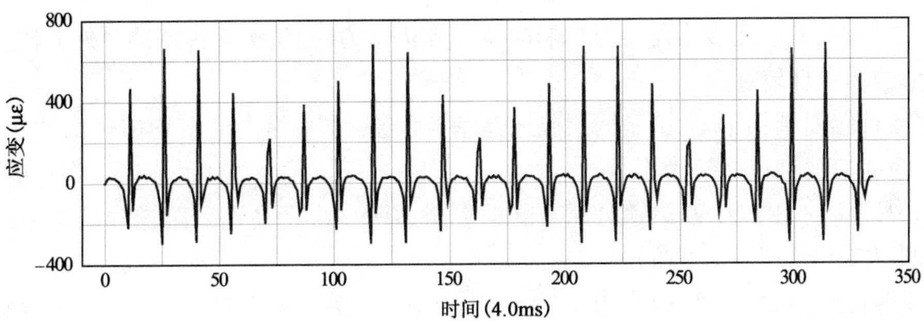

图 5-22　高速公路橡胶沥青路面结构沥青面层底纵向水平应变波形

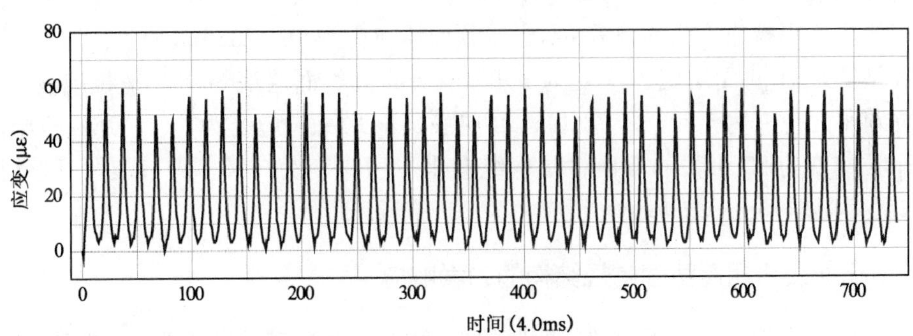

图 5-23　高速公路橡胶沥青路面结构半刚性基层底横向水平应变波形

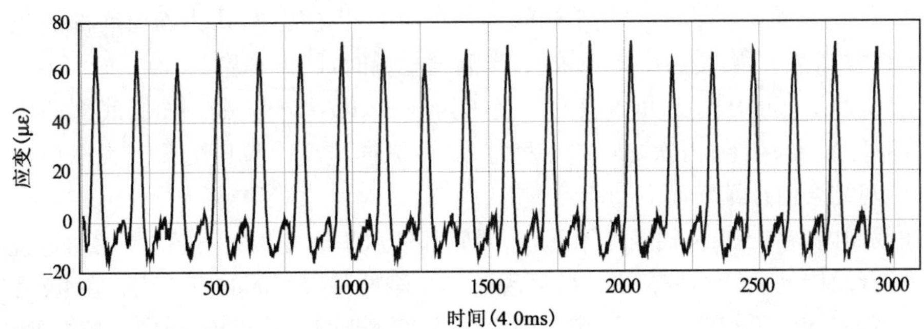

图 5-24　高速公路橡胶沥青路面结构半刚性层底纵向水平应变波形

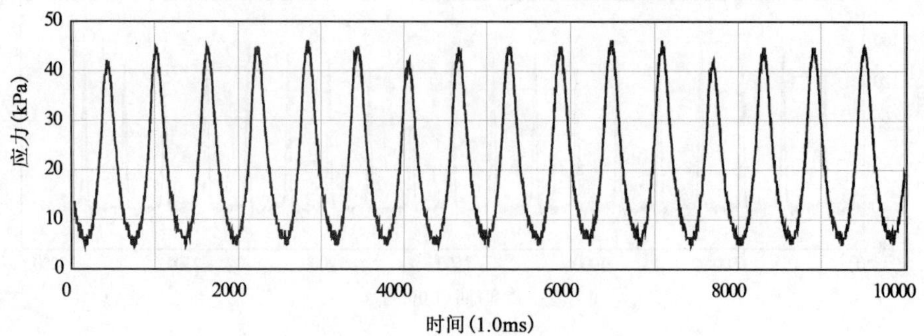

图 5-25　高速公路橡胶沥青路面结构土基压应力波形

试验根据对应力应变传感器的力学响应特性分析认为，力学响应传感器对外力作用敏感，且显示结果的周期性较稳定。

(1)在两种路面结构中，无论是面层底还是基层底部，水平纵向应变均体现出拉压交替的现象，而平横向应变则以受拉为主。

(2)相似层位的力学响应，高速公路常规沥青路面明显小于高速公路橡胶沥青路面结构，75kN 的轴载作用下，初始加载阶段：

①常规沥青路面面层底压应变为－400～－500$\mu\varepsilon$，面层底压应力为 30～40kPa，面层底纵向水平拉应变为 25～42$\mu\varepsilon$，纵向水平压应变为－20～－35$\mu\varepsilon$，面层底横向水平拉应变为 66～77$\mu\varepsilon$，半刚性层底纵向水平拉应变为 29～35$\mu\varepsilon$，半刚性层底纵向水平压应变为－7～－10$\mu\varepsilon$，半刚性层底横向水平拉应变为 64～81$\mu\varepsilon$，土基顶面压应力为 16～21kPa。

②橡胶沥青路面的面层底压应变为－400～－450$\mu\varepsilon$，面层底纵向水平拉应变为 200～700$\mu\varepsilon$，纵向水平压应变为－200～－300$\mu\varepsilon$，面层底横向水平拉应变为 120～160$\mu\varepsilon$，半刚性层底纵向水平拉应变为 65～72$\mu\varepsilon$，半刚性层底纵向水平压应变为－10～－15$\mu\varepsilon$，半刚性层底横向水平拉应变为 48～58$\mu\varepsilon$，土基顶面压应力为 36～40kPa。

5.5.2　高速公路沥青路面常规结构的力学响应

根据高速公路常规沥青路面内部传感器的力学响应特征，其路面力学响应随加载次数的变化趋势如图 5-26～图 5-30 所示。

分析上面高速公路沥青路面常规结构的力学响应的变化规律，认为面层底部的压应力和压应变变化趋势基本一致，受温度影响敏感，当温度较低时，趋于平稳。

加载末期，面层底的压应力和压应变分别约为－15kPa 和－50$\mu\varepsilon$。面层底部的水平应变在初始加载阶段较大，在 60 万次之后趋于稳定，其中纵向应变由拉压变化变为以拉为主的状态，或由于层间结合由连续转而滑动所致。

整个加载期内，在 150kN 轴载作用下，面层底部的水平应变最大不超过 60$\mu\varepsilon$，这说明对于常规结构来说，面层的疲劳不是突出的破坏现象。半刚性基层底部的应变状态在 60 万次之后亦趋于稳定，总体均处于较低水平，其中纵向拉应变有逐渐增大的趋势，横向拉应变变化较小。在加载末期的应变值为 40～60$\mu\varepsilon$。土基顶面的压应力呈现逐渐减小的趋势，在加载开始阶段约为－21kPa，在加载末期为－15kPa，但总体变化幅度不大。该趋势与疲劳现象相反，或是由于温度降低的影响超过了疲劳作用。

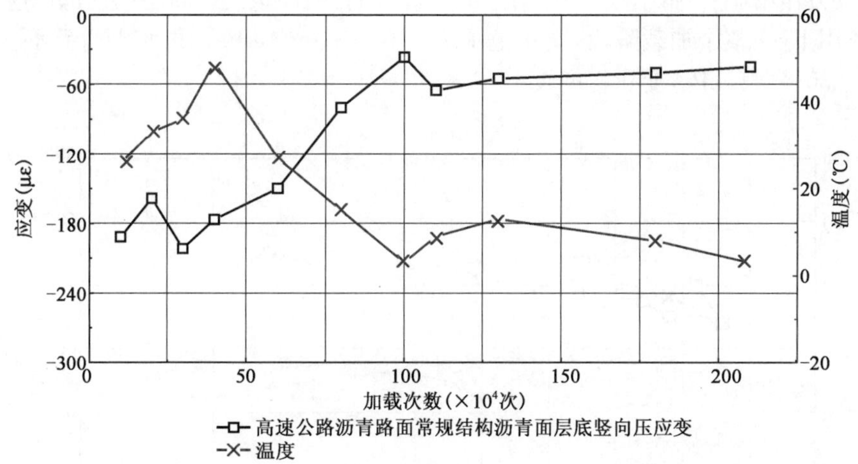

图 5-26 高速公路沥青路面常规结构沥青面层底压应变随加载次数的变化

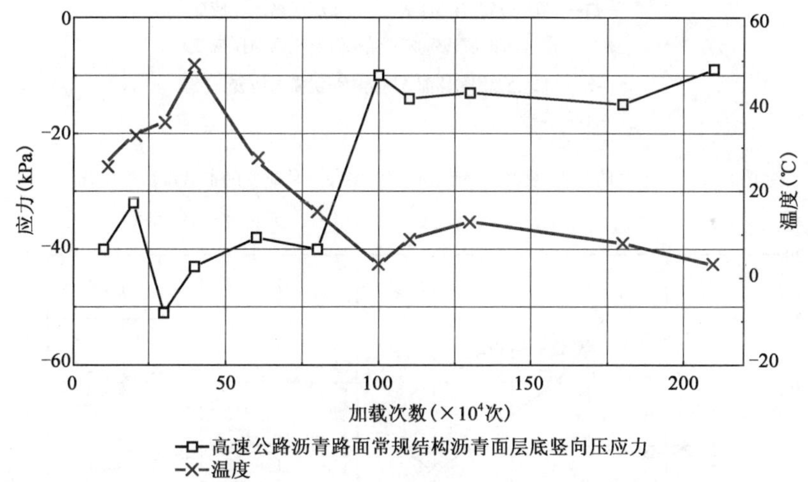

图 5-27 高速公路沥青路面常规结构沥青面层底压应力随加载次数的变化

5.5.3 高速公路橡胶沥青路面结构的力学响应

根据高速公路橡胶沥青路面结构内部传感器的力学响应特性，其力学响应随加载次数的变化趋势如图 5-31～图 5-37 所示。

分析上面高速公路橡胶沥青路面结构力学响应的变化规律，认为：初始加载阶段，伴随着高温和压密作用，橡胶沥青面层底的压应变较大，随着加载次数的增加和温度的降低急剧减小并趋于稳定。橡胶沥青面层底横向应变呈现出拉压交替的现象，对温度敏感，随着加载次数的增加，拉应变逐渐占主导地位。橡胶沥青面层底纵向应变也呈现出拉压交替的现象，随着加载次数的增加，拉压应变趋于稳定。橡胶沥青路面半刚性基层的层底拉应变为 60～70$\mu\varepsilon$，内部压应力随加载次数的增加明显增大，且与温度变化趋势相反，说明随着加载次数的增加，橡胶沥青路面的疲劳作用显著，抵消了温度的作用。橡胶沥青路面级配碎石层的内部压应力较大，75kN 轴载作用下，在整个加载阶段，变化范围为－150～－200kPa。橡胶沥青路面土基顶面的压应力为－30～－45kPa，变化幅度较小。

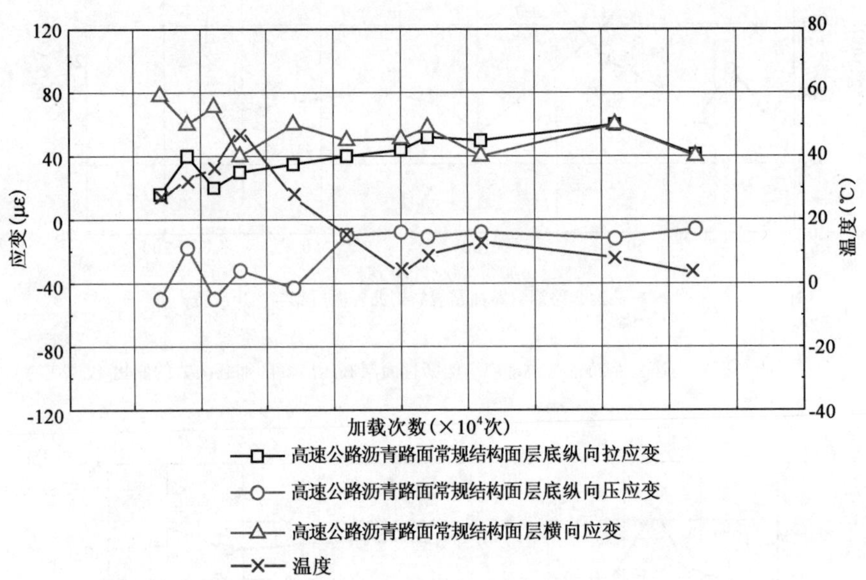

图 5-28　高速公路沥青路面常规结构沥青面层底水平应变随加载次数的变化

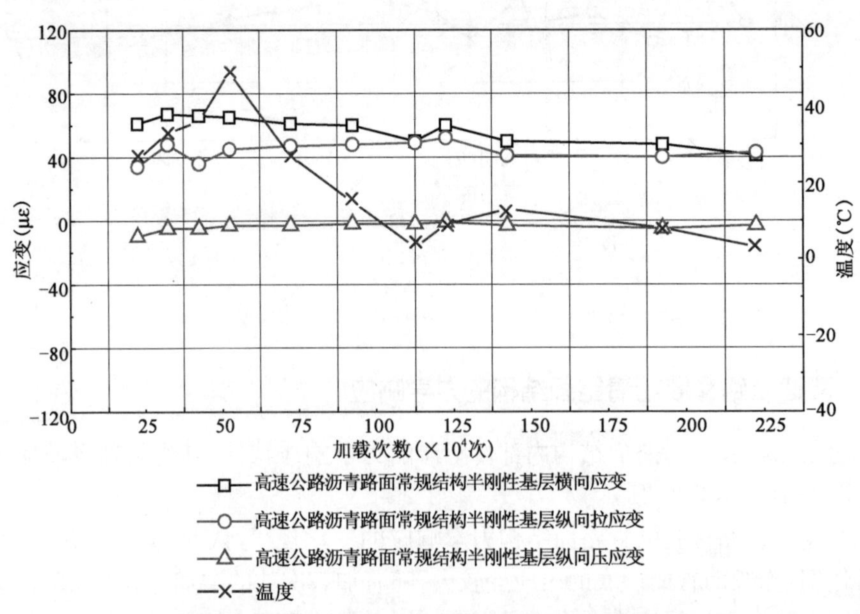

图 5-29　高速公路沥青路面常规结构半刚性基层底水平应变随加载次数的变化

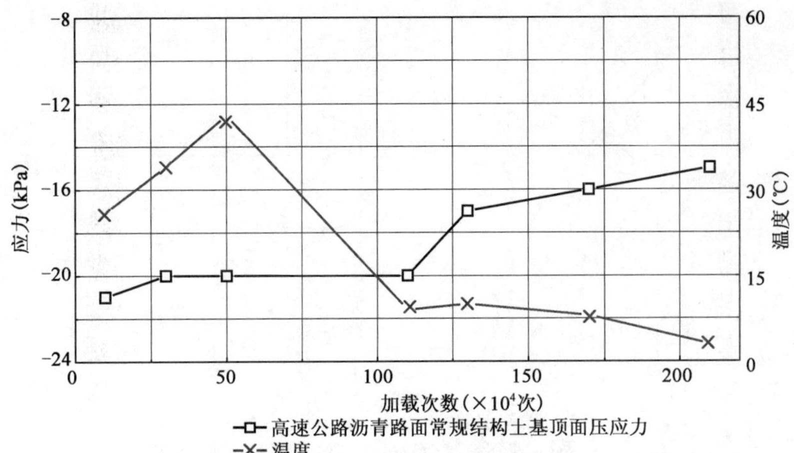

图 5-30　高速公路沥青路面常规结构路基顶面压应力随轴载作用次数的变化

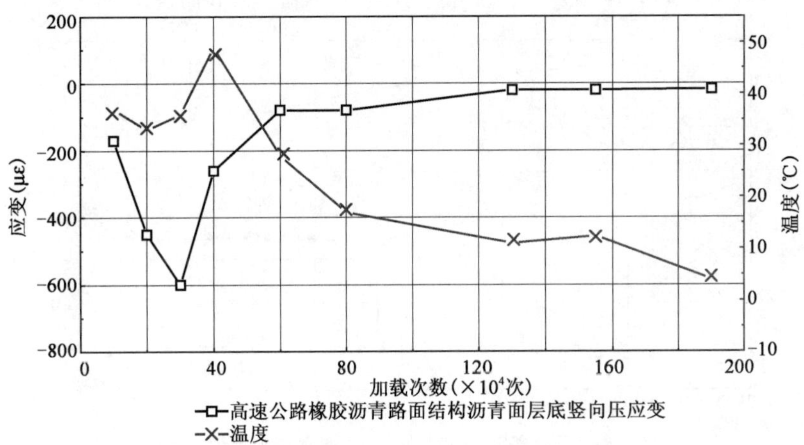

图 5-31　高速公路橡胶沥青路面结构沥青面层底压应变随加载次数的变化

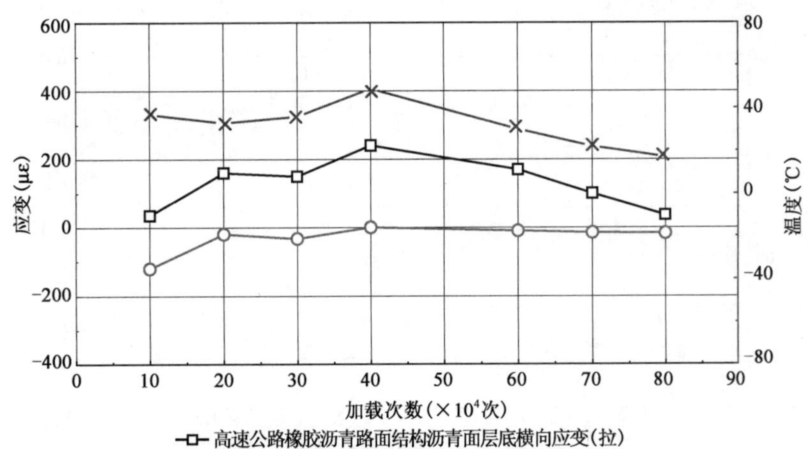

图 5-32　高速公路橡胶沥青路面结构沥青面层底横向应变随加载次数的变化

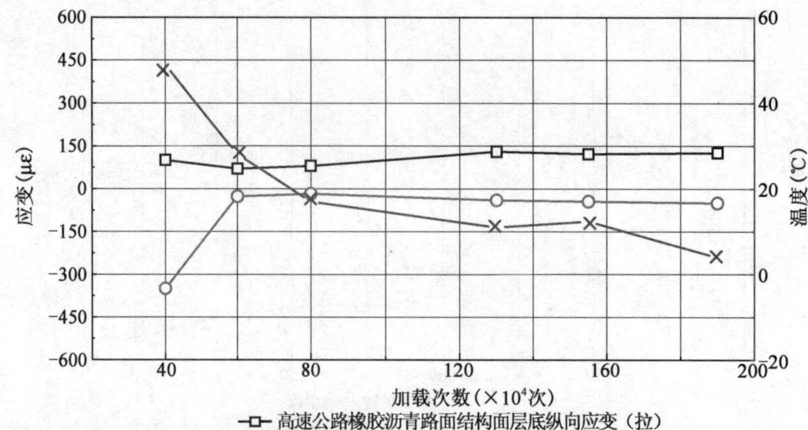

图 5-33　高速公路橡胶沥青路面结构沥青面层底纵向应变随加载次数的变化

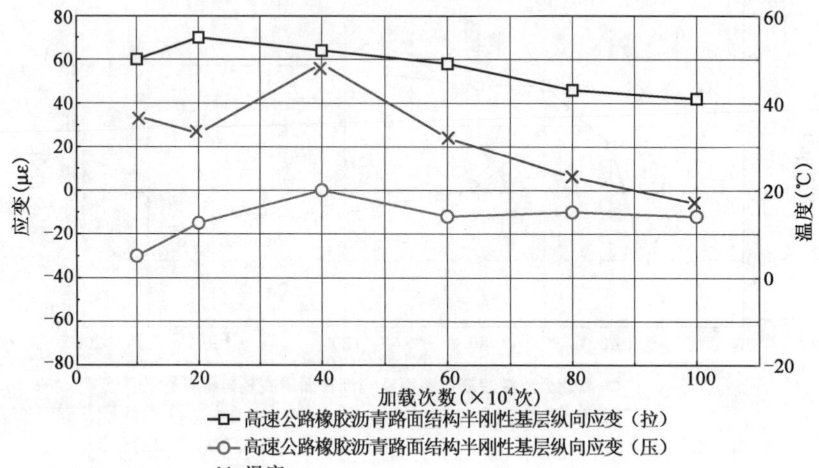

图 5-34　高速公路橡胶沥青路面结构半刚性基层底纵向应变随加载次数的变化

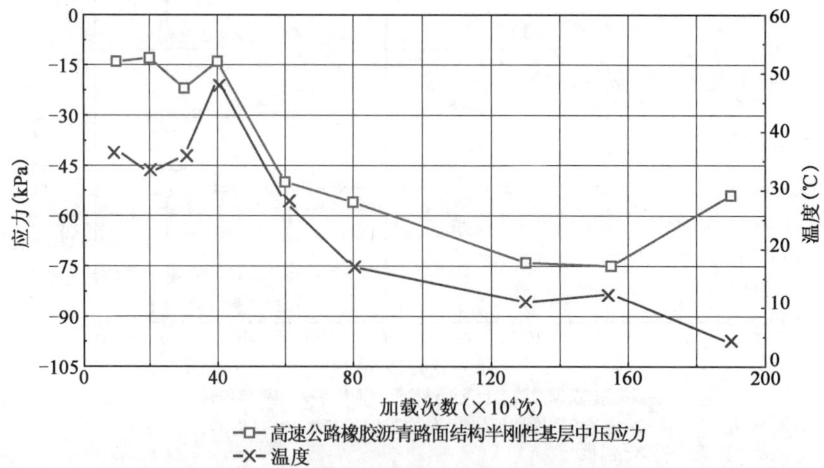

图 5-35　高速公路橡胶沥青路面结构半刚性基层中竖向压应力随加载次数变化

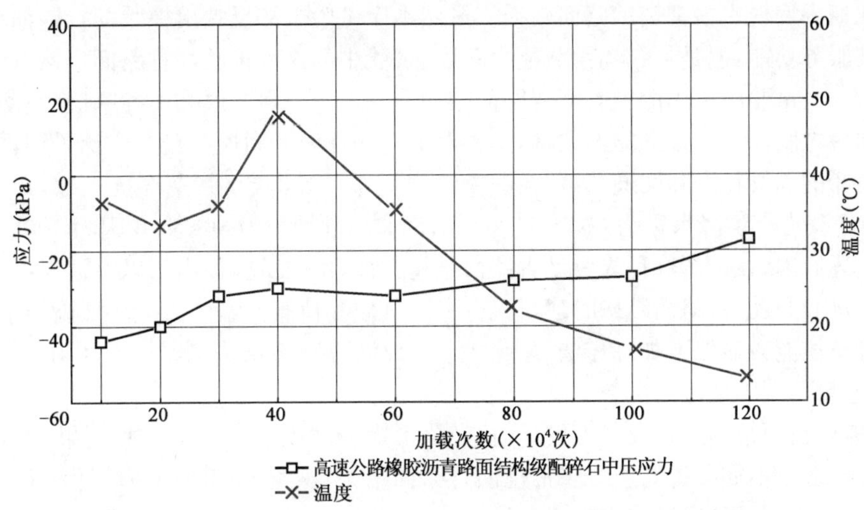

图 5-36 高速公路橡胶沥青路面结构级配碎石中压应力变化

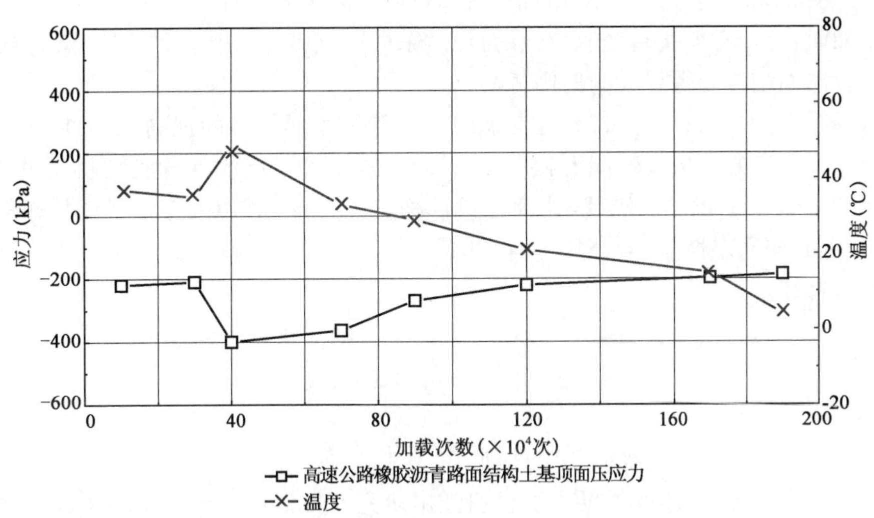

图 5-37 高速公路橡胶沥青路面结构土基顶压应力变化

5.6 结 语

橡胶沥青路面 APT 是 MLS66 来到中国后第一次到现役路面上试验，路面的工况满足辽宁省高速公路施工平均水平。此次试验最大的特点是在路面结构内部埋设了大量的力学传感器以监测重复荷载作用下路面结构的力学响应。与之相对比的橡胶沥青路面，其结构具有“强基薄面”的特点，同样的累计轴次作用下，橡胶沥青路面首先出现了路面破损。相似层位上的力学响应，橡胶沥青路面明显大于常规沥青路面，并且橡胶沥青路面的半刚性基层，其疲劳作用随加载次数的增加而较为明显。除了路面出现早期裂缝以及力学响应较大外，加载期内，橡胶沥青路面的抗车辙能力明显不如常规沥青路面，相同轴载、轴次和温度的作用下，橡胶沥青路面更容易发生较大的车辙变形。在抗水损害能力方面，两种结构在加载期内的表现相当，即均未在加载期内发现水损害类的路面破损。虽然本次试验未能反映出橡胶沥青路面预期的使用寿命及其服务功能，但是从结构承载能力角度，试验中的这种橡胶沥青路面仍然可以考虑使用，其原因在于：试验所采用的橡胶沥青路面结构是基于半刚性基层和柔性基层（级配碎石）组合基层上的薄橡胶沥青面层的路面结构，这种路面结构在南非高速公路上广泛采用，应用效果良好。但南非的气候特点和交通荷载与我省有一些不同，南非夏无酷暑冬无严寒，年均降水量只有464mm，我省年均降水量为600～1100mm；南非标准轴载为80kN，我国为100kN。

基于上述原因，在推广这种橡胶沥青路面结构方面，本次试验提出了以下建议：

（1）在应用橡胶沥青路面结构时建议充分考虑气候和荷载因素　由本次试验结果，橡胶沥青路面在抗车辙能力显然不如辽宁省高速公路常规沥青路面结构，若推广，可在夏季温度不高、重载交通量不大的地区尝试。

（2）在考虑路面结构组合及厚度设计时，充分考虑轴载因素　由本试验结果，橡胶沥青路面的耐疲劳性能也不如我省高速公路常规沥青路面结构，试验末期路面整体弯沉并没有明显增大，初步预判半刚性基层没有出现明显的疲劳，疲劳仅出现在沥青面层。导致这种结果的是沥青层底拉应变较大，与设置了级配碎石基层和较薄的沥青面层有关，因此建议在设计类似结构的沥青路面时，充分考虑我省交通荷载的特点，采取适宜措施，减小沥青层底拉应力，能够使这种橡胶沥青路面结构获得更长的使用寿命。

（3）在橡胶沥青混合料设计时，充分考虑耐疲劳和抗车辙能力的提高　国外资料显示，橡胶沥青混合料有着良好的抗车辙能力和耐疲劳性能，这来源于高的沥青胶结料用量和沥青胶结料中高达20%左右的橡胶。因此，建议在设计橡胶沥青混合料时，综合考虑抗车辙和疲劳因素，在橡胶沥青的高温性能、混合料集料结构、橡胶沥青用量上做以优化，以期提高橡胶沥青混合料的综合性能。

本章参考文献

［1］徐鹰，于兰．沥青路面中的橡胶粉改性剂［J］．吉林交通科技，2004(1)．

［2］冯娟，于江，李林萍．橡胶改性沥青混合料技术研究［J］．北方交通，2012(6)．

［3］郑南翔，牛思胜，许新权．重载沥青路面车辙预估的温度—轴载—轴次模型［J］．中国公路学报，2009(3)．

［4］郑元勋，王复明，康海贵，等．沥青路面弯沉温度修正研究［J］．武汉理工大学学报：交通科学与工程版，2010(2)．

第 6 章　微表处加速加载试验

依托辽宁省交通厅重点科研项目"沥青路面预防性养护技术性能评价研究"，作者项目组于 2011 年 9 月中旬开展了微表处填补车辙加速加载试验。这次试验是将微表处铺筑于车辙达到一定深度的高速公路半刚性基层沥青路面，以模拟现实中采用微表处填补车辙的情况，试验计划进行两个阶段的加载：

第一阶段半刚性基层沥青路面车辙试验：对高速公路半刚性基层沥青路面典型结构试验车道加载，模拟实际路面高温和行车荷载横向分布的情况下，使路面车辙达到一定深度，同时路面的表面服务功能（抗滑能力、防水性能等）有所衰减。

第二阶段微表处加速加载试验：完成微表处填补原路面车辙后，对微表处面层加载，同样模拟实际路面高温和行车荷载横向分布的情况，考察微表处面层的抗车辙变形能力、表面服务功能衰减情况以及微表处面层与原路面的黏结能力和协同变形能力。

此次试验目的包括三方面：其一，对比微表处摊铺前后，半刚性基层沥青路面和微表处车辙抗车辙、抗磨耗、抗水损害性能的差异，以评价微表处的路面使用性能；其二，观察并记录各加载阶段微表处层发生破损的类型和程度，考察微表处耐久性；其三，利用埋设于半刚性基层沥青路面结构内部的各类应力应变传感器，对比微表处摊铺前后，考察重复荷载作用下半刚性基层沥青路面与微表处复合结构的力学响应特性，分析微表处与原路面协同变形的能力，同时检验微表处与原路面的层间黏结能力。

原路面结构为半刚性基层沥青路面，其结构形式如表 6-1 所示，是用于开展半刚性基层沥青路面 APT 的试验车道，如图 6-1 所示。

高速公路半刚性基层沥青路面典型结构试验车道路面结构　　表 6-1

层　位	面　层			下 封 层	基　层		垫　层	总计厚度
	上面层	中面层	下面层		上基层	下基层		
厚度（cm）	3.5	5	7	0.5	20	20	15	71
结构形式	SMA	LAC-20	LAC-25	稀浆封层	水稳碎石		级配碎石	

在微表处填补车辙前，项目组通过试验确定了适宜的微表处混合料。

（1）集料的物理性质，包括玄武岩和石灰岩两种，集料检测结果如表 6-2 所示。

（2）微表处集料的级配，包括 4 档集料，其中 5.6～8mm 和 0～4.75mm 两档为玄武岩，而 1.18～2.36mm 和 1.18 以下两档为石灰岩，表 6-3 为此 4 档集料的筛分结果。

根据表 6-3 集料的筛分结果进行微表处混合料配合比设计。根据实际使用效果，认为采用Ⅱ型级配适合于填补车辙。

图 6-1 高速公路半刚性基层沥青路面试验车道
（图中前端标线处加载段为微表处预留）

集料物理性质检测结果 表 6-2

试验项目	集料规格（mm）				技术要求
	5.6～8	0～4.75	1.18～2.36	<1.18	
表观相对密度（g/cm³）	2.959	2.906	2.741	2.725	
毛体积相对密度（g/cm³）	2.878	2.841	2.694	2.695	≥2.60
吸水率（%）	0.96	0.72	0.64	0.55	—
针片状颗粒含量（%）	9.1	—	—	—	≤2
砂当量（%）	—	71	73	69	≤10

微表处集料筛分结果 表 6-3

集料规格（mm）	石料类别	筛孔通过率（%）							
		9.5	4.75	2.36	1.18	0.6	0.3	0.15	0.075
5.6～8	玄武岩	100	10.2	0.2	0.2	0.2	0.2	0.2	0.2
0～4.75	玄武岩	100	95.5	51.3	28.0	15.9	9.4	6.6	4.9
1.18～2.36	石灰岩	100	100.0	96.9	14.1	0.9	0.9	0.8	0.7
<1.18	石灰岩	100	100.0	100.0	97.5	64.6	42.6	31.1	24.3

（3）微表处混合料的性能，试验选择 SBS 改性乳化沥青拌和三种级配的微表处混合料，通过乳化沥青混合料路用性能试验对比三种级配微表处混合料的路用性能，根据性能选择适宜的微表处混合料用以填补试验车道的车辙。试验选用的 SBS 改性乳化沥青性能检测结果如表 6-4 所示。

改性乳化沥青性能检测结果 表 6-4

试验项目	测试结果	技术要求
恩格拉黏度（25℃）	7.2	5～30
储存稳定性试验（1d）（%）	0.6	≥1
筛上残留物（%）	0.02	≤0.1
蒸发残留物		

续上表

试验项目	测试结果	技术要求
含量(%)	61.8	≥60
25℃针入度(0.1mm)	84.3	40~90
软化点(℃)	62	≥55
5℃延度(cm)	49.2	≥20
溶解度(%)	99.4	≥97.5
弹性恢复(%)	73.4	≥60

按表中的技术标准选择SBS改性乳化沥青，拌制微表处混合料，检测微表处混合料的路用性能，试验结果如表6-5所示。

微表处混合料性能试验结果 表6-5

试验项目	单位	试验结果			技术要求
		级配1	级配2	级配3	
可拌时间(25℃)，不小于	s	满足要求	满足要求	满足要求	120
黏结力试验					
30min(初凝时间)，不小于	N·m	1.0	1.2	1.1	1.2
60min(开放交通时间)，不小于		2.1	2.3	2.4	2.0
湿轮磨耗损失(浸水1h)，不大于	g/m^2	528	452	369	500
负荷轮轮辙变形宽度变化率，不大于	%	3.48	4.62	5.87	5

由表6-5所示的试验结果，级配1混合料湿轮磨耗损失较大，为528g/m^2，不满足技术要求，级配3混合料负荷轮轮辙变形试验的宽度变化率较大，为5.87%亦不满足技术要求。综合考虑30、60min黏结力试验的结果，认为级配2混合料各项性能指标较为理想，故选用级配2混合料用于本次试验。

微表处适用于路基路面结构强度充足，而仅仅是出现了表面功能衰减、轻微车辙和不平整的情况。按照美国国际稀浆封层协会(ISSA)的微表处技术指南中规定[1]：单层微表处时原路面车辙深度不能超过12.7mm，若超过此深度，填补车辙需用车辙填补箱单独进行处理，深度超过39mm的车辙应首选用车辙摊铺箱进行多层车辙填充处理。若原路面有裂缝，建议对原路面存在的裂缝事先进行封缝处理[2-3]。本次试验，原半刚性基层沥青路面的平均车辙深度达到25mm，超过了ISSA对微表处施用条件的规定。按照普遍经验，当车辙深度达到25mm时，需要在填补车辙前对原路面车辙进行铣刨处理，以增强微表处与原路面的黏结性，试验未对原路面车辙进行预处理，主要是出于考察自然状态下微表处与原路面的黏结程度的考虑。原路面除了出现25mm的车辙外，未出现裂缝等路面破损，如图6-2所示。

原车道车辙填补的施工工艺要点具体如下：施工机械为稀浆封层车，原路面车辙宽度为1.4m，微表处混合料摊铺箱摊铺宽度为1.5m；摊铺施工中，控制微表处摊铺最大厚度为3cm，其断面形式如图6-3所示。

微表处施工过程如图6-4、图6-5所示。

图 6-2　微表处摊铺前原路面情况

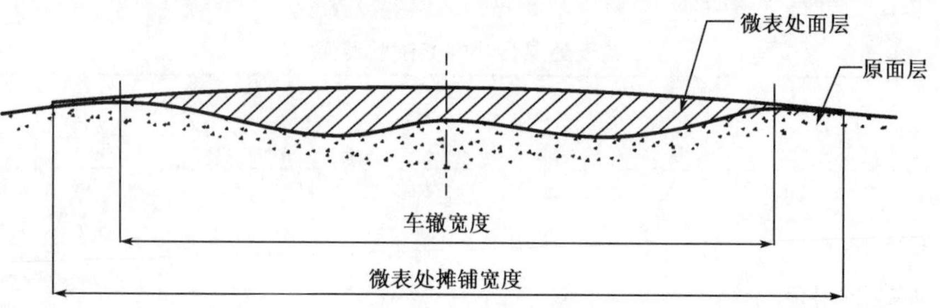

图 6-3　微表处填补车辙断面示意

图 6-4　施工前的准备以及微表处施工

图 6-5　施工后和微表处固结前的表观状态

6.1　加载方案与数据采集

本次试验所设计的加载方案如表 6-6 所示，加载的两个阶段按同样的加载方案加载。

微表处加载方案　表 6-6

试验条件		试验参数及取值
累计轴次		150kN 轴载，30 万次
加载循环	单元数量	10 个
	加载次数	3 万次
	模拟降水	无
	试验温度	45℃
高温轴次		30 万次
轮迹分布	分布规律	正态分布

本次试验以车辙深度、构造深度、渗水系数作为评价微表处表面服务功能的技术指标。对于力学响应数据的采集，采用图 3-2 所述的 FBG 力学响应监测系统。

6.2　表面服务功能检测结果与讨论

6.2.1　车辙及其深度

试验的第一阶段，分别在 45℃和 55℃2 种温度条件下对原路面累计加载了 39 万次，致使其绝对车辙深度达到 25mm，其中，45℃条件下累计加载 24 万次，55℃条件下累计加载 15 万次。

微表处填补车辙前，原路面的车辙断面随加载次数的变化情况如图 6-6 所示(彩图见书后彩插)。

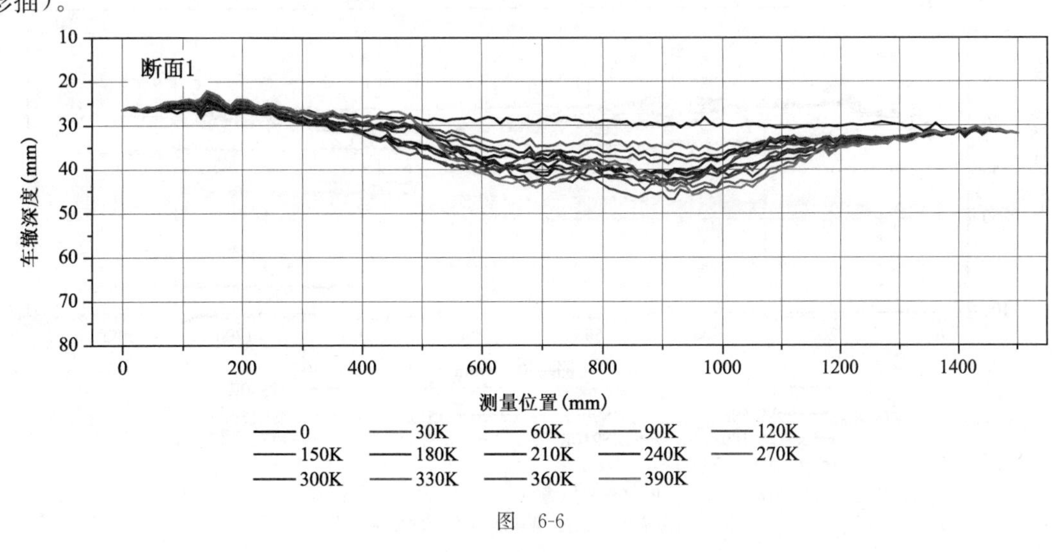

图　6-6

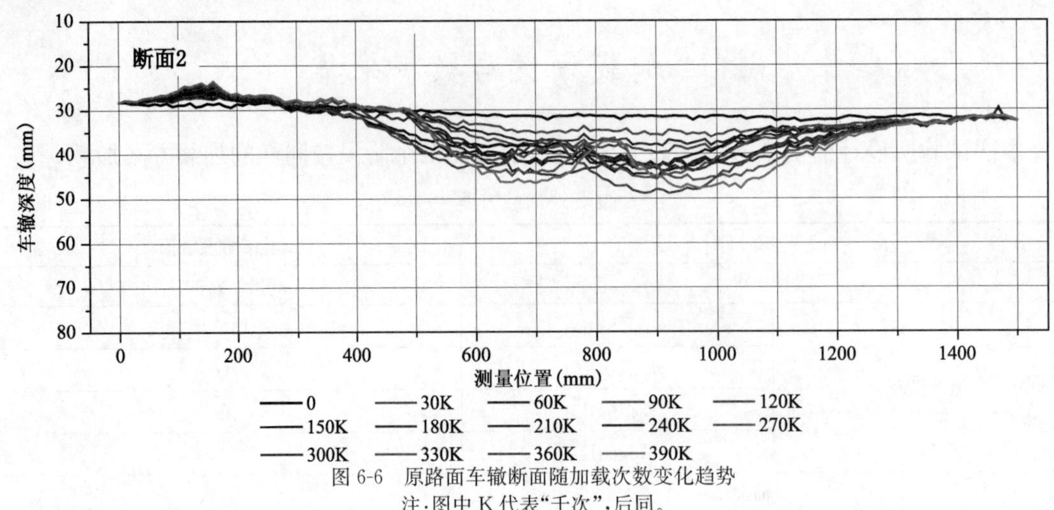

图 6-6　原路面车辙断面随加载次数变化趋势

注:图中 K 代表“千次”,后同。

高温条件下累计对微表处加载 30 万次均在 45℃条件下,其车辙断面情况如图 6-7 所示(彩图见书后彩插)。

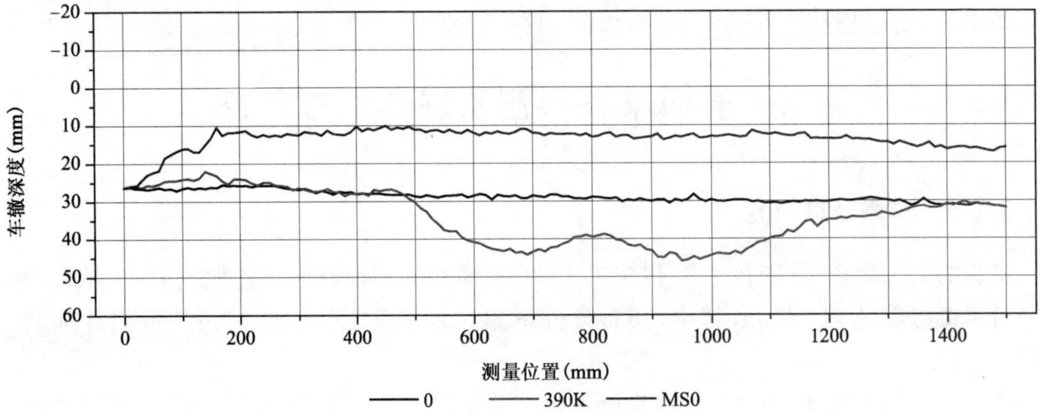

a)微表处加载前车辙断面

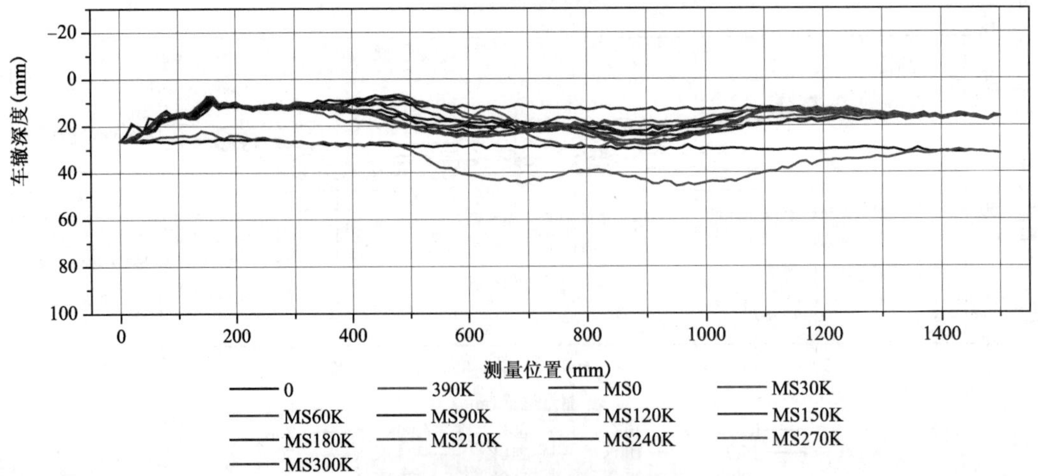

b)微表处加载完成后的车辙断面

图 6-7　微表处车辙断面随加载次数的发展趋势

试验计算得到的绝对车辙深度随加载次数的变化发展趋势如图 6-8 所示。

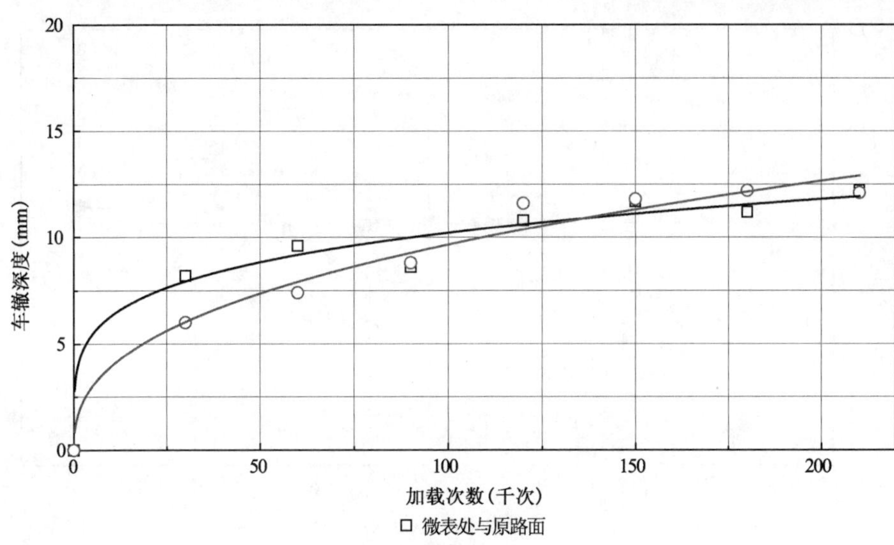

图 6-8　微表处施工前后车辙深度发展趋势

6.2.2　构造深度

微表处构造深度随加载次数的变化趋势曲线如图 6-9 所示。

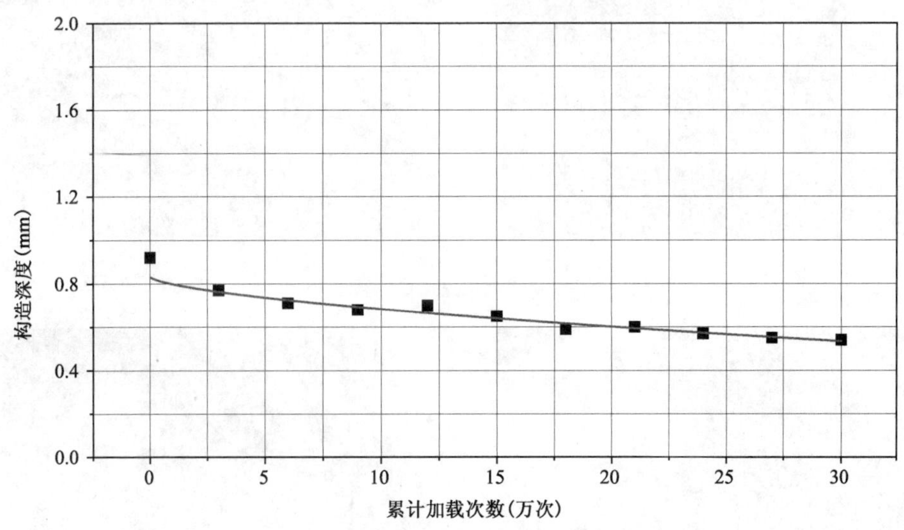

图 6-9　微表处构造深度随加载次数变化趋势

6.2.3　渗水系数

微表处渗水系数随加载次数的变化趋势曲线如图 6-10 所示。

6.2.4　路面破损

APT 过程中，在各个加载阶段均观察了微表处的路面状态，所记录的不同加载阶段微表处路面的表观状态如图 6-11 所示。

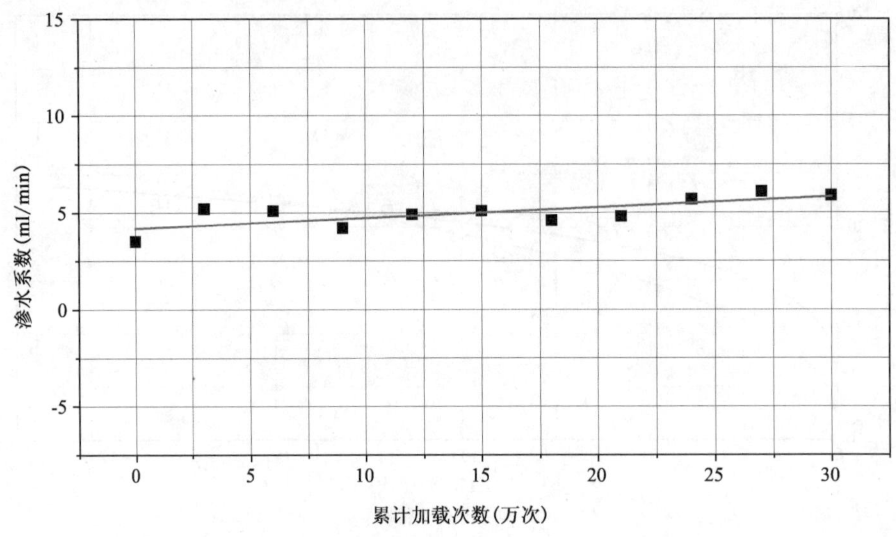

图 6-10　微表处渗水系数随加载次数的变化趋势

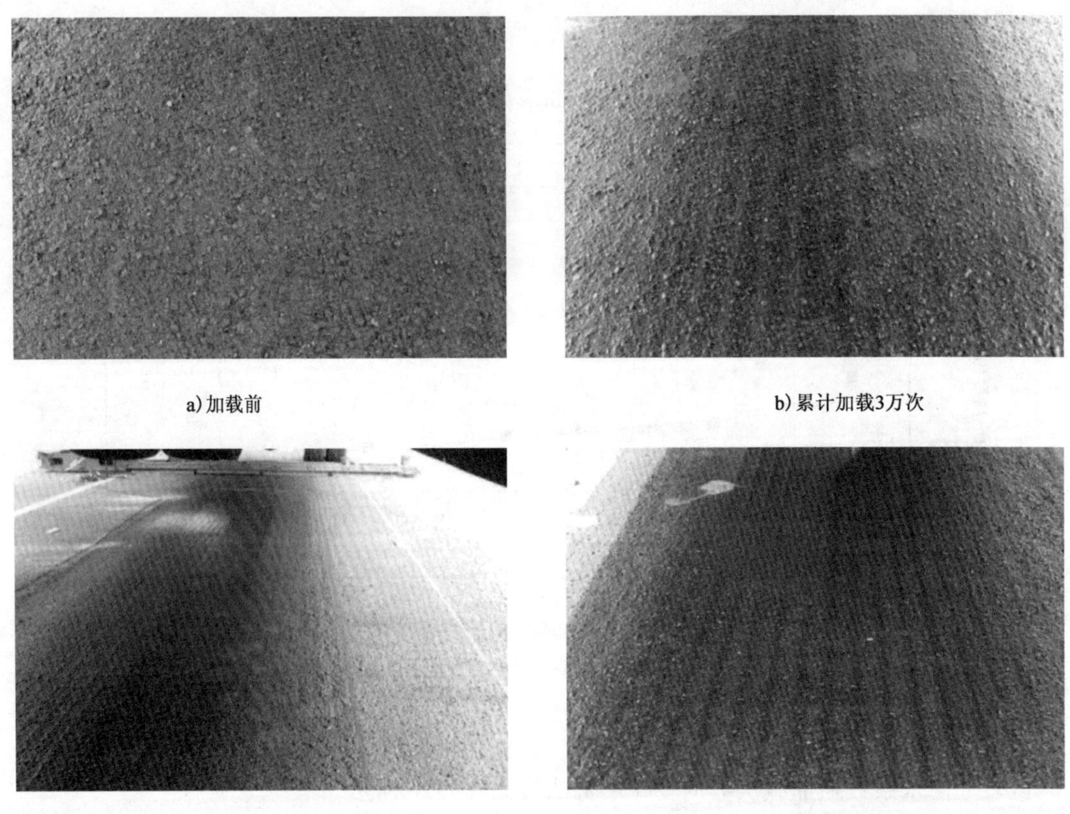

图 6-11　加载前后微表处路面表观状态

试验过程中，每加载3万次观察1次路面表观状态，至试验结束时，未发现任何形式的路面破损。

6.3　力学响应监测结果与讨论

本次试验选择性的监测了以下力学指标：

(1)微表处施工前后，沥青面层底竖向压应变、水平纵向拉应变；

(2)微表处施工前后，半刚性基层沥青路面基层底竖向压应变、水平衡纵向拉应变。

6.3.1　沥青面层和基层底的应变

试验分别监测了：沥青面层底竖向最大压应变和水平纵向最大拉应变；基层底竖向最大压应变、水平横/纵向最大拉应变作为指标，对比了原路面各项应变指标与微表处施工后结构整体各项应变指标的差异。

沥青面层底竖向最大压应变随加载次数的变化规律如图6-12所示。

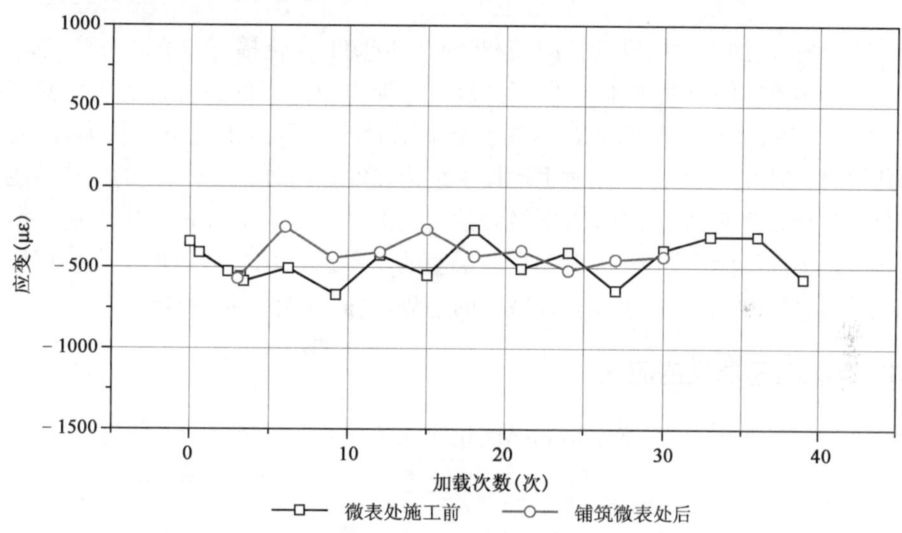

图6-12　沥青面层底竖向压应变随加载次数变化趋势

从图6-12可以看出，沥青面层底最大竖向压应变的变化范围为：微表处施工前，267～679με，变化幅度为412με；微表处施工后，249～557με，变化幅度为307με。由沥青面层底竖向压应变的变化范围和幅度可见，微表处施工前后，沥青面层底竖向压应变水平相当，施工后，其变化幅度略有减小。

沥青面层底最大水平纵向拉应变随加载次数的变化趋势如图6-13所示。

由图6-13可见，微表处施工前后，沥青面层底最大水平纵向拉应变变化范围为：微表处施工前，379～678με，变化幅度为299με；微表处施工后，478～737με，变化幅度为259με。由沥青面层底水平纵向拉应变的变化范围和幅度可见，微表处施工前后，沥青面层底水平最大纵向拉应变水平相当，施工后，其变化幅度略有减小。

微表处施工后，沥青路面增加了厚度，在重复荷载作用下，整体结构的应变特性将存在一定变化，从理论上讲，结构整体在重复荷载的作用下，其应变的大小和变化幅度应略有减小。

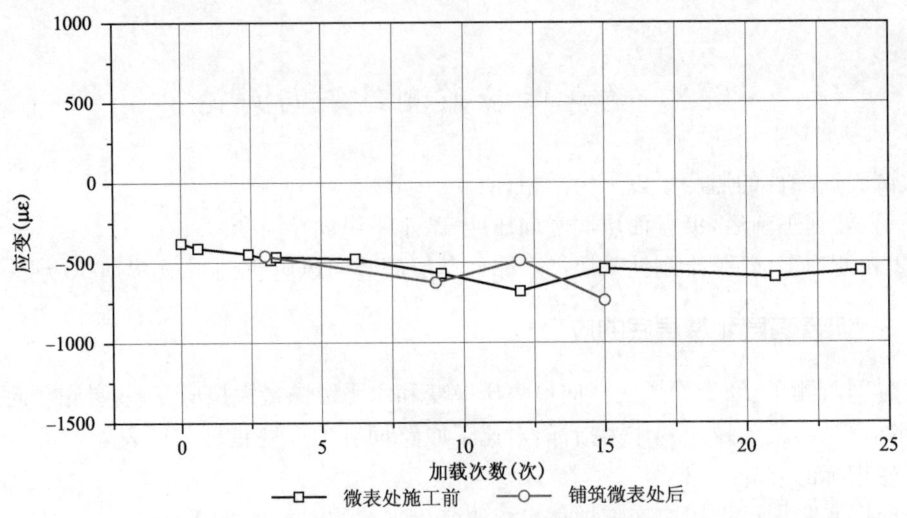

图 6-13　沥青面层底水平纵向拉应变随加载次数变化趋势

综合上述分析，从沥青面层纵向拉应变和竖向压应变的变化幅度与范围来看，基本上符合微表处施工后结构整体的应变规律推断。比较而言，沥青面层底的拉应变的变化幅度比竖向压应变小，竖向压应变由施工前的 412με 减小至施工后的 307με，由此可以认为，微表处施工后，沥青面层在其结构厚度增加的同时也增加了结构强度。同时，上述应变的变化范围和幅度也说明了微表处与原路面黏结牢固，否则微表处会在重复荷载的作用下发生层间滑移，在试验的表象上会出现推拥等路面破损，此时沥青面层底的水平纵向拉应变可能会大幅度增加。而事实上，水平纵向拉应变的变化幅度存在减小的趋势，由此证明了上述推断。

6.3.2　半刚性基层底的应变

半刚性基层底竖向压应变、水平横和纵向拉应变如图 6-14～图 6-16 所示。

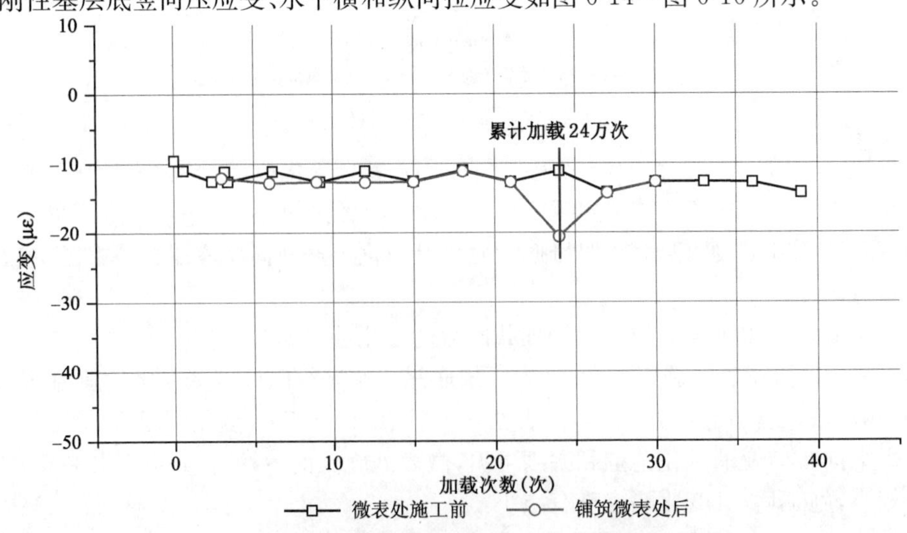

图 6-14　半刚性基层底水平纵向拉应变随加载次数变化趋势

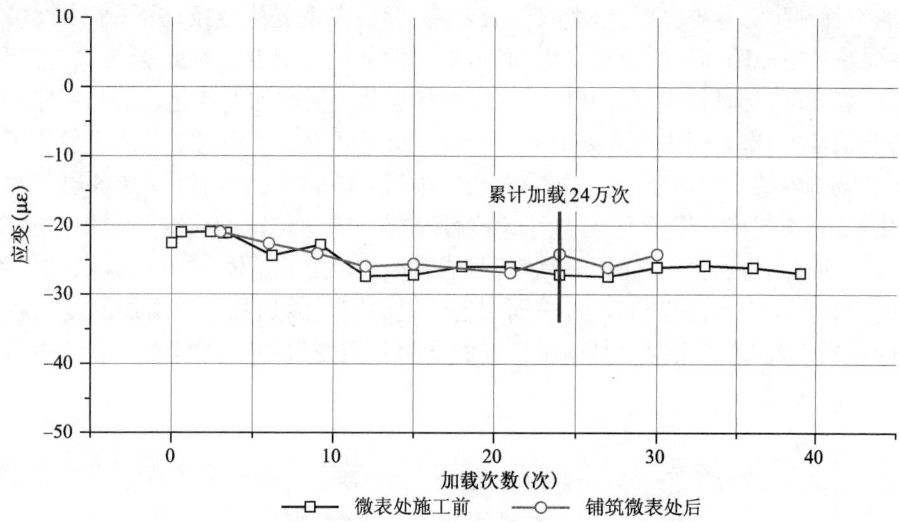

图 6-15 半刚性基层底水平横向拉应变随加载次数变化趋势

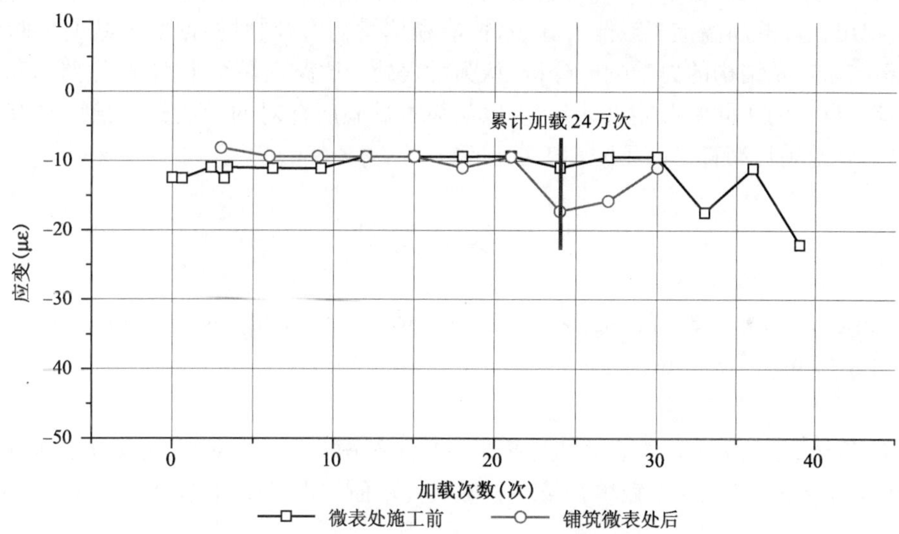

图 6-16 半刚性基层底竖向压应变随加载次数变化趋势

微表处施工前，基层底水平纵向拉应变随加载次数呈现先略有增加而后逐渐减小的趋势，开始加载至累计加载 12 万次，应变增幅较大，在此期间，应变增加了 7$\mu\varepsilon$。随着加载次数的增加，应变增加的趋势不明显，至累计加载 39 万次，其应变只增加了 2$\mu\varepsilon$；基层底水平横向拉应变随加载次数变化始终不明显，累计加载 24 万次之前，其应变水平维持在 10 ～ 12$\mu\varepsilon$ 范围内，之后至累计加载 39 万次，应变呈现出较弱的增大趋势；基层底竖向压应变随加载次数增加呈现先减小后略有增加的趋势，累计加载 30 万次后，应变随加载次数呈无规则变化。

微表处施工后，累计加载 21 万次之前，基层底三个方向的应变随加载次数增加的变化规律与施工前的基层相似，并且在应变的变化范围上也与施工前几乎相同；累计加载 21 万次～39 万次，基层底三个方向的应变随加载次数增加呈不规则变化。

如前所述，根据 ISSA 对微表处使用条件的规定，微表处是在基层强度充足的条件下对原路面进行的一种预防性养护。因此，考察微表处施工后，在重复荷载条件下，半刚性层底的应变情况，主要是考虑原路面结构总厚度增加后，半刚性基层的应变特性是否与原有情况相近。由此来说，微表处施工前后，半刚性基层层底应变随加载次数增加的变化趋势与原路面存在两种可能：若差别较大，这是因为微表处面层与沥青面层层间发生了相对滑动或者发生了较大的变形，导致加载带内结构整体厚度不均，当轮载作用时，作用力的方向以及在各层中的传递都会发生变化，变化不规律的作用力，导致了半刚性基层底固定位置的应变呈非规律性变化；若趋势接近，这说明微表处与原有路面黏结牢固，能够形成稳定的整体，在重复荷载的作用下，半刚性基层的受其上层变形的扰动较小，进而固定位置的应变随加载次数增加的变化趋势与微表处施工前差别不大，这种情况也是由于良好的层间黏结使得微表处与原路面结构形成的结构整体具良好的协同变形能力。

6.4 结　　语

本次试验是第一次将足尺 APT 设备 MLS66 用于预防性养护技术的评价，微表处在 APT 条件下，呈现出良好的高温抗车辙能力、防水性能和抗滑能力，同时根据对加载期内路面表观状态的观察结果以及结构的力学响应分析，认为微表处于原路面黏结牢固，与原路面黏结后其结构整体具有良好的协同变形能力，因此可以认为本试验所针对的微表处处治层具有良好的耐久性，可较好地满足沥青路面预防性养护需要。

本章参考文献

[1] International Slurry Surfacing Association. Recommended Performance Guideline for MicroSurfacing[M]. International Slurry Surfacing Association ＃3 Church Circle, 2010.

[2] 交通部公路科学研究院. 微表处和稀浆封层技术指南[M]. 北京：人民交通出版社，2006.

[3] 王宁勇，汪俊波. 微表处车辙填补技术和微表处罩面技术[J]. 华东公路，2009.(4).

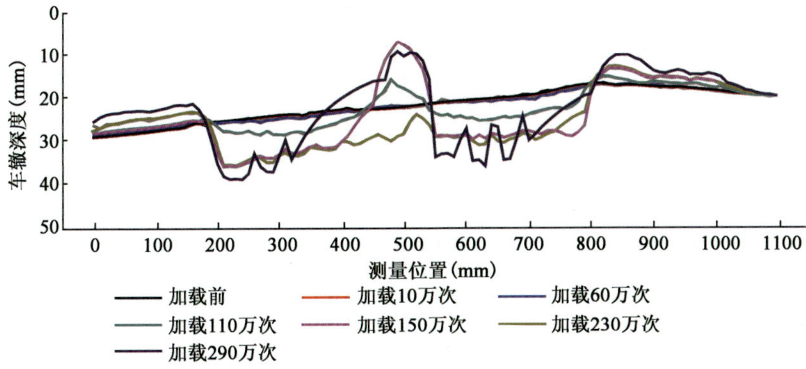

图 4-23　110 车辙断面形态(环氧)

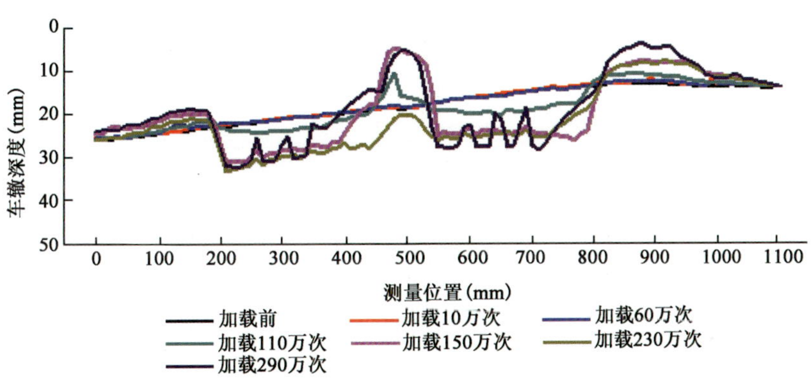

图 4-24　220 车辙断面形态(环氧)

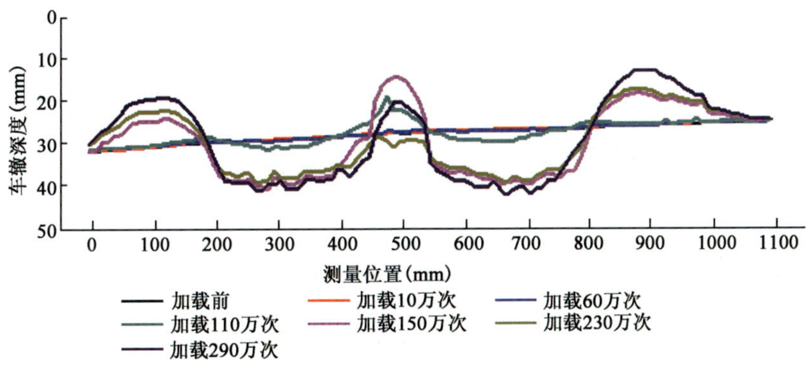

图 4-25　330 车辙断面形态(GA)

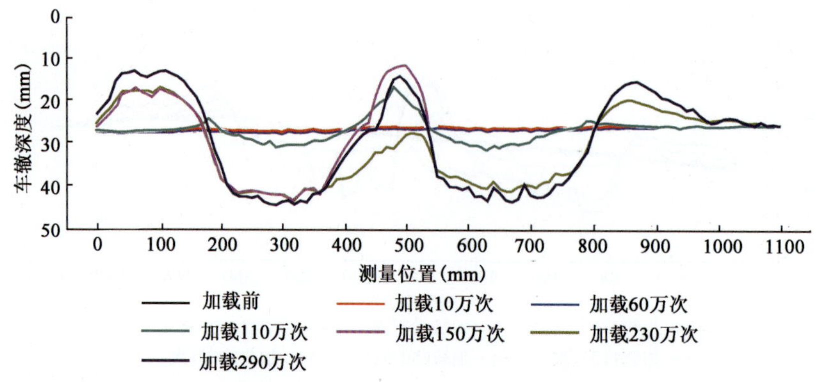

图 4-26　440 车辙断面形态(GA)

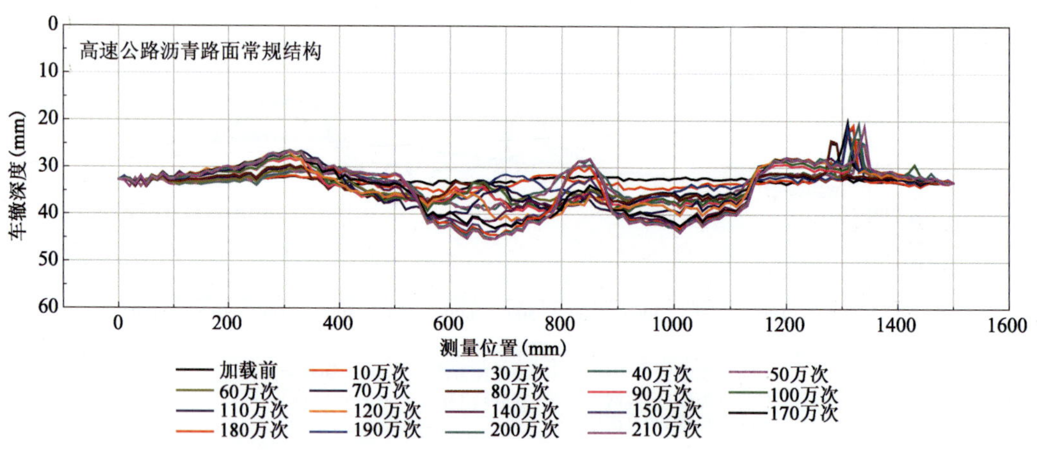

图 5-4　中温条件下高速公路沥青路面常规结构的车辙断面形态

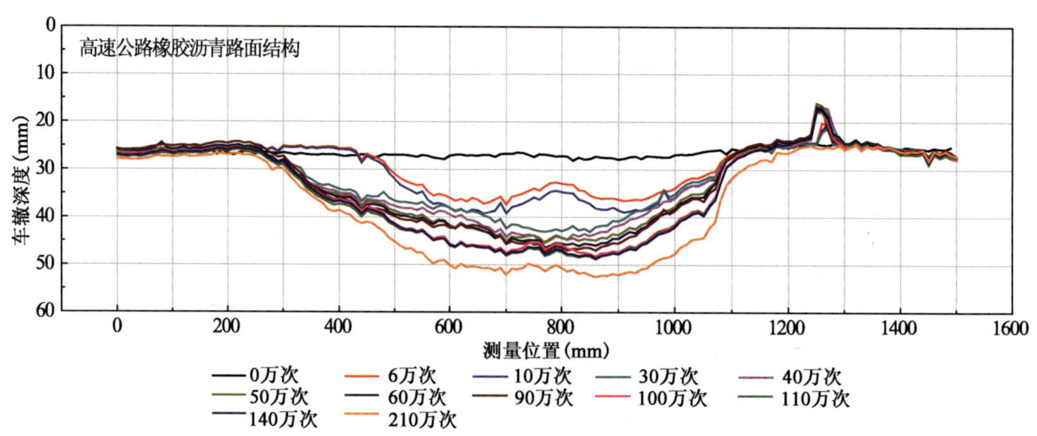

图 5-5　中温条件下高速公路橡胶沥青路面结构的车辙断面形态

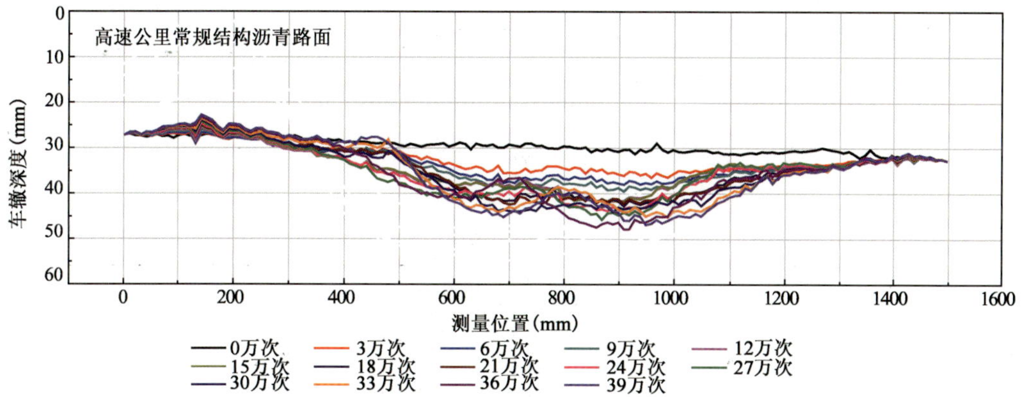

图 5-6　高温条件下高速公路沥青路面常规结构的车辙断面形态

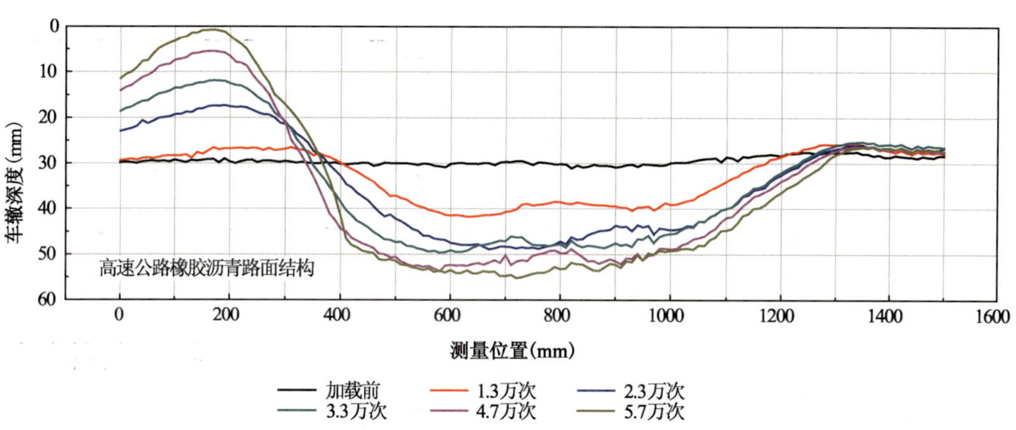

图 5-7　高温条件下高速公路橡胶沥青路面结构的车辙断面形态

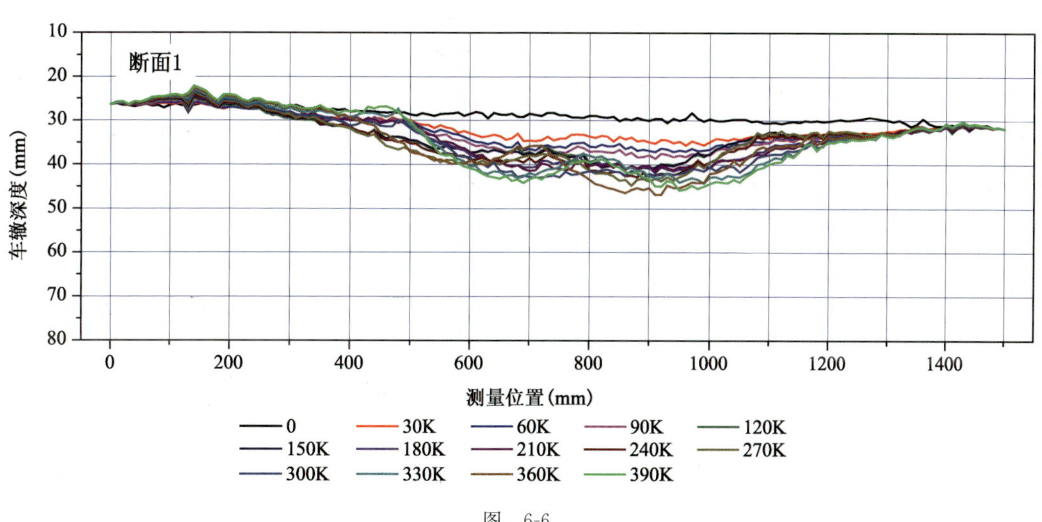

图　6-6

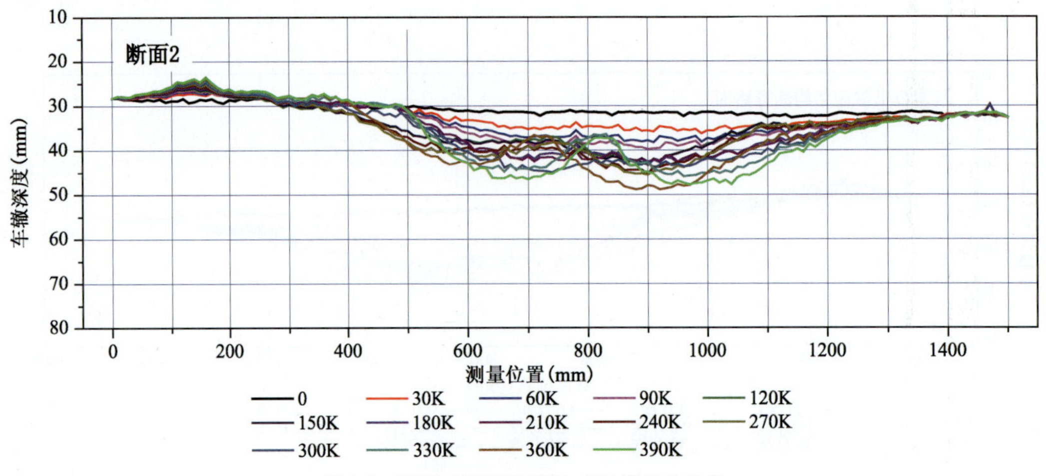

图 6-6 原路面车辙断面随加载次数变化趋势

注:图中 K 代表“千次”,后同。

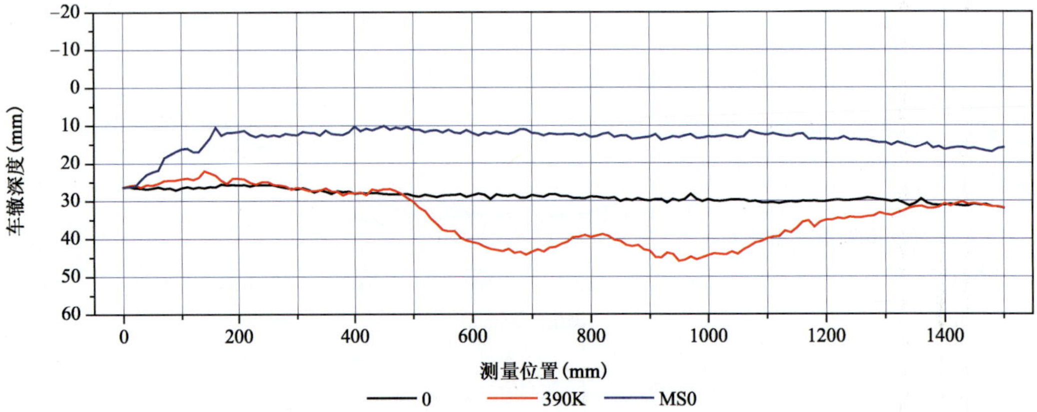

a)微表处加载前车辙断面

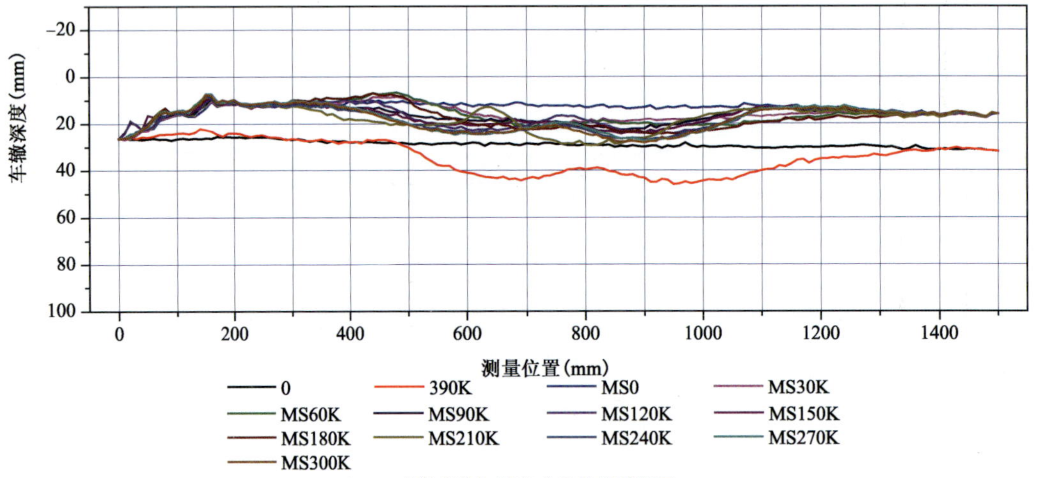

b)微表处加载完成后的车辙断面

图 6-7 微表处车辙断面随加载次数的发展趋势